KB265340

2011 매장문화재법의 두 가지 현안과 대안

2011 매장문화재법의 두 가지 현안과 대안

2011 매장문화재법의 두 가지 현안과 대안

이 인 재 편

혜안

머리말 : 2011 매장문화재법 하위법령의 내실 있는 개정을 위하여

이 책은 2011년 4월 19일, 한국고고학회, 백제학회, 한국상고사학회, 한국고대사학회, 한국근현대사학회, 역사학회, 한국역사연구회 등 8개 학회와 문화재청 관련 담당자가 함께 모여, 2011년 매장문화재법 시행규칙과 발굴조사규정에 나타난 두 가지 현안과 해결방안을 중심으로 한 발표와 토론 결과를 묶은 것이다.

2008년 6월 13일 33차 일부 개정된 「문화재보호법」은 2010년 2월 4일 전면 개정(34차)되었고, 같은 날 2008년 문화재보호법 제4장에 수록되어 있던 매장문화재가 독립되어 「매장문화재 보호 및 조사에 관한 법률」(이하 2010 매장문화재법)로 신규 제정되었으며, 2010 매장문화재법의 하위 법령으로 2011년 2월 16일 문화체육관광부령 제78호 「매장문화재 보호 및 조사에 관한 법률 시행규칙」(이하 2011 시행규칙)과 문화재청 고시 제2011-52호 「발굴조사의 방법 및 절차 등에 관한 규정」(이하 2011 발굴규정)이 제정, 공포되었다.

주지하다시피 입법부와 행정부의 법률, 시행규칙, 규정이 만들어질 때에는 관련 학회와 전문가의 학술용역을 거치는데, 간혹 전문가들의 의견보다는 용역 발주기관의 의지가 좀 더 강하게 반영되는 경우가 있다. 이 책의 현안으로 거론된 2011 시행규칙의 조사원 자격기준과, 발굴규정의 발굴범위제한도 그러한 사례의 하나이겠다.

2011년 2월 16일 시행규칙과 발굴규정이 공포된 후 20여 일밖에 지나지 않은 2011년 3월 9일 한국고고학회의 질의서가 대표적이다. 질의서에 따르면 한국고고학회는 2010년 4월 12일 문화재청에 「매장문화재 보호와 조사에 관한 법률 및 시행령, 시행규칙 제정 관련 학계 의견 수렴회의 개최 결과」를 제시하고, 2010년 10월 한국고고학회와 부산대학교 산학협력단이 공동 주관한 「발굴조사 실시기준에 대한 용역 결과보고서」를 제출했음에도 불구하고, 학계 의견 수렴 결과와 용역 결과가 반영되지 않았다고 한다.

당시 한국고고학회가 특별히 거론한 두 가지 사항이 조사원 자격기준의 학력과 경력에 대한 것과, 발굴실시기준의 발굴배제에 대한 사항이었는데, 2011년 3월 15일 61명의 전국 고고학 관련교수들이 성명서를 통해 지적한 것도, 같은 내용이었다. 요컨대 조사원 자격기준을 학력우대철폐와 '실무' 경력 중심에 둠으로써 조사원들의 대학원 과정 이수를 통한 '전문가' 훈련을 도외시하게 유도한다는 것이 하나이고, 개발주체와 보존주체 사이의 오랜 논의를 염두에 두고 보면 특별히 발굴규정에 <표 4>를 두어 발굴실시기준을 명시함으로써 문화재청이 발굴을 학술행위로 보기보다는 민원해결의 대상으로 사고하는 것이 아니냐는 의심이 또 다른 하나였다.

더구나 문화재청 관계자는 이 사안이 고고학계와의 문제일 뿐이라고 했지만, 조사원 자격기준과 발굴실시기준 관련 법안은 문화재청과 시안 검토에 헌신했던 한국고고학회 만의 문제가 아니었다. 시행규칙의 조사원 자격기준에는 매장문화재전공과 문화재관련학과라는 용어를 사용하고 있고, 학력과 경력에 대한 용어와 규정이 있는데, 이들 용어에 대해 찬찬히 생각해 보면 이는 단순히 고고학과 교과 운영에 국한된 문제가 아니다. 더구나 발굴제외로 명시된 조선후기와 일제강점기의 관련 유구 및 유적에 관한 사항은 문헌사학, 미술사학 등 범역사학계 관련 학과, 학자들에게도 초미의 관심사가 되지 않을 수 없는 조항이었다.

이와 같은 공감대 속에 문화재청과 8개 학회는 4월 19일 2011 매장문화재법 시행규칙과 발굴조사 규정에 나타난 두 가지 현안과 해결방안에 대해 서로의 입장을 발표하고 토론하게 되었다. 긴급 학술대토론회는 문화재청에서 신희권 연구관이 첫 발표를 맡아 현안에 대한 입장을 설명하고, 8개 학회에서 문화재청 입장에 대해 발표 및 토론을 통해 현안에 대한 해결 방안을 모색하는 방법으로 진행되었다. 그 결과 입장의 차이가 여전한 부분도 있고, 좁혀진 부분도 있다.

8개 학회는 발굴조사의 방법 및 절차 등에 관한 규정 제4조 <별표 4>를 삭제해 달라는 것이 기본 입장이었던데 반하여, 문화재청은 발굴제외를 정밀발굴제외로 수정하겠다는 선에서 입장이 정리되었고, 조사원 자격규정에 대해서 8개 학회는 매장문화재전공과 문화재관련학과라는 규정의 모호함과 학력·경력 규정에서 전문성보다 이른바 '실무 능력'을 강조함에 따라 야기된 문제를 해소하라고 요구한데 반하여, 문화재청은 조사원 자격시험에 대한 논의가 필요하다는 입장을 밝혀 오히려 논란이 확대되기도 하였다.

어쩌면 이 책은, 2011 매장문화재법 시행규칙과 발굴조사 규정에 나타난

8

두 가지 현안에 대한 해결책을 제시한 책이 아니다. 1962년에 신규 제정된 문화재보호법이 34차의 일부, 혹은 전면 개정을 거쳤듯이, 2010년 신규 제정된 매장문화재 보호 및 조사에 관한 법률 및 하위 법령도 앞으로 수많은 일부, 혹은 전면 개정이 되어야 할 것이다. 그러므로 이 책은, 2011 매장문화재법 및 2011 하위 법령이 일부, 혹은 전면 개정될 때 정부기관인 문화재청이 관련 전문가들과 실무자들의 의견을 어떻게 수렴하고 반영해야 할 것인가에 대한 하나의 경우를 제시한 책이라고 할 수 있겠다.

마지막으로 이 책의 책임편집자로서 흔쾌히 학술토론회에 참가하여 자신의 입장을 명확히 밝혀준 발표자, 토론자, 사회자 및 문화재청과 8개 학회 관계자 분들께 감사의 인사를 드린다. 특히 종합토론을 신중하게 이끌어주신 노중국 백제학회 회장님 덕분에, 참석자 모두 두 현안에 대한 이해를 넓힐 수 있었다. 책의 수명이 적잖이 걱정됨에도 불구하고, 현안의 중요성에 동감하여 이 책을 출판해 주신 도서출판 혜안의 오일주 사장님을 비롯한 김태규, 김현숙, 오현아 선생님께도 감사드린다. 사안의 중요성으로 짧은 기간에 책 출판까지 마무리하면서 생긴 흠들은 모두 책임편집자가 감당해야 할 문제들이다.

2011년 8월 책임편집을 맡은 한국역사연구회 회장
이인재 씀

목 차

매장문화재보호 법령 제정 취지와 주요 현안에 대한 입장

신 희 권 _문화재청 학예연구관

1. 매장문화재보호 법령 제·개정 취지

주지하다시피 기존에는 매장문화재 보호 관련 법령이 『문화재보호법』에 통합되어 운용되어 왔습니다. 문화재보호법은 1962년 제정된 이후 1982년과 2007년에 전부 개정이 있었을 뿐 33차례에 거쳐 필요한 규정만을 부분적으로 개정한 바 있습니다. 최근 각종 개발사업 증가로 문화재 조사·발굴 수요가 급증하고 있으나, 매장문화재와 관련된 사항이 문화재보호법에 13개 조문으로 분산되어 되어 있었기 때문에 매장문화재를 대상으로 하는 국민이 쉽게 접근하기 어려운 실정이었고, 법률의 체계에 있어서도 일관성을 유지하고 있다고 보기 어려운 상황이었습니다. 이에 매장문화재를 비롯한 문화재보호법을 체계적으로 정비할 필요성이 제기되어 왔고, 급기야 2010년 2월 매장문화재의 보호 및 조사와 관련된 사항을 따로 법률로 규정하여 매장문화재의 보호 및 조사의 전문성과 효율성을 확보하게 되었습니다.

새로 제정된 법률에는 매장문화재의 조사·발굴보다는 보존·보호를 우선하도록 하고, 매장문화재의 보호·조사 및 발굴에 따른 원칙을 정함으로써 매장문

12

화재의 보호·조사 및 관리가 체계적이고 전문적으로 이루어질 수 있을 것으로 기대됩니다. 특히 건설공사 등 부득이한 사유로 매장문화재를 발굴할 필요가 있는 경우에는 매장문화재의 보호를 위한 절차 및 방법 등을 정할 필요가 대두되었습니다. 아울러 매장문화재 지표조사와 발굴조사는 고도의 전문성이 필요하므로 이를 수행할 수 있는 전문조사기관을 둘 필요가 있습니다. 매장문화재 조사기관은 일정 자격기준을 갖춘 공신력 있는 전문기관만이 할 수 있도록 함으로써 매장문화재의 보존·관리에 만전을 기하고자 하였고, 발굴허가 내용이나 허가 관련 지시를 위반한 경우 행정처분을 할 수 있도록 하는 등 매장문화재 조사기관의 법적 책임을 강화하였습니다. 또한 2011년 2월 5일 시행된 『매장문화재 보호 및 조사에 관한 법률』에 정한 바에 따라 발굴조사의 방법과 절차 등을 규정한 '발굴조사의 방법 및 절차 등에 관한 규정'을 제정, 공포(문화재청 고시 제2011-52호, 2011.2.16)하였습니다.

　결론적으로 이번에 제정·공포된 『매장문화재 보호 및 조사에 관한 법령』(이하 매장문화재법)은 매장문화재의 효율적 보호와 조사에 대한 내용을 규정하였을 뿐만 아니라 고고학적인 방법으로 과거 조상들이 남긴 흔적을 조사·연구하여, 우리 민족의 정체성과 역사성을 충실하게 밝히는 데 필요한 제반 사항들을 담았다고 평가할 수 있습니다. 그러나 동법의 시행과 관련하여 고고학계를 비롯한 일부 학계의 문제 제기가 있는 바, 매장문화재법 적용의 현안 문제로 대두되고 있는 시행규칙 제14조 2항(조사기관의 조사 요원별 자격기준)과 '발굴조사 규정' 제4조(발굴조사 실시기준)에 대한 우리 청의 입장을 다음과 같이 밝혀드립니다.

2. 주요 현안에 대한 입장

가. 조사요원별 자격기준(시행규칙 제14조 2항 관련)

「매장문화재법」에서는 건설공사 등으로 부득이하게 발굴조사를 해야 할 때에는 일정한 요건을 갖추어 등록한 기관에 한해서만 발굴조사가 이루어지도록 하였으며(법 제24조), 발굴조사 후 2년 이내에 그 발굴결과에 관한 보고서를 제출(법 제15조)하도록 명시하였습니다.

이는 우리의 소중한 문화유적이 전문적인 능력과 풍부한 현장 조사경험을 지닌 조사원으로 구성된 조사단에 의하여 빈틈없이 조사되고, 그 조사내용과 결과를 발굴보고서에 충실히 수록토록 하여 발굴의 품질을 높이고 그 보고서가 수준 높은 2차 연구의 기초 자료로 활용될 수 있도록 하기 위함입니다.

이를 위해 우리 청에서는 조사원 자격을 면밀히 점검하고, 보고서 평가를 통해 부실한 보고서가 양산되지 않도록 세심하게 살필 예정이며, 수준 낮은 보고서가 제출될 경우에는 발굴조사를 수행한 해당 조사기관 및 포괄승계인 (대표자, 조사단장, 책임조사원)에게 그 책임을 물을 수 있는 규정(법 제25조, 조사기관의 등록취소)까지 이번에 새로이 마련하였습니다. 따라서 고고학계에서 제기하는 "보고서 작성 능력이 무시", "학습적인 능력은 도외시"라는 지적은 일부 사실과 다릅니다.

또한, 조사요원별 자격기준에서는 **보조원과 준조사원**은 현장경력 뿐만 아니라 보고서 작성, 유물정리 등의 실내작업을 한 실무경력자도 가능하도록 하였습니다. 다만, **조사원과 책임조사원**은 발굴현장을 지휘하여 체계적인 발굴조사를 진행할 능력이 필요하므로 실무경력이 아닌 발굴경력만을 인정하게 되었습니다. 특히 책임조사원의 자격기준은 "매장문화재 전공 석사학위 이상 취득자이고 6년 이상의 발굴조사 경력을 갖춘 사람" 또는 "문화재 관련학과의 학사학위 취득자이고 9년 이상의 발굴조사 경력을 갖춘 사람"으로 규정함으로써 최소한 문화재 관련 전공자만이 자격을 가질 수 있도록 하였습니다. 따라서 동 자격기준이 **"발굴경력만을 중요시"**한 것이 아니라는 점 또한 분명히 밝혀드립니다.

한편 조사원과 책임조사원의 자격기준에서 석사·박사 학위 소지자에 대한 별도의 우대 규정을 마련하지 아니한 이유는 학력이라는 요건이 직업선택의 자유를 제한하거나, 차별을 부추기지 않도록 하려는 **"학력차별 완화를 위한 학력규제 개선방안** (2010. 7. 2 국가정책조정회의)"에 따른 것임을 양지하여 주시기 바랍니다. 또한 매장문화재법 시행령에 대한 규제심사 결과, 이번에 마련된 자격기준도 일부 학력차별적 요소가 남아있는 것으로 판단되어 2014년 2월 4일까지만 그 효력을 유지하고, 그 이후에는 효력이 상실되는 것으로 최종 확정되었으며, 따라서 2014년 2월 5일부터는 '자격인증제'와 같은 별도의 제도를 도입할 수밖에 없음을 알려드립니다.

나. 발굴조사 실시기준('발굴조사의 방법 및 절차 등에 관한 규정' 제4조 관련)

문화재보호법 제2조에 명시된 문화재의 개념 중 유형문화재와 기념물 가운데의 일부가 발굴조사의 대상이며, 매장문화재 보호와 조사에 관한 법률에서 매장문화재[1])에 대해 정의하고 있지만 구체적이지 못한 것이 현실입니다. 특히 시간적 범위와 발굴조사 대상이 되는 매장문화재의 세부 유형별 기준, 그리고 성토 등 현상변경과 관련한 공사유형 등의 기준안이 마련되어 있지 않아 이를 명확하게 규정할 필요성이 강력히 요구되었습니다.

'발굴조사 실시기준'은 모든 문화재는 원형 보존되어야 한다는 문화재보호

---

1) 1. 토지 및 수중에 매장되거나 분포되어 있는 유형의 문화재
   2. 건조물 등에 포장되어있는 유형의 문화재
   3. 지표·지중·수중(바다, 호수, 하천을 포함한다) 등에 생성·퇴적되어 있는 천연동굴· 화석과 그 밖에 대통령령으로 정하는 지질학적인 가치가 큰 것.

법의 취지와 과거 인류가 남긴 물적 증거를 통하여 역사학적으로 복원하기 어려운 과거 사회의 모습을 복원하고 재구성하는 데 목적이 있는 고고학 본연의 특성을 살려 합리적이고 효율적인 발굴 실시기준을 마련하고자 하는 취지에서 제정되었습니다. 이는 지하에 매장된 과거의 흔적은 그 종류와 성격, 공사의 유형에 관계없이 전부 발굴해 왔던 그간의 관행을 탈피하고 **매장문화재를 훼손할 우려가 커서 부득이 매장문화재를 발굴할 필요가 있는 경우에 한하여 발굴조사를 허가**하도록 한 신규 매장문화재 보호 및 조사에 관한 법률의 실효성을 담보하기 위함입니다. 이러한 규정을 제정, 적용함으로써 학계는 다소 무분별하게 진행되어 온 소모성 발굴에서 벗어나 보다 심도있고 충실한 조사와 연구로 고대 우리 역사와 문화를 규명하는 데 주력함과 동시에, 발굴에 소요되는 사회적 비용을 절감함으로써 온 국민의 재산권을 보장하는 측면에 기여하고자 하는 취지에서 비롯된 것입니다.

새로 시행되는 발굴조사 실시기준의 핵심은 일부에서 우려하는 바와 같이 "현장에서 전문가들이 판단해 결정하지 않고 애초부터 발굴 기준을 정해놓고 무조건 발굴하지 않는다"는 것이 아니라, 표본조사 또는 시굴조사 결과 유구의 흔적이 나오면 무조건 발굴한다는 원칙을 지양하고, **표본조사나 시굴조사에서 밝혀진 유구의 종류와 성격, 시기에 따라 정밀발굴조사를 실시할 필요성이 있는지를 면밀히 검토**하자는 데 있습니다. 또한 현장에서 유적이 나와도 사업자들이 파괴할 우려가 있다는 지적에 대해서도 발굴조사의 실시기준과 관계없이 기존의 규정과 마찬가지로 문화재청의 공식적인 보존 조치 행위가 이루어지기 전에는 어떠한 사업시행도 이루어질 수 없다는 점 또한 분명히 말씀드립니다.

한편 '발굴조사 규정' 제4조 제③항에는 **발굴조사 실시기준에도 불구하고 지역적 특성에 따라 발굴이 필요한 경우의 판단에 대해서는 문화재위원회의 심의를 거쳐 결정할 수 있도록 명문화**함으로써 학사적으로 또는 지역사적으로 발굴이 필요한 유적은 종류와 성격, 시기에 관계없이 발굴할 수 있도록 하는 제도적 보완장치가 마련되어 있는 바, 학계에서 우려하는 일방적 기준 적용은 없을 것입니다.

동 규정과 관련하여 고고학계 일부에서 문제 삼는 부분이 조선후기 논밭이나 회곽묘, 자연 도랑 등 유적의 시대와 종류, 성격에 따른 발굴조사 실시 여부에 관한 것입니다. 이러한 문제에 대해서는 동 규정 마련을 위한 용역작업 시 한국고고학회 주관으로 학계 전문가 워크숍을 개최하여(2010.10.25) 치열한 논쟁을 거치기도 하였으나, 명확한 합의안을 도출하지는 못한 것으로 알고 있습니다. 이에 우리 청에서는 귀 학회의 용역 결과물 등을 토대로 각계의 입장을 고려하고, 프랑스와 일본 등 국외 사례를 참고하여 기준안을 제정하게 된 것입니다.

예를 들어 논밭유구와 관련하여, 한국고고학회의 용역안에는 "대규모의 연속되는 경우에 일정규모 이상의 표본조사²⁾를 실시(단, 문화층은 파악되나 경작단위와 경작방법 등이 파악되지 않는 경우 (발굴) 제외)"하도록 하였으나, 동 규정에는 **선사시대부터 고려시대까지는 정밀발굴하고, 조선시대 전기는 선별발굴³⁾**하며, **조선시대 후기는 정밀발굴에서는 제외**하는 것으로 하였습니다. 이는 **조선시대 후기 논밭의 경우 근현대 경작지와 대동소이하기 때문에 굳이 고고학적 발굴을 통해 밝힐 수 있는 정보가 극히 제한적이라고 판단**하였기 때문입니다.

토광묘(민묘)의 경우, 한국고고학회에서는 "현재 통용되는 장제에 의한 경우 (발굴) 제외"토록 하였으나, 동 규정에서는 토광묘가 선사시대이래로 현대까지도 조성되어 온 묘제라는 특성상 시굴조사만으로는 명확히 시기를

---

2) 학회의 "표본조사"는 문화재청 규정의 "선별발굴"과 동일한 의미임.

3) 표본조사 또는 시굴조사에서 그 성격이 비슷한 다수의 유구가 확인된 경우 문화재청장이 선별적으로 선택하여 구조적·학술적으로 대표성을 띠는 것으로 인정한 유구를 정밀 발굴하는 것.

〈표 1〉 한국고고학회 발굴조사 실시기준(안) 요약

구분		실시기준	세부사항	비고
시대	근대 (일제강점기 포함)	발굴 실시		
	현대	역사적 중요성과 지역 사에서 필요한 경우에 는 발굴	이전시기 유적과 연 속·중복되는 것은 발 굴	
유적성격	논·밭유적	대규모의 연속되는 경 우에 일정 규모 이상의 표본조사 실시	문화층은 파악되나 경작 단위와 경작방법 등이 파 악되지 않는 경우 제외	
	삼가마, 일반가옥	현재 사용되는 구조를 가진 경우 제외		
	토광묘(민묘)	현재 통용되는 장제에 의한 경우 제외		
	유물포함층	원칙적으로 발굴 실 시, 2차 퇴적에 의한 유 물포함층은 제외		
형질변경 유형	지하굴착, 절토(흙깎기)	발굴실시	임목(조경수) 굴채는 발굴 실시	
	복토(흙되메우기), 성토(흙쌓기)	발굴실시	영구·준영구 시설물 의 설치의 경우	2m 이상 성 토 발굴
	영구·준영구 시설물 의 설치	발굴실시	매트공법 포함	발굴 후 보 존여부 판단
	임시공작물에 의한 토지 형질변경	발굴실시		
	댐 건설에 의한 형질변경	발굴실시	댐 만수위 면까지 발굴 실시	
	관로의 매설(개선)과 전주의 설치 등 소규 모 공사	발굴(분포확인조사) 실시		
	농지개량 성토	50cm이내의 농사용 단 순 성토시 발굴제외 (입회)		
	성토 후 단기간 임시건축물 설치	현장여건 등에 따라 발 굴 실시 여부 별도검토	성토후 공사용 임시도 로 설치시는 통과하중 등 여건에 따라 실시여 부 별도 검토	
	성토 후 공원조성	현장여건 등에 따라 발 굴 실시여부 별도 검토		

판단할 수 없기 때문에, **조선시대 토광묘(민묘)까지도 전부 정밀발굴**하도록 하였고, **회곽묘의 경우는 구조적으로 학술적 방법을 동원한 정밀발굴**이 곤란하기 때문에 전체를 다 발굴하기 보다는 사안별로 선별발굴토록 한 것입니다.

기타 자연 수혈과 도랑 등에 대해서는 뚜렷한 인공성이 확인되지 않을 경우 고고학적 유구로 볼 수 없기 때문에 시굴조사 단계에서 성격을 정확히 파악한 후 별도의 정밀발굴조사는 실시하지 않도록 하였고, **유구가 확인되지 않은 단순 유물포함층에 대해서는** 시굴조사 결과만으로 사업지역 전체에 **유구가 없다고 단정짓기에 무리가 있기 때문에 일부 지역에 한해 선별발굴을** 실시하여 유적의 성격을 명확히 밝히도록 하였습니다. 다만, 자연구임에도 불구하고 목기류, 유기물 등 고고학적 가치가 있는 유물이 포함되어 있는 경우에는 당연히 발굴조사를 실시할 것입니다. 또한 구석기유적과 관련되는 **고토양층에 대해서는** 시굴조사 결과 유물이 출토될 경우에는 **정밀발굴조사 를 실시하되,** 시굴 결과 유물이 출토되지 않는 **단순 고토양층으로 판명되더라 도 유물이 희소하다는 특성을 감안하여 선별발굴**하는 것으로 하였습니다.

3. 발굴 실시기준 관련 외국 사례

이상의 발굴조사 실시기준을 제정함에 있어 유럽과 일본 등 매장문화재 보호의 선진국이라 할 수 있는 몇몇 나라의 사례를 참고하였습니다. 이에 이하에서는 한국고고학회의 용역안을 토대로 실제로 발굴조사 실시기준을 제정, 적용하고 있는 외국의 사례에 대하여 간략히 살펴보고자 합니다.

프랑스의 경우 발굴조사 대상으로 삼은 것은 <u>선사와 역사의 예술적 가치가 있는 것</u>으로 명시하였으며, 사업유형별로는 굴삭, 정지, 성토, 토지준비공사,

수목식재공사, 수목제거공사, 용수로 공사 등에 대하여 일정면적(10,000㎡) 이상, 일정 깊이(0.5m) 이상의 경우만 발굴조사를 실시하도록 법제화하고 있습니다.

그리스의 경우 1830년 이전의 고대 기념물 또는 골동품을 발굴대상으로 삼았으며, 동굴 및 고생물학적 유물도 그 내용에 따라 포함시키고 있습니다. 또한 1830년 이후의 것 중 역사적 예술적 과학적 특별성으로 인해 보호가 필요한 것은 발굴조사 대상으로 삼았습니다. 다만 사업유형에 대하여는 구체적인 언급이 없습니다.

일본의 경우 그 역사적 환경이 우리와 매우 흡사한 점이 많음으로 참고가 됩니다. 크게 큐슈지역과 나라지역, 오사카지역으로 구분하여 아래 표와 같이 요약하여 분석결과를 대신하겠습니다.

〈표 2〉 큐슈지역 발굴조사 기준

큐슈지방의 발굴조사 기준 (매장문화재 존재시)				
	구분	발굴조사실시	세부사항	비고
시대	**중세**	**발굴조사실시**		
	근세	지역에서 필요한 것		
	근현대	지역에서 특히 중요한 것 중세이전의 유적과 중복되는것		
사업 유형별	개인전용 주택	1.유적분포지 및 주변지 2.확인조사실시 3.유적발견시 보존협의 4.발굴실시	신축 증개축 포함	
	도로,철도, 하천,댐	매장문화재 존재시	댐의 경우 만수선까지 조사, 본체 및 부대시설 또한 조사	

사업 유형별	농업기반 정비사업	1.사전협의 2.예지조사 3.유적확인시 발굴실시		
	농지(성토)	**발굴실시**	**유물포함층또는 유구확인면위로 2m초과**	
	농지(굴삭)	발굴실시	유물포함층 또는 유구확인 면 위로 논 30㎝, 밭 60㎝ 확보 되지 않을 경우	영농조건, 토 양조건의 실태 에 맞추어 대응
	농도 및 산길	발굴실시	소규모의 경우 예비조사 장래 기초자료로 삼음	
	용배수로,제 방,용수지	발굴실시	소규모의 경우 입회 후 장래 기초자료로 삼음	
	지하수로	1.예비조사 2.매장문화재와 영향있을시 3.발굴실시	굴착폭이 협소한 경우 입회하여 장래 기초자료로 삼음	
	이외 개발 사업	1.예비조사 2.발굴실시	공원,상하수도,학교,항만,공항,기지,매립쓰 레기장 구획정리,주택조성,창고,공장,상업 단지,공업단지,병원,묘지,주차장 등	

　나라지역의 경우 매장문화재로 취급하는 시간적 범위는 중세까지 속하는 유적을 대상으로 삼고 근세 이후의 것은 지역에 필요한 유적을 나라현 교육위원회가 결정하도록 하였습니다. 사업유형별 유적성격별로 별도 구분하지 않았고 발굴조사기준을 다음과 같이 세분하여 공사 시 지시토록 하고 있습니다.

1. 발굴조사　　2. 공사입회　　　3. 신중한 공사

발굴조사는 다시 3가지로 구분하였다.

① 본조사 : 기록 작성을 위한 발굴조사

② 확인조사 : 유적유무 및 범위 성격 내용을 파악하기 위한 부분적인 발굴조사

③ 시굴조사 : 매장문화재유무를 확인하기 위한 부분적인 발굴조사

〈표 3〉 나라지역 발굴조사 기준

나라지역의 발굴조사 기준(매장문화재 포장지)		
발굴구분	유형	세부내용
발굴조사 (본조사)	굴삭 등에 의해 유적이 파괴될 경우	
	상당기간 유적이 사람과의 관계가 단절될 경우	도로, 철도, 댐의 제방, 저수지, 하천지역의 수로, 제방, 용수로 등
	성토지역	**2m 이상 성토할 경우**
	지표에 유구의 존재가 명확한 경우	고분, 사원지 등 성토두께와 상관없음
	굴삭 등에 의해 보호층을 확보할 수 없는 경우	유물포함층 상면 30㎝ 이상 확보 할 수 없는 경우
취급규정 별도 지정	유물포함층 및 유구의 일부가 손상	기초 항타설
시굴조사, 확인 조사	매장문화재 포장지의 적절한 범위 결정	
	개발사업과 매장문화재 취급조정을 위한 기초 자료 획득	유구포함층 깊이 확인, 유구밀도 유적성격과 중요도 확인
	발굴조사범위 및 기간 경비 산출	
공사입회	토지면적 협소	통상의 발굴조사가 곤란한 경우
	공사내용에는 매장문화재에 영향이 없다고 판단되나 현지에서 상황 확인이 필요한 경우	
신중한 공사	매장문화재가 과거의 개발사업에 의해 소멸된 경우	
	매장문화재의 영향이 없다고 판단	
	확인을 필요로 하지 아니하는 경우	
	표식의 설치 굴삭범위가 협소	
나라지방의 발굴조사 기준(매장문화재 포장지 외)		
유적유무확인답사원	개발면적이 10,000㎡를 넘는 대규모 개발사업	
발굴 등 실시	현지답사시 유적이 확인될 경우	주지의 매장문화재 포장지로 인정하여 상기 기준에 따름
확인조사	지표면 관찰로 매장문화재의 유무를 확인하기 어려울 때	유적이 확인될 경우 상기 기준에 따름
발굴을 요하지 않는 경우(중요지구 아스카무라의 경우)		
	3개월 기한내 설치되는 가설물	바닥면적 120㎡이내 지계가 없는 것 굴삭이 이루어지지 않는 도로 포함

발굴 필요없음	건물 이외의 간단한 공작물의 설치 개수	문,담,울타리,전주,도로,표식,신호기, 가드레일,소규모 관측기기
	도로의 포장 또는 수선	이미 설치된 미포장도로의 포장 이미 설치된 도로의 수선
	전선,가스관,수도관 또는 수도관의 개수	과거에 이미 굴삭된 범위 내에서 공사
	수로의 개선	상동

<표 4> 오사카지역 발굴조사 기준

오사카지역 발굴조사 기준			
	구분	발굴조사실시	세부사항
시대	중세까지 속하는 유적	발굴조사실시	원칙적으로 전부 매장문화재 포장지로 취급
	근세에 속하는 유적	지역에서 필요한 것	중세유적과 일체를 이루는 에도시대 전기까지의 유적은 발굴
	근대이후	지역에서 특히 중요한 것	이케시마(池島)福方寺유적의 근대이후의 논은 경작발달사 측면에서 조사
사업 유형별 (매장 문화재의 손괴를 가져오지 않는 경우)	도로, 철도	발굴실시	장래에 걸쳐 지하매설물 등 지하이용 가능성이 없는 일시적인 공사용도로, 도로의 植樹帶, 보도 등 부분, 高架·橋梁의 교각을 제외한 부분, 도로구조령에 준거하지 않는 農道, 私道일시적 공사용도로, 도로의 식수대, 보도
	하천, 댐	발굴실시	매장문화재에 손괴 또는 영향이 없는 고수부지는 제외. 저수지는 만수위까지 대상, 그 이상은 제외
	항구적인 성토, 매립토	3m 이상 발굴실시	단, 두께의 최대치가 3m이상이 되는 경사지의 성토시공에 대해서는 매장문화재의 내용, 성격 등의 파악이 가능한 범위에서 발굴조사 실시에 대한 조정가능
		3m 미만 신중공사	토양 등이 연약하여 매장문화재에 영향을 미칠 우려가 있는 경우. 고분, 토루, 城館, 호 등 지표에 顯在하는 매장문화재를 포함한 경우는 발굴실시
	건축물	신중공사	공사에 의해 주변유적의 경관이 크게 개변되는 경우 발굴실시
	공원, 그라운드, 평면주차장	신중공사	고분, 토루, 호 등 지표에 현재하는 매장문화재를 포함한 경우로, 공사 후에 그 이용 등에 따른 매장문화재의 손괴 등 영향이 발생할 우려가 있는 경우는 발굴조사 실시

발굴을 필요로 하지 않는 범위		
발굴조사 필요 없음	**이차적인 퇴적이 명확한 유물포함**충만으로 구성된 구역	포함된 유물이 출토문화재로써 장래에 걸쳐 보존·활용을 도모할 필요성이 있다고 판단된 경우는 이 제한에 포함되지 않음
발굴조사 필요 없음	**유물포함상황이 희박한 유물포함**충만으로 구성된 구역	**본래 유물이 다량으로 출토되는 것이 드문 시대**나 완형품, 유물의 잔존이 양호한 경우, 제사관련 등 희소성이 중요한 경우 등은 **이 제한에 포함되지 않음**
발굴조사 필요 없음	**인위적 흔적이 불충분한 자연유구**만으로 구성된 구역	대상으로 하는 유적의 입지나 형성과정 등을 해명하는 데 불가결한 부분에 대해서는 이 제한에 포함되지 않음

〈표 5〉 일본과 국내 발굴조사 실시기준 대조표(발굴실시 규정 제정 전)

구분	일본	국내	비고
시대	중세까지 발굴조사실시 근세는 지역에서 필요한 것 근현대는 지역에서 특히 중요한 것 중세이전의 유적과 중복되는 것	특별한 기준 없이 근대문화재에 해당하는 1945년 이전까지 통상 발굴실시	조선후기 및 근대의 유구는 지도위원회 시 발굴여부 협의
사업 유형별	개인전용주택, 도로, 철도, 하천, 댐, 농업기반정비사업 농지(성토), 농지(굴삭) 농도 및 산길, 용배수로, 제방, 용수지, 지하수로 이외 개발사업 (공원,상하수도,학교,항만,공항,기지,매립쓰레기장구획정리,주택조성,창고,공장,상업단지,공업단지병원, 묘지, 주차장 등) 이상의 사업유형에 따라 확인조사, 예비조사 등을 통해 발굴 실시	1.지하굴착으로 인해 매장문화재의 훼손이 우려되는 경우 2. 절토(흙깍기), 복토(흙되메우기), 성토(흙쌓기) 등으로 매장문화재의 훼손이 우려되는 경우 3. 도로, 철도, 댐, 제방, 주택 등 영구·준영구적인 시설물을 설치하는 경우 4. 임시적인 공작물설치로 토지의 형질이 변경되는 경우 상기와 같은 건설공사의 경우 지표조사결과에 따라 입회조사, 표본조사, 발굴조사 실시	

성토 굴삭	1. 농지의 성토 시 유물포함층 또는 유구 확인면 위로 2m 초과 시 발굴 2. 농지의 굴삭시 유물포함층 또는 유구확인면 위로 논 30㎝, 밭 60㎝ 확보되지 않을시 발굴 3. 단순 성토지역은 2m 이상	성토와 굴삭에 관한 세부사항 없음	형질변경 여부에 따라 발굴
포장지외 개발사업	개발면적이 10,000㎡를 넘는 경우 현지답사 시 유적이 확인될 경우(유적유무확인답사원) 주지의 유적포장지로 인정	사업면적 3만㎡ 이상인 경우 지표조사실시, 그 결과에 따라 입회,표본,발굴실시	사업면적 2천㎡ 이하인 경우 지자체에서 보존대책 통보
발굴을 요하지 않는 경우	3개월 이내 설치되는 가설물 건물이외의 간단한 공작물의 설치 개수 도로의 포장 또는 수선 전선,가스관,수도관 또는 수도관의 개수 수로의 개선 이차적인 퇴적이 명확한 유물포함층만으로 구성된 구역 유물포함상황이 희박한 유물포함층만으로 구성된 구역 인위적흔적이 불충분한 자연 유구만으로 구성된 구역	다만 아래 사항의 경우 지표조사를 실시하지 않고 공사가능 1. 절토나 굴착으로 인해 유물이나 유구 등을 포함하고 있는 지층이 훼손된 지역 2. 공유수면의 매립, 하천 또는 해저의 준설, 골재 및 광물의 채취가 이미 이루어진 지역 3. 복토된 지역으로서 복토이전의 지형을 훼손하지 아니하는 범위에서 하는 공사 4. 지표의 원형을 변경하지 아니하는 벌채 또는 간벌사업	발굴을 필요로 하지 않는 경우나 범위에 대한 규정은 없음

조선후기 경작유구(논·밭) 발굴과 농업사 연구

염 정 섭 _한림대 사학과

1. 머리말

한국사에서 농경(農耕)이 시작된 이래 경작지(논밭)의 조성, 농사짓기, 그리고 관개시설의 축조 등으로 이루어진 농업생산활동은 끊임없이 이어졌다. 신석기시대 후반 이후 전개된 농업생산활동에 대한 단편적인 정보를 오늘날 매장문화재의 존재로부터 유추할 수 있다. 지중(地中) 또는 수중(水中)에 매장되거나 분포되어 있는 매장문화재는 우리들에게 생활양식, 문화양상을 전해줄 뿐만 아니라 농업생산활동의 구체적인 모습도 알려주고 있다. 농민들이 쉼 없이 매진했던 농업생산활동의 진면목을 찾아볼 수 있는 경작관련 흔적이 여러 가지 원인으로 매장되었다가 발굴조사를 통해 경작유구(耕作遺構)라는 이름으로 자신의 존재를 드러내고 있는 상황이다.

1990년대 이후 농경관련 유적의 발굴조사 연구 성과가 크게 증가하였다. 이전에 석제(石製), 목제(木製) 농기구의 발굴조사에 한정되어 있던 단계를 벗어나 실제 농업생산활동이 이루어지던 논밭을 비롯하여, 수로(水路), 보(洑) 등 여러 경작유구의 발굴도 같이 이루어지고 있다. 발굴조사 과정을 거쳐 다수의 경작유구가 보고되었고, 발굴보고서를 통해 각 경작유구의 모습을 어림잡아 짐작할 수 있게 되었다.[1] 또한 경작유구의 발굴이 계속 이루어지면서 이에 관련된 실증적인 연구 성과들도 축적되고 있다.[2] 이와 같은 경작유구 관련 발굴조사와 연구활동은 앞으로 신석기시대, 청동기시대, 삼국시대, 고려시대, 조선시대, 일제강점기의 경작유구들의 발굴조사 사례가 증가함에 따라 더욱 활성화될 것으로 기대할 수 있을 것이다.

경작유구에 대한 조사연구와 관련해서 새삼 떠오르는 기억 한 조각이 있다. 1992년 초여름 선배들과 함께 찾아보았던 미사리 발굴현장에서 백제시대 밭의 실물을 처음으로 접할 수 있었던 기억이다. 물결 모양처럼 속살을 드러낸 채 눈앞에 펼쳐져 있던 백제인이 농사를 지었던 경작유구의 실제 모습에 매혹되었던 인상이 아직도 너무나 생생하다. 당시 이제 막 찾아내었던 백제시대 밭유구가 앞으로 우리나라 농업사 연구를 크게 진전시킬 것이라고 내심 크게 기대하게 되었다. 조선시대 농업사를 공부해보려던 각오를 다지면서 석사과정에 재학 중이던 필자는 우리나라 농경의 발달과정에 대한 연구에 경작유구의 발굴이 큰 전기를 마련할 것으로 조심스럽게 전망하고 있었다. 그러한 기대와 전망은 지금까지 이어지고 있고, 또한 실제 연구로 현실화시키기 위한 준비도 차츰 해나가고 있는 중이다.

2010년 2월에 제정한 「매장문화재 보호 및 조사에 관한 법률」은 바로 "매장문화재를 보존하여 민족문화의 원형(原形)을 유지·계승하고, 매장문화재를 효율적으로 보호·조사 및 관리하는 것을 목적으로"[3] 하는 법률이라고 공표되었다. 이제 매장문화재의 일부인 경작유구에 대한 조사, 연구도 체계적으로 이루어질 수 있을 것이라는 기대를 하게 되었다. 그런데 2011년 2월

---

1) 곽종철, 「우리나라의 선사~고대 논밭 유구」, 『韓國 農耕文化의 形成』(韓國考古學會 編), 학연문화사, 2002.
2) 김병섭, 「韓國의 古代 밭遺構에 대한 검토」, 『古文化』 62, 한국대학박물관협회, 2003.
3) 문화재청, 『매장문화재 보호 및 조사에 관한 법령』, 1장 총칙, 1조(목적), 2011.02.

「매장문화재 보호 및 조사에 관한 법률」의 시행과 더불어 문화재청이 고시한 「발굴조사의 방법 및 절차 등에 관한 규정」(문화재청 고시 제2011-52호)은 경작유구의 발굴과 관련하여 매우 심각한 독소조항이 담겨져 있다는 것을 지적하지 않을 수 없다.

경작유구의 조사와 연구가 애초에 발굴조사 과정을 거쳐야만 찾아낼 수 있다는 점에서 「발굴조사의 방법 및 절차 등에 관한 규정」에 들어 있는 '별표 1 발굴조사 실시기준(제4조 관련)'은 경작유구의 조사 및 연구의 전망과 직접적으로 관련된 것이라고 할 수 있다. 발굴조사 실시기준을 제시한 '별표 1 발굴조사 실시기준(제4조 관련)'은 규정을 만든 사람의 의도와 상관없이 매장문화재의 보호와 조사에 커다란 지장을 초래할 뿐만 아니라 조선시대 농업사 연구의 새로운 발전전망을 근원적으로 차단하는 '걸림돌'이 될 것이라고 우려하지 않을 수 없다.

이러한 문제의식에 바탕을 두고, 필자는 먼저 경작유구의 발굴조사가 조선후기 농업사의 새로운 발전 방향을 제시해줄 수 있다는 점을 제시할 것이다. 조선후기 경작유구가 가지고 있는 학문적 중요성을 지금까지 진행된 조선후기 농업사 연구의 성과를 바탕으로 논증할 것이다. 지금까지 진행해온 문헌 중심의 농업사 연구에서 한 단계에 진일보할 수 있는 가능성을 살펴볼 것이다.

다음으로 문화재청에서 고시한 '발굴조사 실시기준'의 문제점을 지적할 것이다. 이를 위해 조선후기 경작유구로 발굴조사된 몇몇 사례를 같이 검토할 것이다. 그리하여 조선후기 경작유구를 발굴조사에서 제외하는 것이 갖고 있는 문제점을 지적하고자 한다. 앞으로 발굴조사 실시기준 문제를 포함하여 매장문화재 보호와 조사를 위한 폭넓은 논의가 진전되기를 기대한다.

2. 경작유구와 조선후기 농업사 연구의 전망

지금까지 조선시대 농업사 연구는 주로 문헌(文獻)을 중심으로 이루어졌다. 『농사직설(農事直說)』을 비롯한 여러 농서와 『조선왕조실록』, 문집 자료, 고문서, 추수기(秋收記) 등을 활용하는 연구를 수행하였다. 문헌자료의 분석과 정리 작업을 통해 농업생산을 중심으로 토지, 농업기술, 농업경영 등을 살피는 연구가 진행되고 있다. 토지소유관계, 농업경영, 소경영, 지주제 등에 관련된 연구를 진행하면서, 양안(量案), 성책(成冊), 행심(行審), 추수기 등 문헌자료의 조사 분석이라는 연구방법을 따르고 있다. 그리고 농업생산력을 중심으로 한 연구는 주로 농업기술(경종법, 시비법 등), 수리시설, 농기구 등을 살펴보고 있는데, 주로 농서 분석이 연구방법의 기본이 되고 있다. 여기에 일기자료도 또한 활용하고 있다.[4]

1990년대 이래 고고학적 발굴조사에서 찾아낸 경작유구는 농업사 연구의 시야와 넓이를 크게 확충할 수 있는 중요한 자료라고 할 수 있다. 선사시대와 고대사 분야에서는 경작유구를 중심으로 중요한 연구 성과들이 발표되고 있다. 경작유구 관련 자료들이 증가하면서 발굴조사법, 입지분석, 관개시설 검토, 농경기술 접근 연구 등이 발표되고 있다.[5] 또한 선사시대와 고대의 농경 즉 농기구, 관개시설, 경작지 소유형태, 농경기술과 생산력 등에 대한 연구도 찾아볼 수 있다.

곽종철은 「우리나라의 선사~고대의 논밭유구」[6]라는 글에서 2002년 무렵

---

4) 조선시대 농업사 연구의 태두이신 김용섭의 연구성과를 찾아보면 어떠한 문헌자료를 활용하여 조선시대 농업사 연구가 진행되었는지 잘 살펴볼 수 있다. 김용섭, 『김용섭회고록 : 역사의 오솔길을 가면서―해방세대 학자의 역사연구 역사강의―』, 지식산업사, 2011.

5) 김도헌, 「嶺南 地域의 原始·古代 農耕 硏究」, 부산대학교 고고학과 박사학위논문, 2010, 11쪽.

6) 곽종철, 「우리나라의 선사~고대 논밭 유구」, 『韓國 農耕文化의 形成』(韓國考古學會 編), 학연문화사, 2002, 25~93쪽.

까지 우리나라에서 확인 조사된 논밭유구를 집성하고 그 조사 성과를 기초로 현시점에서 알 수 있거나 추정되는 사항을 정리하였다. 곽종철이 정리하고 있는 내용의 큰 틀을 재정리하면 경작유구의 발굴조사를 통해서 앞으로 진행할 수 있는 연구방향, 연구과제를 가늠할 수 있을 것으로 생각된다. 그는 논밭유구의 위치, 논밭의 형태, 특히 밭의 이랑과 고랑, 논밭에서 재배하는 작물, 논밭의 경지전환 등을 다루고 있다. 이러한 연구내용은 거의 그대로 경작유구와 관련된 조선시대 농업사 연구에서 제기할 수 있는 연구 분야이자 연구 과제라고 할 수 있다.

조선시대 경작유구의 구체적인 실제 발굴성과를 토대로 조선후기 농업사 연구의 새로운 전망을 제시해볼 수 있다. 실제 발굴조사된 조선후기 경작유구를 검토한 연구보고서를 찾아볼 수 있다. 2008년 한국고고환경연구소는 충청남도 연기군 남면 종촌리 일원에서 실시한 「행정중심복합도시 중심행정타운 증축에 따른 문화재 발굴조사」에서 17세기 이후로 추정되는 수전(水田) 유적을 확인하였다. 당시 발굴조사팀은 13개의 수전면(水田面)을 확인하고 조선중기 이후 수전 농업기술의 일면을 확인할 수 있는 좋은 자료로 판단하였다.[7] 특히 각 수전면에서는 둑·수구(水口)·경작흔·식재흔·족적과 우(牛)족적 등의 시설 및 농경활동의 흔적 등이 양호한 상태로 확인되었다는 점과 조선중기 이후 현재까지 지속적으로 이용되어 오면서 끊임없는 개·보수와 새로운 수전의 조성 등을 확인할 수 있다는 점, 또한 홍수 등의 자연재해에 의해 수전이 폐기되는 과정도 확인할 수 있었다는 점 등이 매우 주목된다고 할 수 있다. 아직 본보고서를 접하지 않은 상황이지만, 연기군 남면 종촌리에서 발굴한 조선시대 논유구는 조선시대 농업기술 연구의 주요한 자료로 활용할 수 있을 것임에 틀림없다.

다음으로 조선시대 밭유구와 관련된 사례를 찾아볼 수 있다. 아래 표는

---

7) 한국고고환경연구소, 『행정중심복합도시 중심행정타운 종촌리 수전유적 문화재 발굴조사 지도위원회자료집』, 2008, 10쪽.

2009년에 실시된 전라북도 무주군 무풍면 철목리 유물산포지 A에 대한 발굴조사에서 고려~조선시대에 해당하는 경작관련 문화층으로 확인된 것을 정리한 것이다.[8)

〈표 1〉 무풍면 철목리 유물산포지 A 1~3문화층 현황표

	1문화층	2문화층	3문화층
밭고랑 방향	북동－남서 동－서	북서－남동 북동－남서	북서－남동 남동－북서
고랑·두둑 너비	고랑 : 28~40cm내외 두둑 : 30cm내외	고랑 : 18~50cm내외 두둑 : 30~43cm내외	고랑 : 35~40cm내외 두둑 : 30~40cm내외
출토유물	자기편(19세기) 기와편 등	자기편(18세기) 기와편 등	자기편(12세기) 도기편, 기와편 등

　무풍면 철목리 유물산포지 A에 대한 발굴조사 약보고서를 볼 때 경작층과 관련해서 눈길을 끄는 부분은 경작층의 입지여건, 고랑과 두둑의 너비, 밭고랑의 방향 등이다. 이를 토대로 무풍면 철목리 조선시대 밭유구에 대해서 대체로 다음 몇 가지를 확인할 수 있다. 먼저 밭유구의 입지여건에서 볼 때 주변에 소하천이 흐르고 있다는 점에서 하천 퇴적지형인 범람원에 해당된다는 점을 알 수 있다. 그리고 밭유구의 두둑과 고랑의 조성 방향을 살펴볼 때 하천과 직교하는 방향으로 정리된 것은 무엇보다도 하천의 범람이라는 자연환경에 순응하는 것이었다는 점도 찾아볼 수 있다. 또한 조선후기 밭유구의 두둑, 고랑의 크기에 관한 부분을 살펴보면 두둑과 고랑의 너비가 대체로 1 : 1에 가깝다는 점 등을 찾아볼 수 있다.

　사실 조선후기 농서를 통해서 밭에서의 작묘법(作畝法)이 세밀하고 치밀하게 정립되어 나가는 과정을 살펴볼 수 있다. 밭의 표면을 평탄하게 정리한 상태 그대로 경작하지 않고 고저 차이가 있는 두 부분으로 나누는 작업이

---

8) (재)대한문화유산연구센터, 『무주 무풍우회도로 건설공사 내 문화재 발굴조사 약보고서』, 2009, 15쪽.

바로 작묘작업이다. 그런데 농서의 경우 구체적으로 밭의 두둑과 고랑의 크기를 어떻게 만들어야 하는지에 대해서는 언급하는 부분이 없었다. 앞으로 이 부분에 대한 연구가 발굴조사 과정에서 출토되는 밭유구의 실제 모습을 주요한 자료로 활용하는 방향으로 진전될 수 있을 것이다. 경작유구의 발굴조사 결과는 농업사 연구에서 두둑, 고랑, 식재흔적 등을 세밀하게 밝혀낼 수 있는 중요한 연구 자료에 해당한다고 생각된다. 따라서 이러한 경작유구를 시대순으로 배치하고 정밀하게 따져볼 경우 밭작물 재배방식의 커다란 흐름을 찾아낼 수 있을 것이다. 이상에서 간략하게 살펴본 바와 같이 조선시대 경작유구(논·밭)의 발굴조사 결과물을 토대로 조선시대 농업기술[農法]의 면모를 구체적으로 밝혀나가는 연구가 이루어질 수 있을 것이다.

다음으로 조선후기 경작유구가 조선후기 농업사 연구의 새로운 지평을 열어줄 수 있다는 점을 제시해 본다. 무엇보다도 먼저 경작유구의 발굴은 조선후기를 중심으로 이전 시기와 이후 시기의 농지의 입지, 농지의 개발이라는 문제와 관련된 여러 사항을 해명하는 자료를 제공해줄 것이라는 점이다. 농경이 시작된 이래 농작에 적합한 토지를 전답으로 변화시키는 과정이 계속되었다. 이때 경작지로 전화되는 토지의 위치 조건은 매우 다양하였고, 그러한 위치 조건에 따라서 경작지로 전화되는 순서도 달라졌다. 따라서 발굴조사된 논밭유구의 위치를 주변 지형 속에서 살펴보고, 다른 지역에서 발굴조사된 논밭유구와 비교 연구하는 과정에서 어떠한 과정을 거쳐 현재의 농지 경관이 역사적으로 만들어졌는지 설명할 수 있게 될 것이다.

논밭유구의 입지 문제는 크게 보면 조선후기의 농경지 확보, 개간, 간척과 관련된 부분이라고 할 수 있다. 농경지를 어떠한 방식으로 확보하였는지, 그리고 개간이나 간척은 어떠한 방법으로 실행되었는지 경작유구의 발굴조사는 커다란 시사점을 전해줄 수 있을 것이다. 또한 논밭유구의 입지 문제는 미세한 국지적인 주변 지형 속에서 경지화가 어떠한 방향으로, 어떠한 조건

속에서 이루어졌는지 밝히는 데 관건이 되는 부분이라고 할 수 있다. 그리고 층위에 따라 나타나는 논밭유구의 특성에 따라 전답화의 내역을 밝힐 수도 있을 것이다.

조선시대에 이루어진 진황지(陳荒地)의 개간(開墾)과 간석지(干潟地)의 간척(干拓)은 농민들이 농경지를 확보하여 농업생산을 확대해나가는 과정이었다. <그림 1>은 정주군 대명둔(大明屯)의 축동(築垌)이 1790년에서 1793년 사이에 단계적으로 다섯 차례에 걸쳐서 이루어진 것을 보여주고 있다.9)

<그림 1> 정주군 대명둔 동답의 형성
(전거 :『內需司所管定州大明屯各垌畓打作成冊』/ 송찬섭, 1985, 255쪽)

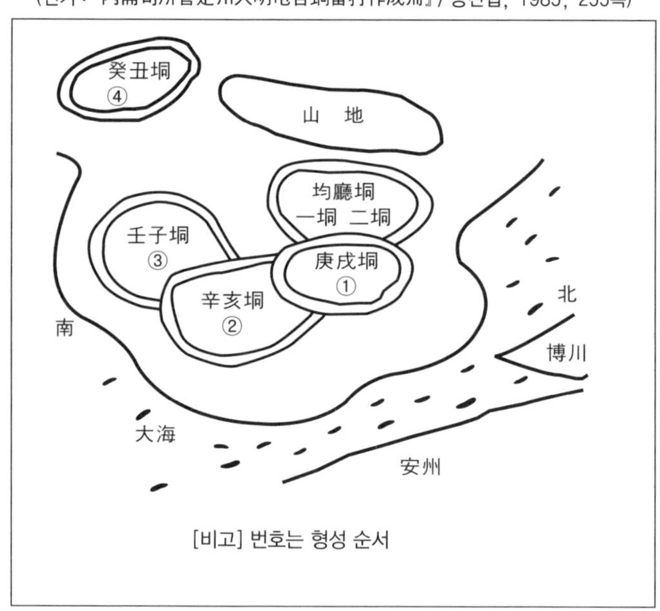

이생(泥生)이 발생하면서 점차적으로 축동이 이루어지고, 개간과정을 거쳐

---

9) 송찬섭, 「17·18세기 新田開墾의 확대와 경영형태」,『한국사론』12, 서울대 국사학과, 1985, 256쪽.

작답(作畓)이 수행되는 상황을 추정할 수 있다. 조선시대의 경작유구의 발굴조사는 이러한 개간, 간척과정의 전모를 밝히는 데 중요한 기여를 할 수 있을 것이다.

조선후기 개간 간척관련 연구는 양안, 성책 등 문헌자료를 중심으로 이루어지고 있지만, 현장조사, 그리고 발굴조사와 결합된다면 더욱 풍성한 역사상을 밝혀낼 수 있을 것이다. 따라서 반드시 문헌자료와 일치되는 지역이 아니라고 하더라도 조선시대의 경작유구에 대한 발굴사례가 축적된다면 앞으로 조선시대의 개간, 간척의 역사적 흐름을 세밀하게 찾아내는 연구 성과를 만날 수 있게 될 것이다.

다음으로 경작유구의 발굴조사 성과는 조선시대 양전, 양안 관련 연구를 한 단계 끌어올릴 수 있을 것이다. 조선시대의 양안은 양전(量田)이라 불린 일종의 국가적인 '토지조사사업'이나, 타량(打量) 등으로 불린 각 양안 작성주체의 토지조사에 의해 작성된 토지대장이다. 양안이라는 명칭 이외에 전안(田案), 도행장(導行帳), 타량성책(打量成冊) 등으로 불리기도 한다. 양안은 국가에서 전답에 매기는 전세(田稅)를 징수하기 위한 기본 장부이며, 각 양안 작성 주체의 토지소유 현황을 정리한 장부이기도 하였다.[10)

양안에 실려 있는 필지별 전답의 정보는 실제 지적도(地籍圖)와 같은 도면으로 변화시킬 수 있을 것으로 보이지만 아직 이를 현실화시키지 못하고 있다. 하지만 아래 그림에 보이는 조선시대 양안의 전답 필지들을 발굴조사 과정에서 확인된 지역과 연관시킬 수 있는 가능성이 크게 열려 있다고 생각된다. 우리 사회와 학계가 그 가능성을 현실화시킬 수 있는 능력을 갖고 있다고 믿고 있다.

다음으로 경작유구의 발굴과정을 통해 논밭의 구체적인 형태와 관련된 많은 정보를 얻을 수 있을 것이라고 생각된다. 곽종철과 이진주는 2003년

---

10) 金容燮, 「量案의 研究—朝鮮後期의 農家經濟」, 『朝鮮後期農業史研究(I)—農村經濟·社會變動—』, 一潮閣, 1970, 79쪽.

〈그림 2〉 전라도순천부기해양전도행장 (규14633)

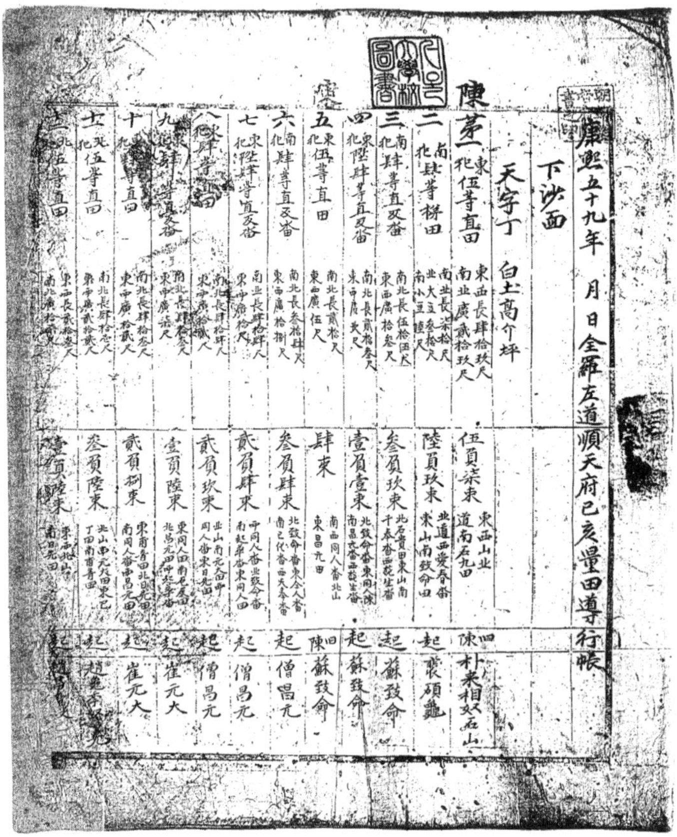

당시까지 우리나라에서 발굴된 논유구를 대상으로 평면상태, 논둑의 잔존여부에 따라서 계단식논과 부정형 소구획논으로 나누던 것을 재분류, 조정하여 A, B, C, D 네 개의 유형으로 나누었다.[11] 또한 김도헌은 논을 평면 형태와 논둑의 유무를 기준으로 크게 소구획·부정형(둑구획)과 계단식(단구획) 논으로 나누어 설명하였다.[12] 우리나라의 논유형이 지형조건별, 시대별, 지역별

---

11) 곽종철, 이진주, 「우리나라의 논유구 집성」, 『韓國의 農耕文化』 6집, 경기대 박물관, 2003, 112~114쪽.

양상을 달리할 것이라는 점에 필자도 전적으로 동감한다.

조선시대의 경우 전답 필지의 모양을 전형(田形)이라고 하는데 국가의 양전 과정에서는 직(直), 방(方), 규(圭), 제(梯), 구고(句股) 이렇게 다섯 가지로 통일하게 기재하였다. 이를 오형(五形)이라고 부른다. <그림 2>는 1720년 경자양전(庚子量田) 과정에서 작성된 전라도 순천부 하사면(下沙面) 양안의 첫면이다. 전형에 대한 표기도 들어 있는데 제일(第一), 이(二)의 순서로 표기된 지번(地番) 아래에 양전방향을 나타내는 동범(東犯) 등이 기재되어 있다. 이어서 오등(伍等) 등으로 표기된 전품(田品)이 표기되었고, 바로 다음에 나오는 직, 제 등이 바로 전형이다. 1719년에 작성된 이 양안에서도 전형이 다섯 가지로 기재된 것을 찾아볼 수 있다. 하지만 실제의 전답 모양이 다섯 가지로 한정된 것은 아니었고, 다양한 형태를 찾아볼 수 있다. 이러한 다종다양한 모양의 전형을 반영하여 작성된 양안이 1898년에서 1904년 사이에 시행된 광무양전지계사업에 따라 만들어진 광무양안이다.

<그림 3> 광무양전의 전답도형

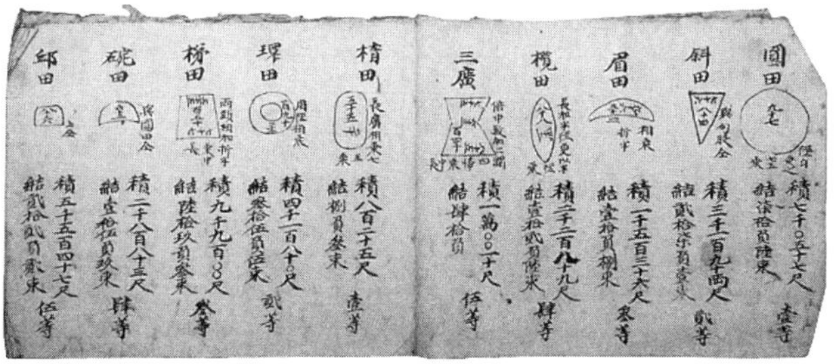

<그림 3>에서 보이는 바와 같이 눈썹모양[眉田], 타원형[楕田], 럭비공모양[欖田], 고리모양[環田] 등 다종다양한 전형이 현실의 농업생산의 현장이었

---

12) 김도헌, 「경작유구의 조사와 사례연구」, 『고고학 연구 공개강좌』 25회, (재)영남문화재 연구원, 2008, 3쪽.

다. 아쉬운 점은 이러한 다종다양한 전형을 실물로 보지 못한다는 점이고, 현재까지의 발굴조사에서 잘 드러나지 않고 있다는 점이다. 이는 앞으로 고려시대, 조선시대, 일제강점기 경작유구에 대한 발굴조사 사례가 계속 축적되면서 점차 모습을 드러낼 것으로 생각된다.

계속해서 조선시대 경작유구를 통해 확충해 나갈 수 있는 농업사 연구는 앞에서도 잠깐 살핀 바와 같이 구체적인 농업기술, 즉 밭농사 기술, 벼농사 기술이라고 할 수 있다. 그리고 논밭 조성 기술, 논밭 주변 정리방법 등도 찾아볼 수 있을 것이다. 아마도 조선후기 경작유구의 발굴조사가 계속 이어지면 수전의 배수로 확보를 위한 수전 고랑 개착과 관계된 흔적이나 이앙흔적 등도 발굴될 가능성이 있고, 파종법, 경작법 관련 새 기술의 발견도 가능할 것이라고 생각된다.

조선후기 경작유구의 발굴조사를 통해서 가장 기대하는 것은 바로 지역적인 농법의 특색을 찾아내는 일이라고 할 수 있다. 물론 조선후기 특히 18세기 농서의 검토과정에서 기경방식, 농기구, 수리시설 등에 보이는 지역적 특색의 대강을 살펴볼 수 있었다.[13] 하지만 우리는 조선후기 경작유구의 발굴조사라는 너무나 구체적인 연구자료를 통해서 지역적인 농법의 특색을 면밀히 밝혀낼 수 있는 훌륭한 기회를 확보할 수 있다. 또한 이는 지역사, 지방사의 지평을 크게 넓히는 중요한 자료를 확보하는 것이기도 할 것이다. 나아가 조선후기 경작유구에 대한 발굴조사는 나아가 지형환경 분석을 통한 토지의 이력을 밝히는 연구로 이어질 수 있을 것이다. 환경사, 토지개발사, 재해사를 하나의 관점으로 종합하여 토지의 이력을 검토하는 것이 될 수 있을 것이다.[14] 이러한 점에서 앞으로 조선후기 농업사 연구는 경작유구의 발굴과 떼려야 뗄 수 없는 밀접한 관계를 맺을 수밖에 없을 것이다.

---

13) 염정섭, 『조선시대 농법 발달 연구』, 태학사, 2002, 299~411쪽.

14) 장우영, 이왈영, 이홍종, 「충적평야유적 조사를 위한 지형환경분석의 적용」, 『야외고고학』 8, 한국문화재조사연구기관협회, 2010, 89쪽.

3. 조선후기 경작유구의 발굴 제외에 따른 문제점

여기에서는 문화재청에서 고시한 「발굴조사 실시기준」의 문제점을 살펴본다. 먼저 문화재청에 내놓은 법률, 시행령, 시행규칙, 여러 규정 등을 검토하여 「발굴조사 실시기준」에 보이는 '발굴제외'의 의미를 분명히 밝혀본다. 문화재청에서 2011년 2월 15일 고시한 「발굴조사의 방법 및 절차 등에 관한 규정」(문화재청 고시 제2011-52호)[15]에 붙어 있는 「별표 1 발굴조사 실시기준」을 보는 순간 필자를 비롯한 많은 연구자들은 깜짝 놀라지 않을 수 없었다. 조선후기 칸의 옆면을 채우고 있는 무수한 '×' 기호가 마치 조선후기 농업사 연구에 매진할 것을 재촉하는 채찍의 갈라진 끝처럼 보였기 때문이다. 「별표 1 발굴조사 실시기준」이 그대로 실행에 옮겨질 경우 심각하게 우려할 만한 상황이 초래될 것이다. 앞으로 조선시대 후기의 경작유구(耕作遺構)와 일반가옥, 회곽묘 및 삼가마, 자연 도랑 등과 같은 수많은 유적이 단 한 번의 조사도 제대로 거치지 않고 물거품처럼 사라지게 될 상황이 나타날 것이다. 이제 발굴조사의 근간을 뒤흔드는 위기뿐만 아니라 조선시대 농업사 연구의 새로운 싹을 고사시켜버릴 위기가 현실화될 것이다.

2011년 2월 15일에 고시된 「별표 1 발굴조사 실시기준」에 따르면 조선후기의 경작유구(논·밭)는 어떠한 공사유형을 막론하고 '발굴제외' 대상이다. 「별표 1」에 붙어 있는 비고의 설명에 따르면 "5. '발굴제외'란 발굴조사를 실시하지 않는 것을 말한다"라고 되어 있다. 그런데 발굴에 대한 비고의 설명을 보면 "1. '발굴'이란 표본조사 또는 시굴조사에서 확인된 유구에 대하여 정밀 발굴하는 것을 말한다"라고 되어 있다. 비고의 설명을 보면 '발굴제외'라 하더라도 마치 표본조사, 시굴조사는 할 수 있는 것처럼 설명되어 있는 듯하다. 하지만 이러한 비고의 설명은 매장문화재 보호 및 조사에 관한 법률 제9조(문화재보존

---

15) 문화재청, 『매장문화재 보호 및 조사에 관한 법령』, 2011.02.

조치의 지시 등)에 의거한 시행령 제7조(문화재 보존조치의 내용과 절차 등)와 시행규칙 제5조(문화재 보존 조치의 내용)의 내용과 상충되는 내용이라고 하지 않을 수 없다. 시행령, 시행규칙과 상충되는 규정이 효력을 발휘할 수 있는 것인지 묻지 않을 수 없다.

매장문화재 보호 및 조사에 관한 법률 제9조(문화재보존 조치의 지시 등)에 근거한 시행령 제7조(문화재 보존조치의 내용과 절차 등)에 따르면 문화재청장은 문화재 보존을 위하여 해당 건설공사의 시행자에게 5가지 문화재 보존조치를 명할 수 있게 되어 있다. 그런데 이러한 문화재 보존조치를 명할 수 있는 근거는 매장문화재 보호 및 조사에 관한 법률 제9조(문화재보존 조치의 지시 등) 1항에 보이듯이 지표조사보고서에 불과하다. 그리고 문화재청에서 2011년 2월 16일에 고시한 「지표조사의 방법 및 절차 등에 관한 규정」(문화재청 고시 제2011-51호)의 「별표 1 문화재 지표조사의 절차 및 방법(제8조 제4항 관련)」에는 1. 육상지표조사의 나. 현장조사에서 규정하기를 "지표의 원형 변경을 수반하는 조사(발굴 트렌치 등)는 불가"라고 되어 있다. 결국 지표조사보고서는 가. 사전조사 이외에 나. 현장조사에서 탐침조사, 낙엽, 눈 등의 제거로만 한정된 조사방법에 의해 작성된 것일 수밖에 없다. 이러한 지표조사로 지하에 매장되어 있는 경작유구의 흔적을 찾는 것이 가능할 것인지 불가능한 것인지 너무나 자명하다고 생각된다.

시행령 제7조(문화재 보존조치의 내용과 절차 등)에 따라 문화재청장은 문화재 보존을 위하여 해당 건설공사의 시행자에게 명할 수 있는 5가지 문화재 보존조치는 "1. 원형보존, 2. 이전(移轉) 복원, 3. 건설공사 시 관련 전문가의 입회조사, 4. 매장문화재 발굴조사, 5. 매장문화재 발견 시 신고" 이렇게 다섯 가지이다. 또한 시행규칙 제5조(문화재 보존조치의 내용)에 따르면 '4. 매장문화재 발굴조사'는 "가. 정밀발굴조사, 나. 시굴(試掘)조사, 다. 매장문화재표본조사"로 되어 있다. 위에서 살펴본 「발굴조사의 방법 및 절차 등에 관한 규정」의 「별표 1 발굴조사 실시기준」에 보이는 '발굴조사'가 바로 "가. 정밀발굴조사, 나. 시굴(試掘)조사, 다. 매장문화재표본조사"인 것이다. 그렇다면 결론적으로 발굴조사 실시기준에서 발굴제외로 표기한 것은 "가. 정밀발굴조사, 나. 시굴(試掘)조사, 다. 매장문화재표본조사"를 모두 제외한다는 의미이다. 「발굴조사의 방법 및 절차 등에 관한 규정」의 「별표 1 발굴조사 실시기준」의 비고의 발굴에 대한 설명은 실은 아무런 의미도 없고, 효력도 없는 군더더기일 뿐이다. 가장 정확하게 표현한다면 우리가 본래 가지고 있는 우리말 이해 능력 그대로 '발굴제외'란 발굴과 연관된 어떠한 조사도 실시하지 않는 것을 말하는 것이다. 그리고 지표조사를 의뢰하거나, 발굴조사를 의뢰할 건설공사 시행자가 갖고 있는 우리말 이해 능력으로도 '조선후기 경작유구의 발굴제외'란 "조선후기 경작유구에 대한 어떠한 발굴도 하지 않아도 된다"고 파악할 것이 너무도 분명하다.

다음으로 발굴현장에서 조선후기 경작유구가 발굴제외 되었을 때 지표조사만으로 조선후기 경작유구를 찾아내는 것이 조금이나마 가능한 것이 될 수 있는지 살펴본다. 결론적으로 말해서 시대를 막론하고 지표조사를 통해서 경작유구(논밭)의 존재 가능성을 찾아낸다는 것은 불가능에 가까운 일이다. 따라서 발굴조사 실시기준에서 조선후기를 제외하는 순간 이후 발굴조사에서 청동기시대 및 고대의 경작유구 이외의 다른 시대의 경작유구 발굴은 불가능한 일이 되어 버릴 것이다. 이제 막 시작하려고 꿈틀대는 조선후기 농업사 연구의 숨통을 끊어버리고 말 것이다. 게다가 전해들은 바에 따르면 발굴현장에서 조선시대 경작유구가 나오면 아예 발굴조사를 하지 않는 경우도 있다고 하는데, 이번 발굴조사 실시기준은 이러한 상황을 일상적인 것으로 만들어 버릴 것이다.

발굴현장의 보고서를 살펴보면 논유구는 다른 유구에 비해 유물이 거의 출토되지 않아 연대를 파악하기 어렵다고 한다. 논유구 조사방법을 설명하면서 "논유구는 다른 유구에 비해 유물이 거의 출토되지 않아 연대를 파악하기도 어려울 뿐만 아니라 곡간지를 비롯한 충적지에 입지하고 있기 때문에 지표조사에서부터 유적에서 제외되기 십상이며 시굴조사 단계에서도 대부분 트렌치 토층 단면만으로 농경작토 판정 및 논의 조성연대를 파악해야 하는 어려움이 있다. 특히 시굴조사에서 청동기시대 및 고대 논유구가 확인되지 않으면 이후 고려·조선시대 논유구 조사가 이루어지기는 어려운 것도 현실이다"[16]라고 지적하는 것을 참고할 수 있다. 또한 논유구를 찾아내기 위해 "지표조사에서 유물이 출토되지 않는 논유구의 존재 가능성을 판정하기 위해서는 기존에 조사된 논유구의 입지를 검토하여 논유구(생산역)와 주거역의 관계를 인지할 필요가 있다"[17]고 조언하고 있다. 논유구의 이러한 사정은 밭유구의 경우도 '대동소이'할 것이다. 따라서 이러한 지적과 조언을 참고한다면 발굴조사 실시기준에서 조선후기 이후의 경작유구를 발굴에서 제외하였을 때 발굴현장에서 조선후기 이후의 경작유구로 판별하고 발굴하는 것이 불가능한 일이 될 것이라고 단언하지 않을 수 없다.

발굴조사 현장에서 경작유구를 발굴한 고고학자들은 이구동성으로 연대 추정의 어려움을 이야기하고 있다. 뿐만 아니라 하나의 유적에서 여러 시대, 시기의 논밭 유구가 같이 출토되는 것이 일반적이라고 지적하고 있다. 논유구의 시대별 존재양상을 몇 갈래로 나누어 설명하면서 삼국~통일신라시대와 고려~조선시대의 것이 함께 존재하는 예가 가장 많이 확인된다[18]고 지적한 것을 찾아볼 수 있다. 이는 경작지로 활용되는 지리적, 경제적 위치라는 것이 매우 보편적인 성격을 갖고 있다는 점을 보여준다. 또한 여러 시대의

---

16) 문백성, 「논유구 조사방법 및 분석과 해석-한국 논유구 사례를 중심으로 검토-」, 『한국과 일본의 선사·고대 농경기술』, 경남발전연구원 역사문화센터, 한국청동기학회, 2009, 3쪽.

17) 문백성, 위의 논문, 2009, 3쪽.

18) 곽종철, 「우리나라의 선사~고대 논밭 유구」, 『韓國 農耕文化의 形成』(韓國考古學會 編), 학연문화사, 2002, 29~30쪽.

논유구가 같이 존재하고 있을 때 각 층위가 갖고 있는 특성을 중심으로 농업생산활동의 시대적 변환을 살펴볼 수 있는 자료를 제공해준다고 할 수 있다. 그런데 여러 시대의 논밭 유구가 병존하고 있을 때 제일 위 층위에 자리하고 있는 조선후기 경작유구는 발굴제외라는 철퇴를 맞게 된다면, 여러 시대의 경작유구를 비교 검토하는 연구 작업 자체가 존재하지 못하게 된다.

결국 이번 발굴조사 실시기준에서 제외된 매장되어 있는 '조선후기 이후의 경작유구'는 지표조사자가 일반사람의 능력을 뛰어넘는 예지력과 또한 땅속 몇 길을 꿰뚫어볼 수 있는 투시력을 지녔을 경우에만 발굴조사의 대상이 될 수 있는 상황이 되어 버렸다. 달리 말해서 이제 조선후기 이후의 경작유구는 발굴해서는 안 되는 매장문화재가 되어 버린 것이다.

다음으로 이번에 미리 마련된 「별표 1 발굴조사 실시기준」을 준거로 발굴조사의 실시 여부에 대한 판단을 내릴 수 있는 것인지 살펴보자. 개악된 것으로 판단되는 발굴조사 실시기준은 단지 「별표 1」 하나로 발굴조사 실시 여부를 판단할 수 있는 것처럼 오도하고 있다. 지금까지 필자가 알고 있는 바로는 「별표 1 발굴조사 실시기준」 마련을 위해 조선시대 농업사, 일제강점기 농업사 등 전문연구자와 협의하거나 공동 검토하는 과정을 거치지 않은 것으로 보인다. 「별표 1 발굴조사 실시기준」은 이러한 절차상의 중대한 문제를 안고 있다. 또한 발굴현장의 특수성을 감안할 때 발굴조사를 실시하는 것이 필요한지 여부는 발굴 현장조사, 관련 전문가의 논의 등을 거쳐서 판단을 내려야 함에도 불구하고 「별표 1 발굴조사 실시기준」은 엄정한 학문적 검증과정을 거치지 않은 채 '실제적 권위'를 부여받고 있다. 조선시대 농업사 전공자가 아니라고 하더라도 「별표 1 발굴조사 실시기준」이 학문적 권위를 갖고 있다고 간주할 사람은 없을 것이다.

현장실사를 통한 전문가의 발굴조사 판단이 이루어지지 않았을 때 많은 매장문화재가 발굴조사조차 없이 멸실된 경우를 찾아볼 수 있다. 이 글을 준비하기 위해 살펴본 발굴조사보고서 가운데 『진주 대평리 옥방 3지구 선사유적』에서 발굴조사의 실시여부를 학문적인 논의과정을 거치지 않았을 때의 결과를 보여주는 대목을 찾아볼 수 있었다. 보고서에 따르면 1차 조사가 끝난 뒤 시굴 Trench의 분석 결과에 입각하여 유구(遺構)가 분포하지 않는다고 판정된 지역은 공사가 이루어져도 좋다는 경남도의 결정에 따라 구제방(舊堤防) 바깥의 모든 토사(土沙)를 신 경작지 조성을 위해 제토(除土)해 버렸기 때문에 광범위하게 분포하였던 것이 분명한 밭터[田址]가 영원히 소멸되고 말았다고 아쉬움을 토로하고 있다. 보고자는 철저하지 못한 시굴조사와 행정당국의 성급한 판단을 그 원인으로 제시하고 있다.[19] 발굴조사는 엄정한 연구 활동이며, 이를 행정당국의 '성급한 판단'으로 볼 수밖에 없는 「별표 1 발굴조사 실시기준」에 의거한다는 자체가 '성급한' 일이다. '성급한' 「별표 1 발굴조사 실시기준」은 아무런 학문적 기준, 권위를 갖지 못한 도표에 불과하다고 할 수밖에 없다.

다음으로 「별표 1 발굴조사 실시기준」이 발굴조사자와 개발주체 사이의 분쟁을 야기할 것이라는 점을 살펴보자. 2011년 이후 개정된 매장문화재 법령의 발굴조사 실시기준에 따라 조선시대 후기의 경작유구, 일반가옥, 회곽묘 및 삼가마, 자연도랑 및 고토양층을 발굴조사에서 제외하거나 선별적으로 발굴조사를 하게 되었다. 이는 현장의 발굴조사에서 조선후기 경작유구로 비정하는 순간 경작유구를 발굴할 아무런 근거도 갖지 못하게 만드는 것으로, 발굴조사자와 개발주체 사이의 이해관계가 크게 부딪히게 만드는 것이라고 할 수 있다. 추정에 불과한 것이지만 발굴조사자가 고려시대 경작유구로 판단하여 발굴하였지만 최종적으로 조선후기 경작유구로 밝혀지는 경우, 소요된 발굴 비용을 어떻게 처리할 것인가 등의 문제가 즉시 불거져

---

19) 조영제 외 3인, 『진주대평리 옥방 3지구 선사유적』, 경상남도, 경상대학교박물관, 2001, 2쪽.

나올 것이다.

마지막으로 문화재청이 고고학회에 보낸 회신의 내용에 담긴 결정적 문제점을 지적하지 않을 수 없다. 문화재청이 2011년 3월 17일 보낸 '고고학회의 질의에 대한 회신'의 내용 속에 다음과 같은 설명이 들어 있다. 문화재청 담당자는 조선시대 후기는 정밀발굴에서 제외하였는데, 이는 "조선시대 후기 논밭의 경우 근현대 경작지와 대동소이하기 때문에 굳이 고고학적 발굴을 통해 밝힐 수 있는 정보가 극히 제한적이라고 판단하였기 때문"[20]이라고 설명하였다. 문화재청은 선별발굴, 정밀발굴을 구분하고 있지만 구분 자체가 문제가 있을 뿐만 아니라, 더욱 우려하지 않을 수 없는 것은 조선후기 논밭이 근현대 경작지와 대동소이하다고 보는 판단이다.

'고고학회의 질의에 대한 회신'에 담겨져 있는 조선후기 농업사에 대한 단견은 마치 논밭을 자연의 일부로 취급하는 듯한 판단에 가까운 것이라는 점에서 놀라움을 금할 수 없다. 근현대와 조선후기의 논밭이 '대동소이'하다면, 농경이 시작된 이래 끊임없이 이루어진 개간, 간척, 번답[反畓], 경지정리, 수리시설 축조 등 무수한 농업변동의 역사적 흐름을 어떻게 파악할 수 있을 것인지 반문하기에 앞서 자문하지 않을 수 없다. 또한 '고고학회의 질의에 대한 회신'의 내용이 틀리지 않았다고 생각한다면, 필자가 'Ⅱ. 경작유구와 조선후기 농업사 연구의 전망'에서 살펴본 경작유구와 조선후기 농업사 연구의 설명, 그리고 조선후기에서 일제강점기를 거쳐 현대에 이르기까지 우리 농민들이 농업생산에 종사하면서 논밭을 조성하고, 관리하고, 농사를 짓고, 생활한 것이 '대동소이'한 것이었다고 생각하는 것인지 묻지 않을 수 없다.

---

20) 문화재청, 「매장문화재 보호 및 조사에 관한 법률 및 하위법령 관련 질의 회신」, 2011.3.17.

4. 맺음말

이상 본문에서 다룬 내용을 정리하는 것으로 맺음말을 대신한다. 1990년대 이래 고고학적 발굴조사에서 찾아낸 경작유구는 농업사 연구의 시야와 너비를 크게 확충할 수 있는 중요한 자료라고 할 수 있다. 경작유구의 발굴은 조선후기 농업사 연구에 새로운 전망을 제시해주는 것이라고 할 수 있다. 구체적으로 벼농사기술, 밭농사기술 뿐만 아니라 농지의 입지 즉 조선후기의 농경지 확보, 개간, 간척과 관련된 역사상을 보여줄 수 있는 자료이다. 조선시대의 경작유구의 발굴조사는 이러한 개간, 간척과정의 전모를 밝히는 데 중요한 기여를 할 수 있을 것이다.

또한 경작유구의 발굴조사 성과는 조선시대 양전, 양안 관련 연구를 한 단계 끌어올릴 수 있을 것이다. 조선시대 양안의 전답 필지들을 발굴조사 과정에서 확인된 지역과 연관시킬 수 있게 될 것이다. 경작유구의 발굴과정을 통해 논밭의 구체적인 형태와 관련된 많은 정보를 획득할 수 있을 것이다. 그리고 논밭 조성 기술, 논밭 주변 정리방법 등도 찾아볼 수 있을 것이다. 마지막으로 조선후기 경작유구는 지역적인 농법의 특색을 면밀히 밝혀낼 수 있는 훌륭한 기회를 제공할 것이다.

조선후기 경작유구를 발굴 제외하는 것은 무엇보다도 고고학적 발굴조사의 근간을 뒤흔드는 것일 뿐만 아니라, 조선시대 농업사 연구의 새로운 싹을 고사시켜 버리게 될 것이다. 「발굴조사의 방법 및 절차 등에 관한 규정」의 「별표 1 발굴조사 실시기준」의 '조선후기 경작유구' '발굴제외'란 발굴과 관련된 어떠한 조사도 실시하지 않는 것을 말하는 것임이 분명하다. 이에 따라 지표조사를 의뢰하거나, 발굴조사를 의뢰하는 경우, "조선후기 경작유구에 대한 어떠한 발굴도 하지 않아도 된다"고 이해될 것이 분명하다. 게다가 지표조사에서 찾아낼 수 없는 조선후기 경작유구는 이제 지표조사자가 일반사람의 능력을 뛰어넘는 예지력과 또한 땅 속 몇 길을 꿰뚫어볼 수 있는 투시력을 지녔을 경우에만 발굴조사의 대상이 될 수 있을 것이다. 달리 말해서 이제 조선후기 이후의 경작유구는 발굴해서는 안 되는 매장문화재가 되어 버린 것이다.

우리는 「별표 1 발굴조사 실시기준」이 엄정한 학문적 검증과정을 거친 것이 아니며 따라서 발굴조사의 실시기준이 될 만한 학문적 권위를 갖고 있다고 보지 않는다. 앞으로 「별표 1 발굴조사 실시기준」은 발굴조사자와 개발주체 사이의 분쟁을 야기할 것이라는 점에서 현실적인 실행에 커다란 문제점을 갖고 있다. 마지막으로 문화재청이 2011년 3월 17일 보낸 '고고학회의 질의에 대한 회신'에 "조선시대 후기 논밭의 경우 근현대 경작지와 대동소이하기 때문에 군이 고고학적 발굴을 통해 밝힐 수 있는 정보가 극히 제한적이라고 판단하였기 때문"이라는 설명은 도저히 납득할 수 없는 조선후기 이후 농업사에 대한 단견(短見)이라 하지 않을 수 없다. 근현대와 조선후기의 논밭이 '대동소이'하다면 농경이 시작된 이래 끊임없이 이루어진 개간, 간척, 번답[反畓], 경지정리, 수리시설 축조 등 무수한 농업변동의 역사적 흐름을 어떻게 파악할 수 있을 것인지 반문하지 않을 수 없다. 우리는 이상의 검토를 통해 문화재청이 '발굴조사의 방법 및 절차 등에 관한 규정'(문화재청 고시 제2011-52호)에 제시한 '별표 1 발굴조사 실시기준(제4조 관련)'을 철회하는 것이 마땅하다고 믿는다.

근대문화유산의 현황과 보존

윤 선 자 _전남대 사학과

1. 머리말

한국사에서 근대의 출발은 서양 근대의 충격으로부터 시작되었고, 문화적인 면에서의 근대란 근대 서양문화 수용으로부터 시작되었다. 서양근대문화의 수용이란 서양근대의 물산·상품의 도입이고, 서양적 복식·주거공간·예절의 도입, 그리고 서양 근대적 가치의 수용 등이다.[1] 그러므로 한국사에서는 근대의 시점을 개항으로 설정하는데 대개 동의한다.[2]

근대란 봉건시대에 상대되는 말로서, 근대화를 이념으로 한 역사의 발전단계를 말한다.[3] 그리고 근대문화유산이란 근대 시기에 만들어진 것으로 보존가치가 있지만 현실의 여러 제약으로 인해 쉽게 보존될 수 없는 건물, 시설, 소장품, 예술작품, 정원, 생활도구 등의 문화유산을 가리킨다. 따라서 근대의 개념과 시간적 범주 설정과 더불어 사람들에게 근대적 경험을 갖게 한 문화유산이 무엇인지를 고려해야 한다.[4] 문화재는 문화재 자체로서가 아니라 그

---

1) 권희영 지음, 『한국사의 근대성 연구』, 백산서당, 2001, 78쪽.
2) 윤선자, 「근대문화유산과 종교건물」,『한국기독교와 역사』22, 한국기독교역사학회, 2005, 133쪽.
3) 趙東杰, 『韓國近代史의 試鍊과 反省』, 지식산업사, 1989, 21쪽.

문화재가 갖는 의미, 정신 등을 규명하고, 그 안에서 역사를 읽고, 오늘의 역사에 접맥시키는 노력이 필요하다. 그것이 결여될 때 문화재는 지정문화재건 등록문화재건 그 문화재의 소유 내지 관리자, 또는 관련자에게만 의미가 있을 뿐, 국민적인 공감대 형성은 어렵다. 문화재는 눈에 보이는 가시적인 것을 통하여 그 안에서 민족의 역사와 정신을 끌어낼 수 있을 때 의미를 가질 수 있고 근대문화유산도 마찬가지이다.

1963년 독립문이 사적 32호로 지정된 이후 1990년대까지 30여 년 동안 94개의 근대문화유산이 지정문화재로 되었을 뿐이다. 2001년 등록문화재 제도가 도입되어 지정되지 못하는 근대문화유산 중 일부가 등록문화재로 등록되기 시작하였다. 그러나 근대문화유산은 전근대문화유산에 비해 관심이 적고, 가치평가가 낮다. 문화재가 그 중요도를 인정받으려면 건설 후 경과한 연수와 건립된 연대가 고려되어야 한다는 전통문화유산 중심의 인식 때문에, 건립연대가 오래지 않은 근대문화유산은 문화재로 지정되는 경우가 적다. 또한 일제강점기가 속해 있기에 그 시기에 만들어진 문화유산들은 가치평가가 유보되는 경우가 많다.

근대문화유산은 전통문화유산과 마찬가지로 의미가 있고 가치가 있다. 단지 시간적인 면에서 오래되지 않았을 뿐, 오늘 우리의 삶에 미치는 영향을 보건데는 더욱 의미가 크다. 본고는 근대문화유산의 현황을 살펴보고 보존/관리/활용 방안도 모색해 보고자 한다. 2003~2005년에 이루어진 근대문화유산의 16개 시도별 조사보고서와 2008~2010년에 이루어진 독립운동 및 국가수호 사적지의 조사보고서를 토대로 근대문화유산의 현황, 지정/등록 현황을 살펴보고자 한다. 그리하여 지정/등록에 바람직한 방향을 제시하고, 보존/관리/활용 방안도 모색하고자 한다. 문화재로 지정/등록될 때 민족사적·학술적·예슬적 측면에서 의미를 명확히 제시할 수 있으며 보존/관/활용의 기준 설정도

---

4) 강원도, 「근대문화유산 목록화 및 조사보고서」, 2003.7, 3~4쪽.

합리적이 될 것이다.

2. 근대문화유산과 지정/등록문화재

2011년 3월 31일 현재 문화재청 홈페이지((http : //www.cha.go.kr)에 수록되어 있는 한국의 문화재는 13,164건이다. 이 가운데 근대문화유산에 속하는 문화재는 821건으로 약 5%이다. 근대문화유산은 문화재청에 의하면, '개화기'를 기점으로 하여 '한국전쟁 전후'까지의 기간에 건설, 제작, 형성된 문화재가 중심이 되며, 그 이후 생성된 문화적 소산일지라도 멸실 훼손의 위험이 크고 긴급한 보호조치가 필요한 경우 포함될 수 있다.[5] 따라서 문화재청 홈페이지의 시대별 분류에 의하면 대한제국기와 일제강점기의 문화재가 근대문화유산에 해당하고, 이들이 전체 문화재에서 차지하는 비율은 각각 1.1%와 3.9%이다.

〈표 1〉 시대별 문화재 현황 (2011.3.31)

시대	선사시대	석기시대	청동기시대	철기시대	삼한시대	삼국시대	통일신라시대
문화재수	43	16	95	10	11	467	479
시대	고려시대	조선시대	대한제국기	일제강점기	시대미상	합	
문화재수	1,143	4,418	150	519	63	13,164	

그런데 근대문화유산을 대상으로 한 470건의 등록문화재 중 대한제국기와 일제강점기의 등록문화재는 각각 27건과 291건, 합이 318건이므로 152건은 개화기－대한제국 설립 이전, 또는 1945년 해방 이후의 문화재이다. 따라서 대한제국기와 일제강점기의 지정·등록 문화재 669건과, 등록문화재 중 대한

---

5) 문화재청, 『근대문화유산 보존을 위한 등록문화재제도』, 2005, 9쪽.

50

제국기와 일제강점기에 해당하지 않는 문화재 152건을 합한 821건이 근대문화유산에 속한다.

지정·등록된 근대문화유산을 문화재 종류별, 시·도별로 살펴보면 다음 <표 2>와 같다. 821건 모두를 분석해야 하겠지만, 152건의 문화재를 검색하는 것이 어려워 대한제국기와 일제강점기에 해당하는 문화재만을 분석하였다.

<표 2> 대한제국기와 일제강점기의 문화재

	서울	인천	경기	충북	대전	충남	강원	전북	광주	전남	대구	경북	부산	울산	경남	제주	계
(국가지정문화재)																	
국보																	0
보물	25		3			11				1			2		1	2	45(29)
사적	23	2	1			2		2		1	3				1		35(15)
중요무형문화재																	0
중요민속문화재	3			1						3					2		9(5)
계	51	2	4	1		13		2		5	3		2		4	2	89(49)
(시도지정문화재)																	
유형문화재	8	13	4	5	1	2	1	3	4		11	1	1		16		70(23)
무형문화재						1											1
기념물	5	1	6	1		11	1	3	2	2		2	4				38(7)
민속자료	5			1		4			3	3		2			1		19(5)
계	18	14	10	7	1	18	2	6	9	5	11	5	5		17		128(35)
문화재자료	17	6	2	5	3	10	2	4	27	3	6	7	6	1	34	1	134(39)
계	35	20	12	12	4	28	4	7	36	8	17	12	11	1	51	1	262(74)
지정문화재총계	86	22	16	13	4	41	4	9	36	13	20	12	13	1	55	3	351(123)
(등록문화재)																	
등록문화재	49	4	16	17	12	21	19	39	8	49	7	20	8	4	28	17	318(27)
총계	135	26	32	30	16	62	23	51	44	62	27	32	21	5	83	20	669(150)

13년 기간의 대한제국기와 35년 기간의 일제강점기의 문화재를 비교하면, 22 : 78로 기간은 1 : 3이 안되는데 문화재수는 1 : 3이 넘는다. 지정과 등록 문화재의 비율을 보면 53 : 47로 지정 비율이 조금 많다. 국가 지정과 시도 지정의 비율을 보면 25 : 75로 시도 지정이 국가 지정보다 3배 많다. 이는 문화재 전체를 대상으로 할 때와 비슷하다. 국가지정문화재 중 국보는 1건도 없는데, 진정 근대문화유산 중 국보로 지정될 만한 것들이 없는지는 다각적인 검토가 필요하다.

시도지정문화재 중에서는 문화재자료가 거의 절반을 차지하는데, 문화재 자료란 "시·도지사가 시도지정문화재로 지정되지 아니한 문화재 중 향토문화 보존상 필요하다고 인정하여 시·도 조례에 의하여 지정한 문화재를 지칭한 다." 근대문화유산 중 문화재자료의 비율이 높은 것은 향후 이들의 가치가 재평가될 수 있다는 점에서 상당히 긍정적이라고 할 수 있다.

지역별로 보면 서울이 20.2%로 가장 많고 이어 경남 12.4%, 전남과 충남이 각각 9.3%, 전북 7.6% 순이다. 지정문화재는 서울에 이어 경남, 광주 순인데 이들 지역의 문화재는 문화재자료가 상당히 많다. 등록문화재는 서울과 전남이 가장 많고 이어 전북이다. 서울은 대한제국기와 일제강점기에 정치·경 제는 물론 산업·문화 등 모든 면에서 중심이 되는 곳이었으므로 관련 문화재가 많기 때문이다. 전남과 전북의 비율이 높은 것은 일제강점기에 번성했던 이들 지역이 해방 후 오랜 동안 경제개발에서 소외되었고, 그로 인해 도시 성장이 정체되었기에 해방 전 도시조직과 근대문화유산이 많이 남아 있기 때문이다.[6]

1962년 1월 10일 「문화재보호법」이 제정된 이후 1960년대에 지정된 근대문 화유산은 독립문(사적 32호, 1963.1.21)이 유일하다. 보호의 시급성이 없었을 뿐 아니라 전통문화유산에 대한 지정과 보호에 주력한 때문이었다. 1970·1980

---

6) 『근대 건축문화유산 보존 활성화를 위한 등록 문화재 제도개선 연구』, 도코모모 코리아, 2007.12, 24쪽.

년대에는 경제개발로 인한 급격히 변화에 대처하기 위해 1910년 이전의 개화기 건물 위주로 약 40건이 지정되었고, 1990년대에는 재개발의 여파로 1930년대 전후의 건물까지 지정 범위가 확대되어 53건이 지정되었다.[7] 그리고 2001년에는 지정문화재로 지정하기 어려운 문화재를 보호하기 위한 등록문화재 제도가 도입되었다.

등록문화재 제도는 한국근대문화유산의 보존과 관리에 새로운 전기를 마련하였다. 건설된 후 50년 이상 지난 건조물 또는 기념이 될 만한 시설물 가운데 국가 또는 시·도 문화재로 지정하기 어렵지만 나름대로 역사적 의미를 갖고 있는 근대문화유산을 보호하기 위해 마련된 제도이다. 등록문화재로 선정된 문화재는 문화재의 보존과 함께 자유로운 활용이 가능하며, 외관을 크게 변화시키지 않는 범위에서 내부를 일상생활에 맞게 다양하게 활용할 수 있다. 또한 등록문화재 건물은 종합토지세와 상속세 등 세금감면혜택과 함께 관리 및 수리비용이 지원된다.[8]

등록제도는 근대기의 문화유산이 급격한 산업화·도시화에 의하여 체계적인 조사나 가치평가 없이 점차 멸실·훼손되어가는 상황에 능동적으로 대응하기 위해서 도입되었다. 근대는 전통과 현대를 잇는 가교 역할을 하는 시기이며 한국사에 한 획을 긋는 중요한 역사적 시기로서 이 시기에 생성된 역사적 산물은 당대의 문화, 역사를 반영하는 결과물이다.[9]

2000년 1월 24일 문화재청이 전국의 근대문화유산 중 역사기념물과 건축물에 대한 기초조사를 시작하였을 때 문화재로 지정되어 있던 근대건축물과 역사기념물은 94건(국가지정 29건, 시도지정 65건)이었다.[10] 2001년 1월~4월 문화재청은 기초조사를 통해 파악한 전국 193건의 근대문화유산 중 13건을

---

7) 김정신, 「교회건축문화재의 보존현황과 과제」, 『교회사연구』 19, 2002.12, 232쪽.
8) 윤선자, 「근대문화유산과 종교건물」, 137쪽.
9) 문화재청, 『근대문화유산 보존을 위한 등록문화재 제도』, 2005, 5쪽.
10) 문화재청, 『근대문화유산 건축물 사진실측 조사보고서』, 2001, 235쪽.

그해 12월 5일에 등록문화재로 지정 예고하였다.[11] 2002년 상반기만 하더라도 개항 이후~해방 전후 사이 건립된, 한국근대사에서 상징적이거나 기념비적인 건축물 또는 시설물로 지역의 역사·문화적 배경이 되고 있는 건물들이 등록 대상이었다. 이후 시간적 범주가 계속 확대되고 있으며, 그에 따라 고려해야 할 사항들도 많이 제기되었다.[12]

2002년 2월 28일 서울 남대문로의 한국전력 사옥이 첫 등록문화재로 등록된 이후 연도별 등록 현황을 보면 다음 <표 3>과 같다.

<표 3> 연도별 등록/등록해제 문화재 (2011.2.25)

연도	2002	2003	2004	2005	2006	2007	2008	2009	2010	2011	계
등록문화재	44	21	81	82	92	48	60	30	15	4	477
등록해제문화재				1			5		1		7

2004년 등록 6개와 2006년 등록 1개가 '기존 사적에 중복 3개, 해당 인물과 무관 2개, 시도지정문화재로 승급 2개'의 이유로 해제되어 현재 470건이다. 연평균 47개의 문화재가 등록되었는데, 2002, 2003, 2009, 2010년은 평균보다 적은 문화재가 등록되었다. 연도별 증감을 전년도와 비교하면 2003년에는 약 1/2로 감소, 2004년에는 3.5배 증가하였다. 2005년과 2006년에는 전년도와 거의 같거나 약 1/10이 증가하였다가 2007년에는 약 1/2로 감소하였다. 2008년에는 1/4이 증가하였다가, 2009년에는 1/2로 감소하였고, 2010년에도 1/2로 감소하였다. 2009년부터 등록 숫자가 크게 감소하고 있는데 등록할 만한 근대문화유산이 없기 때문이 아니다.

등록문화재를 지역별, 시설별로 보면 다음 <표 5>과 같다.

---

11) 『조선일보』 2001년 12월 6일자.
12) 윤선자, 「근대문화유산과 종교건물」, 138쪽.

〈표 5〉 등록문화재 (2011.2.25)

	강원	경기	경남	경북	광주	대구	대전	부산	서울	울산	인천	전남	전북	제주	충남	충북	합계	비율
교육시설			1		8	1	1	1	8		1	7	4		3	5	40	8.5
종교시설	10	2	3	6			4		3	1		11	6	1	3	2	52	11.1
업무시설	7	1	7	2	1	1	6	2	8	1	2	9	8	2	3	4	64	13.6
문화집회시설	1		1			1			5			2					10	2.1
의료시설			1			1			1			7	1		1		12	2.6
상업시설											1		2				3	0.6
주거/숙박시설			7	5	1			2	2	1		9	9		2	3	41	8.7
산업시설	4		1	4			1	1	2			4	4	1		3	25	5.3
공공용시설	11	5	7	6		3		2	5	3	1	11	6		4	2	66	14.0
동산		14	1				3	1	49					1	15	1	85	18.1
인물기념시설		1	2	1					15			2	1	1	1	1	24	5.1
전쟁관련시설	1	4	1	2								1	15			1	25	5.3
기타	1		5	1		1		1				8	3		2	1	23	4.9
합계	35	27	37	27	10	8	17	10	97	5	5	70	45	21	34	22	470	
비율(%)	7.5	5.7	7.9	5.7	2.1	1.7	3.6	21	20.6	1.1	1.1	14.9	9.6	4.5	7.2	4.7		

470개의 등록문화재 중 대한제국기와 일제강점기의 것은 318개이고, 152개 (32%)는 개화기~대한제국 설립 이전이거나 해방 이후의 것들이다. 시설별로 보면 동산이 18.1%로 가장 많고, 이어 공공용시설 14.0%, 업무시설 13.6%, 종교시설 11.1%, 주거/숙박시설 8.7% 순이다. 2005년 문화재보호법 개정으로 문화재 등록대상이 근대 건축물·시설물 외에 동산에 속하는 모든 근대문화유 산까지 확대된 이후 동산의 비율이 많아졌다. 지역별로는 서울이 20.6%로 가장 많고 이어 전남 14.9%, 전북 9.6%, 경남 7.9%, 강원 7.5% 순이다.

그런데 2003년과 2004년 전국의 16개 시·도에서 추진된 근대문화유산 목록화사업에 의하면 근대문화유산의 상당수가 지정·등록되지 않았다.[13]

---

13) 16개의 市와 道는 서울·인천·대전·광주·대구·울산·부산·경기·강원·충남·충북·전남· 전북·제주·경남·경북이다. 광주광역시, 「광주근대문화유상 목록화 및 조사보고서」,

<표 4> 근대문화유산 (2004년)

	서울	경기	강원	대전	충북	광주	전남	전북	제주	대구	울산	경남	경북	계	%
계	710	547	146	176	238	144	479	237	101	134	166	417	658	4,152	100
국가지정문화재	24	5	0	0	7	0	1	6		3	0	1	2	49	1.2
시도지정문화재	44	29	2	11	19	13	4	20		15	4	10	23	194	4.7
등록문화재	14	5	7	3	11	3	10	3	1	5	0	4	2	68	1.6
미지정/등록문화재	628	508	137	162	201	128	463	208	100	111	162	402	631	3,841	92.5
미지정/등록비율(%)	88.5	92.8	93.8	92.1	84.5	88.9	96.7	87.8	99.0	82.8	97.6	96.4	95.9	92.5	

보고서들의 작성 시기와 작성자가 달라 하나의 표로 작성하는데 한계가 있지만, 13개의 보고서들에 의하면 2004년 현재 근대문화유산의 92.5%가 지정/등록이 안 된 상태였다. 7.5%의 근대문화유산만이 지정/등록된 문화재였다. 지정/등록되지 않은 문화재가 많은 지역은 서울, 경북, 경기, 전남, 경남 순인데 지정/등록문화재를 합하여도 순서는 같다. 서울은 대한제국기와 일제강점기에 정치·경제·문화 등 모든 면에서 중심이 되는 지역이었기에, 그리고 경북·경기·전남·경남은 동 시기에 다른 지역들보다 번성했던 지역이었기 때문이다.

제주는 조사된 101개의 근대문화유산 중 1개의 문화유산만이 등록문화재

2003.1 ; 제주도, 「제주도 근대문화유산 조사 및 목록화 보고서」, 2003.4 ; 울산광역시, 「울산 근대문화유산 목록」, 2003.6 ; 강원도, 「근대문화유산 목록화 및 조사보고서」, 2003.7 ; 전라남도, 「전남 근대문화유산 조사 및 목록화사업」, 2003.12 ; 경상남도, 「근대문화유산 목록화 사업보고서」, 2004.2 ; 전라북도, 「근대문화유산 목록화 및 조사보고서」, 2004.4 ; 서울특별시, 「근대문화유산 자료 및 목록화사업 보고서」, 2004.6 ; 충청북도, 「근대문화유산 목록화 조사보고서」, 2004.10 ; 대구광역시, 「근대문화유산 목록화 조사보고서」, 2004 ; 경기도, 「경기도 근대문화유산 조사 및 목록화 보고서」, 2004 ; 대전직할시, 「근대문화유산목록화 조사보고서」, 2004 ; 경상북도, 「근대문화유산 목록화 및 조사보고서」, 2004. 충남·인천·부산의 보고서는 입수하지 못하였다.

로 등록되어 문화재의 지정/등록률이 가장 낮았다. 이어 울산은 조사대상 166개의 근대문화유산 중 4개만이 울산시지정문화재였다. 다른 시·도의 상황도 비슷한데, 이는 근대문화유산에 대한 관심을 환기시키는 근거가 된다. 근대문화유산에 대한 재조명과 정당한 가치를 부여하는 일은 후대로 이어지는 민족의 정통성과 정체성을 찾는 일이다.[14]

지정문화재와 비교하여 등록문화재의 특징은, ① 보존과 함께 자유로운 활용이 가능하다, ② 역사성과 문화적 가치를 간직한 문화재들을 관광자원화함으로써 지역사회의 활성화에도 기여하면서 당해 문화재를 적절히 보호할 수 있다. ③ 다양한 문화재를 그 대상으로 한다. ④ 등록기준도 50년이 경과한 건조물 또는 시설물이 대상이 되나 50년이 되지 않더라도 보호할 가치가 있고 시급히 보호조치가 필요한 경우로 확대된다. ⑤ 역사적 가치, 학술적 가치뿐 아니라 근대사의 기념물이 되거나 상징적 가치가 큰 것, 지역의 역사문화적 배경이 되고 그 가치가 일반에게 널리 알려진 것, 한 시대의 조형의 모범이 되는 것도 포함된다.

우리나라의 등록문화재 제도는 일본의 등록유형문화재 제도를 거의 그대로 모방한 것이다.[15] 영국은 1947년의 도시계획법에 의해 도시계획의 권리는 건물소유자의 재산권보다도 우선한다고 하는 것이 명확하게 주장되어 등록은 소유자의 동의없이 보상을 동반하지 않고 행할 수 있게 되었다. 또한 등록된 건물의 범위를 보면, 건축의 의장에서 뛰어난 것만으로 한정하지 않고 공장건축이나 역사, 병원건축, 감옥 등 사회경제의 역사를 보여주는 건물도 포함하였다. 그러나 일본은 신고제와 지도, 조언, 권고를 기본으로 하는 완만한 보호조치를 강구하는 제도를 채택하였다. 1996년 보존 및 활용에 대한 조치가 특히 필요한 문화재건조물을 대상으로 하는 문화재등록제도가

---

14) 문화재청, 『근대문화유산 보존을 위한 등록문화재 제도』, 2005, 5쪽.
15) 김지성, 「근대건축물의 보존, 활용을 위한 등록문화재 제도에 관한 연구」, 충남대 석사학위논문, 2005.

도입되었는데, 국토개발·도시계획의 진전·생활양식의 변화 등에 의해 사회적
평가를 받고 곧바로 소멸의 위기에 처해 있는 다종다양하며 동시에 대량의
근대 건조물을 중심으로 하는 문화재 건조물을 후세에 폭넓게 계승해 가기
위해서였다.[16] 일본이 영국과 달리 이러한 방법을 택한 것은 문화적인 차이와
등록제도 도입의 시간적 차이에 원인이 있을 것이다. 1990년대에는 1940년대
에 비교하여 개인의 소유권 주장이 강하였기에 영국과 같은 강제를 규정할
수 없었던 것이다. 2001년 등록제도를 도입한 우리나라 역시 개인의 강력한
소유권 주장 때문에 일본식의 등록제도를 도입한 것이라 여겨진다.

근대문화유산은 문화유산 자체의 속성으로 볼 때 역사적·예술적·학술적으
로 가치가 큰 것이어야 하고, 한국근대사를 구성하는 정치·경제·사회·문화·종
교·군사·산업 등 각 분야별로 고려해야 한다. 역사적 사건과 장소 및 인물
등과 관련되는 것이 고려되어야 하고, 근대사회의 특성인 산업기술과 관련되
는 것, 근대사회의 생활상을 담는 건조물과 집합체, 다른 지역의 문화와
차별되는 문화를 보이는 특정 지역의 문화유산, 그리고 시간이 지나면 멸실의
위험에 있는 것도 선택적으로 포함해야 한다.[17]

근대문화유산은 대상을 더욱 확대할 필요가 있다. 근대문화유산은 전통문
화유산과 달리 다양하고 동시에 비교적 최근의 우리생활과 밀접한 대상물을
다루기 때문에 대상물의 가치에 대해서 다양한 견해가 있을 수 있다.[18]
근대문화유산에는 근대가 형성된 전래의 문화유산을 포함하여, 외래문화의
도입과 서구문물의 도입으로 형성된 유산들로 이전에는 없었던 다양한 공공
시설, 교육시설, 종교시설, 산업시설 등을 포함해야 한다. 나아가 전 시대에는

---

16) 정민섭·박선희, 「근대문화유산의 관광자원화 방향에 관한 연구」, 『컨벤션연구』
　　6-3, 38~39쪽.
17) 이상해, 「근대문화유산의 개념·범위·보존방안」, 『근대문화유산의 보존과 활용』,
　　문화재청, 2000, 15~16쪽.
18) 문화재청, 『근대문화유산 보존을 위한 등록문화재 제도』, 2005, 9쪽.

사용하지 않았던 건축 및 토목기술이나 재료로 인해 포함해야 할 유산들이 많이 생겼기 때문에 확산시켜야 한다.[19]

근대문화유산들이 조사에서 끝날 경우 훼손/멸실될 위험은 매우 크다. 그렇기 때문에 조사에서 끝날 것이 아니라 후속(심화) 작업, 즉 구술자료와 사진자료를 수집하고 문화유산에 대한 보완조사가 필요하며,[20] 전문가들의 연구가 뒤따라야 한다. 그렇게 될 때 근대문화유산은 멸실과 훼손의 위험, 망각의 위험에서 벗어날 수 있으며, 가치 있다고 평가될 경우 지정/등록문화재가 될 수 있다.

3. 항일독립운동 및 국가수호 사적지

개항 이후 한국사의 명제는 근대화(계몽운동)였고, 일제강점기에는 여기에 '독립'의 명제가 더해졌다. 그리고 한국전쟁은 '국가수호'의 명제를 등장시켰다. 이러한 명제와 관련 있는 장소를 대상으로 한국독립운동사연구소는 2007년부터 2010년까지 국내 항일독립운동 및 국가수호 사적지 조사를 추진하였다. 독립운동사적지는 1895년 을미의병부터 1945년 광복 전까지, 국가수호사적지는 1950년 6월 25일 한국전쟁 발발부터 1953년 7월 27일 휴전까지를 대상시기로 하였다. 독립운동사적지는 항일독립운동의 현장, 독립운동가 생가, 일제식민지 통치기관 또는 이와 관련된 장소를, 국가수호사적지는 한국전쟁 당시 주요 전투지, 주요 작전시기 지휘본부나 관청 등 전쟁 관련 부서나 시설지를 조사대상으로 하였다.[21] 그리고 2008년부터 2010년까지

---

19) 정민섭·박선희, 「근대문화유산의 관광자원화 방향에 관한 연구」, 32쪽.
20) 김희곤, 「효율적인 현충사적 관리·활용방안」, 『국내 항일독립운동 및 국가수호사적지 관리와 활용』, 국가보훈처, 2010, 176~200쪽.
21) 김용달, 「국내 항일독립운동 및 국가수호 사적지 조사 결과 보고」, 『국내 항일독립운동 및 국가수호 사적지 관리와 활용』, 국가보훈처, 2010, 10~11쪽.

지역별로 독립운동사적지(서울, 경기남부, 인천·경기북부, 충북, 대전·충남, 강원도, 전북, 광주·전남, 대구·경북, 부산·울산·경남, 제주도)와 국가수호사적지(서울·경기, 강원·충청, 경남·경북, 전라·제주)가 책자로 간행되었다.

이 조사에서 이루어진 독립운동사적지는 1,577개였다. 이를 종류별, 시도별로 보면 다음 <표 6>과 같다.

〈표 6〉 독립운동사적지(종류별)

	서울	인천	경기	충북	대전	충남	강원	전북	광주	전남	대구	경북	부산	울산	경남	제주	계
가옥	60 (1)		50 (3)	20 (3)	4 (1)	36 (12)	8	44 (7)	3	32 (5)	10	57 (13)	10	7 (3)	45 (1)	18	404 (49)
시장		1	18	16				17 (1)	1	4	2	21	5		42	2	129 (1)
건물	121 (15)	14	88 (5)	53 (6)	13 (1)	52 (3)	40 (3)	49 (12)	19 (5)	77 (17)	14 (3)	46 (12)	19 (2)	4	60 (4)	6 (1)	675 (89)
거리	14 (1)	2	23	16	3	19	25	3		7 (1)		4	1	2	12	6	137 (2)
산야	1		25	42	1	10	15 (2)	9 (1)	1	11 (1)		19			4	1	139 (4)
묘소			8 (3)	7 (1)	1	8 (3)	2	1 (1)		2						2	31 (8)
기타	3 (1)	4	16 (5)	1 (1)		10 (3)	1		1	10 (2)	2 (1)	6 (2)			3	5	62 (16)
계	199 (18)	21	228 (16)	155 (11)	22 (2)	135 (21)	91 (5)	123 (22)	25 (5)	143 (26)	28 (4)	153 (27)	35 (2)	13 (3)	166 (5)	40 (1)	1577 (168)

* ( ) 안은 문화재로 지정/등록된 사적지

종류별로 보면 건물이 42.8%로 가장 많고 이어 가옥 25.6%, 산야 8.8% 순이다. 건물의 비율이 높은 것은 만세시위 준비 등의 모임과 교육운동 등이 주로 건물에서 이루어졌기 때문이다. 또한 독립운동에 관한 모임 등이 비밀리에 이루어졌기에 가옥의 비율이 높다. 몇몇 시도에서 묘소가 없는 것은 독립운동가들의 묘소가 없기 때문이 아니라, 조사가 진행되는 동안 독립운동사연구소의 조사지침에 따라 제외한 때문이다. 지역별로는 경기 14.5%, 서울 12.6%, 경남 10.5%, 경북 9.7% 순이다.

60

독립운동사적지 중 문화재로 지정/등록되어 있는 것은 168개로 조사된 독립운동사적지의 10.7%이다. 건물이 53%로 가장 많고, 이어 가옥 29.2%이다. 독립운동사적지 전체의 비율과 비슷하다. 지역별로는 경북 16.1%, 전남 15.5%, 전북 13.1%, 충남 12.5% 순으로 독립운동사적지 전체의 비율 순서와 상당히 다르다. 독립운동사적지 전체에서는 서울의 비율이 가장 높았는데 문화재로 지정/등록된 비율이 낮은 것은 재개발 등 서울의 변화가 가장 큰 때문이다. 그리고 경북, 전남, 전북의 지정/등록 비율이 높은 것은 이들 지역이 상대적으로 개발 등에서 밀려난 곳이기에 대상물이 남아 있던 때문이다.

독립운동사적지를 운동별로 보면 다음 <표 7>과 같다.

〈표 7〉 독립운동사적지(운동별)

	서울	인천	경기	충북	대전	충남	강원	전북	광주	전남	대구	경북	부산	울산	경남	제주	계
한말구국	24		12	2	1	3		3		8	2	7			2	1	65(16)
의병	3		37	51	2		27	33	5	30	1	42			17	6	281(50)
애국계몽	7		4	5		7	1			13	1	6	1	3	3		51(6)
3·1	48	5	139	63	2	37	35	33	4	34	3	46	10		77	5	541(28)
문화	28		6	1			6	4				2		1	5		53(7)
민족주의독립	27		4	2	2	14	3			4	5	9	3	6	10	12	101(21)
사회	12	3	4	11	1	14	6	11		13	1	10	4		15		105(8)
사회주의독립	19		1		1	1	2	1				9	1	1	2	11	49(0)
의열투쟁	10	2	6	1			1	3		2	4	6	3	1	16		55(4)
해외독립			7	8	2	15	3	8		6	2	13	4		5		73(14)
학생	8	1	8	8	3	9	7	12	7	15	6	3	2		11	1	101(14)
일제통치	24	7	1	4	8	8		15	7	23	3		7	1	4	4	116(0)
기타		3							2	1							6(0)
계	210	21	229	156	22	135	91	123	25	149	28	153	35	13	167	40	1597(168)

* 독립운동사적지의 합계가 1,597인 것은 2개 이상의 운동이 한 장소에서 이루어지기도
  했기 때문이다.
** ( ) 안은 문화재로 지정/등록된 사적지

이를 보면 3·1운동이 33.9%로 가장 많고, 이어 의병운동 17.6%, 일제통치/수탈기구가 7.3%, 사회운동 6.6% 순이다. 3·1운동의 비율이 많은 것은 3·1운동이

전국적·거족적으로 이루어진 운동이었기 때문이다. 또한 의병운동은 을미의병부터 을사의병, 정미의병까지 약 20년 동안이나 역시 전국에서 활발하게 전개된 데 이유가 있다. 지역별로는 경기 14.3%, 서울 13.2%, 경남 10.5%, 충북 9.8% 순이다.

문화재로 지정/등록된 독립운동사적지를 문화재의 종류 및 시도별로 보면 다음과 같다.

<표 8> 문화재로 지정/등록된 독립운동사적지

	서울	경기	충북	대전	충남	강원	전북	광주	전남	대구	경북	부산	울산	경남	제주	계
(국가지정문화재)																
국보									1		1(1)					2(1)
보물									1		3					4
사적	9	5	1		6	1	1		5(1)	1	1					30(1)
중요민속자료		1														1
계	9	6	1		6	1	1		7(1)	1	5(1)					37(2)
(시도지정문화재)																
시도유형문화재	4		3		2	1	3(1)	2	2(1)	1	8					26(2)
시도기념물	2	5	5	1	10	2	10	2	3		10	1	1	1	1	54
시도민속자료											2					2
시도문화재자료		1	1	1	2		2(1)		4		1	1	2	2		17(1)
시도건축물	1															1
향토유적		4			1											5
향토문화자료		1							1							2
전통사찰										1				1		2
계	7	10	10	2	15	3	15(2)	4	10(1)	1	21	2	3	4	1	109(3)
지정문화재합계	16	16	11	2	21	4	16(2)	4	17(2)	2	26(1)	2	3	4	1	146(5)
(등록문화재)																
등록문화재	1						5	1(2)	7	1				1		16(2)
(현충시설)																
현충시설	1					1	1		2	(1)	1(3)					6(4)
총계	18	16	11	2	21	5	22	5	26	4	27	2	3	5	1	168(11)

*( ) 안의 숫자는 한 사적지에 문화재가 더 있는 숫자.
** 현충시설의 ( ) 안 숫자는 기존 문화재에 현충시설도 있는 것.

합계 168개는 전체 문화재 11,166개의 1.5%이고, 대한제국기와 일제강점기에 해당하는 문화재 669건의 25.1%로 상당히 낮다. 그런데 이것도 독립운동 때문에 문화재로 지정/등록된 것이 아니라는데 아쉬움이 크다. 예를 들면, 국보 304호인 '여수 진남관'은 "1598년(선조 31) 전라좌수영 객사로 건립한 건물로서 임진왜란과 정유재란을 승리로 이끈 수군 중심기지로서의 역사성과 1718년(숙종 44) 전라좌수사 이제면(李濟冕)이 중창한 당시의 면모를 간직하고 있으며, 건물규모가 정면 15칸, 측면 5칸, 건물면적 240평으로 현존하는 지방관아 건물로서는 최대 규모"라는 설명이 국보 지정의 이유이다. 이곳에서 1928년 여수공립보통학교 학생들이 학생운동의 일환으로 동맹휴교, 그후 광주학생운동과 관련하여 시위를 벌인 곳이기[22] 때문이 아니다. 극락전과 대웅전이 국보 제15호와 제311호로 지정되어 있는 안동 봉정사도 "우리나라에서 가장 오래된 목조 건물"이기 때문이지 "1896년 1월 17일 유림대표들이 안동의병을 창의하기 위해 면회를 열고 첫 논의를 한 곳"[23]이기 때문이 아니다.

따라서 이들 문화재에는 독립운동 관련 사실도 부기해 둘 필요가 있다. 대부분의 국보와 보물 등의 지정문화재가 전근대문화유산에 치중되어 있는데, 국보와 보물이 지정되어 있는 곳에서 국난의 시기에 국가와 민족의 독립을 위해 헌신하였던 사실을 명기한다는 것은 문화유산을 현재화, 활성화하는 것이다.

조사된 국가수호사적지는 335개로 산야가 54.0%, 이어 건물 20.8% 순이다. 지역별로는 경기 20.0%, 서울 17.9%, 경북 15.2% 순이다. 전투가 주로 산야에서 이루어졌으므로, 그리고 다른 지역보다 경기·서울·경북에서 많은 전투가 있었기 때문이다.

---

22) 윤선자 외, 『광주전남 독립운동사적지 I』, 국가보훈처, 2010, 520쪽.
23) 김희곤 외, 『대구·경북 독립운동사적지 II』, 국가보훈처, 2010, 46쪽.

<표 9> 국가수호사적지

	서울	인천	경기	충북	대전	충남	강원	전북	광주	전남	대구	경북	부산	경남	제주	계
가옥	2															2
건물	29	1	9	1	3	1	2	7	2		4	1	4	2	4	70
거리	5	1	4		1	1	1	3		1		1				18
산야	15	6	42	11		1	33	11	1	7	2	33		19		181
묘소						1							1			2
기타	9	1	12		5	2	7	1			1	16	2	2	4	62
계	60	9	67	12	9	6	43	22	3	8	7	51	7	23	8	335

그런데 근대문화유산이 한국전쟁 전후까지를 대상 시기로 하였지만, 전쟁 관련이고, 이와 관련된 정부부처는 국방부와 국가보훈처라고 생각하기 때문인지 문화재로 등록/지정된 것이 '보령경찰서 망루'(충남문화재자료 제272호), 등록문화재로 등록된 화천 인민군 사령부 막사(제27호), 남제주 강병대교회(제38호), 부산 임시수도 정부청사(제41호), 영동 노근리 쌍굴다리(59호), 파주군 장단 면사무소(76호), 경의선 장단역 죽음의 다리(79호), 김천 부항지서 망루(405호), 칠곡 왜관철교(406호), 파주 영국군 설마리전투비(407호), 연천 유엔군 화장장시설(408호), 제주 구 육군제1훈련소 지휘소(409호), 제주 구 해병훈련시설(410호), 휴전협정 조인시 사용 책상(464호) 등 14개로 국가수호사적지의 약 4%이다. 그러나 이들 국가수호사적지 중 문화재로 지정/등록된 것들은 모두가 한국전쟁과 관련하여 지정/등록되었다는 점에서 비율은 적지만 의미가 크다.

4. 보존 · 관리 · 활용 방안

근대문화유산 중 보호되고 있는 것은 극히 일부이며, 대부분이 사회변동과 생활양식의 변화, 기술혁신, 경제의 효율화 등으로 사라지고 있다. 근대문화유

64

산은 다양하고, 비교적 최근의 우리 생활과 밀접한 대상물을 다루기 때문에 대상물의 가치에 대해서 다양한 견해가 있다. 또한 대부분의 근대건축물이 도심에 위치하면서 항상 경제성의 논리에 의해 위협을 받아왔고, 근대건축물의 문화재로서의 가치에 대한 인식 부족으로 쉽게 철거되거나 훼손되는 경우가 많이 발생하였다.[24]

근대문화유산을 어떻게 보존/관리/활용할 것인가를 위해 근대문화유산의 현재 상황을 먼저 알아야 한다. 2003년과 2004년 16개 시·도에서 진행된 근대문화유산 보고서에는 상태에 대한 분석과 통계가 없다. 따라서 독립운동 사적지와 국가수호가적지를 통해 근대문화유산의 현재 상태를 살펴보고자 한다.

〈표 10〉 독립운동사적지의 현상태

		서울	인천	경기	충북	대전	충남	강원	전북	광주	전남	대구	경북	부산	울산	경남	제주	계
원형 보존	갯수	2	5	15	22	6	16	1	14	3	17		11	3	1	6	3	125
	%	1	24	6	14	27	12	1	11	12	12		7	9	8	4	7.5	8
복원	갯수	1	1	3	8	1	9	7	5		14	1	7		2	2	1	62
	%	1	5	1	5	5	7	8	4		10	4	5		15	1	2.5	4
변형/ 훼손	갯수	48	6	95	65	5	44	51	50	2	42	7	52	11	3	40	10	531
	%	24	28	42	42	23	32	56	41	8	29	25	34	31	23	24	25	33.5
멸실	갯수	148	9	116	60	10	66	32	54	20	70	20	83	21	7	118	26	860
	%	74	43	51	39	45	49	35	44	80	49	71	54	60	54	71	65	54.5
계	갯수	199	21	228	155	22	135	91	123	25	143	28	153	35	13	166	40	1577

독립운동사적지의 현재 상태를 보면 멸실이 54.5%(860개), 변형/훼손이 33.5%(531개)로 멸실과 변형이 전체 독립운동사적지의 88%이다. 멸실이 많은 지역은 광주, 서울, 대구, 경남 순인데, 이들 지역 중 광주·서울·대구는 광역시로서 개발로 인한 이유가 크고, 경남 역시 다른 시도에 비하여 개발이

---

24) 『근대 건축문화유산 보존 활성화를 위한 등록 문화재 제도개선 연구』, 도코모모 코리아, 2007.12, 15쪽.

많았던 때문이다. 그에 반해 원형보존은 125건으로 전체의 8%밖에 되지 않는다. 이러한 숫자는 근대문화유산에 관심을 쏟아야 할 이유를 말해준다. 근대는 오늘날 우리들의 삶과 밀접한 관계가 있고, 근대문화유산에 대한 관심은 오늘 우리들의 삶을 풍요롭고 올바르게 하는 길이다.

〈표 11〉 국가수호사적지의 현상태

		서울	인천	경기	충북	대전	충남	강원	전북	광주	전남	대구	경북	부산	경남	제주	계
원형보존	갯수	3	1	19		4	1	35	4		3	2	33	4	8	4	121
	%	5	11	28		44.4	17	81	18		37.5	28.5	65	57	35	50	36
복원	갯수			1									1				2
	%			1									2				1
변형/훼손	갯수	23	8	43	12	4	3	8	17	1	5	2	7	1	14	2	150
	%	38	89	65	100	44.4	50	19	77	33	62.5	28.5	14	14	60	25	44
멸실	갯수	34		4		1	2		1	2		3	10	2	1	2	62
	%	57		6		11.1	33		5	67		43	19	29	5	25	19
계	갯수	60	9	67	12	9	6	43	22	3	8	7	51	7	23	8	335

국가수호사적지는 변형/훼손 44%(150개), 원형보존 36%(121개), 멸실 19%(62개)인데 멸실의 비율이 적은 것은 전투지의 대부분이 산야이기 때문인데 강원도의 원형보존 비율이 높은 것이 이를 잘 보여준다. 원형보존의 비율이 높은 것은 독립운동사적지와 비교할 때 시간적으로 오래되지 않은 때문이기도 하다. 멸실은 서울이 가장 많은데 대한민국 정부의 수도이고 한국전쟁 이후 활발한 복구와 개발이 진행된 때문이다.

수많은 근대문화유산들이 소리 없이 사라지는 현실에서 잠재적인 문화재에 대한 올바른 평가는 근대문화유산 보존의 일차적인 관건이 된다. 근대문화유산은 '문화재로서의 가치'의 형성기간이 짧음으로서 가치의 다면성과 포괄성을 띠고 있다. 미래에 가서는 '다면적이고 포괄적인 가치'를 가지고 있는 '잠재적 문화유산'이므로 문화재로서의 근대문화유산의 판정은 법상의 기준에서 더 포괄적인 기준에서 접근되어야 한다. 경우에 따라 근대문화유산의 가치는 새롭게 부여되거나 적극적인 변형을 통해 재창조될 수 있는 유동성마저 가지고 있다. 때문에 근대문화유산의 평가는 개방적이며 다차원적인 해석적 과정을 필요로 한다.[25]

문화유산의 개념과 보존의 대상 확대는 20세기 후반부터 시작된 세계적 추세라 할 수 있다. 역사적이며 예술적 가치가 높은 고급 문화재만을 문화유산으로 보던 시각에서 벗어나 보존의 대상을 개체뿐 아니라 개체를 둘러싼 환경으로 확장시키고(베니스헌장, 1964), 건축유산의 보존대상 역시 기념비적 건축물로부터 마을이나 민간의 건축물 군까지 확대되었으며(건축유산에 관한 유럽헌장, 1975), 보존의 범위 또한 마을과 도시지역까지 확대하고(워싱턴헌장, 1987), 마을이나 도시 전체를 보존한다는 통합적 보존원칙(암스테르담선언, 1975)이 강조되고 있는 추세다.[26] 우리나라에서도 문화유산의 개념과 범위가 넓어져, 1970년대부터 서울, 전주, 경주 등의 도시지역 내 한옥밀집지역이 고도지구나 보존지구 또는 미관지구로 지정되었고, 하회, 낙안, 성읍, 외암리, 왕곡마을 등이 민속자료 보호구역 또는 전통건조물 보존지구 등으로 지정되었다. 근대문화유산에도 이러한 시각과 방법론이 필요하다.

근대문화유산은 과거와 현재를 잇는 역사적 가교역할을 할 뿐 아니라 19~20세기의 근대화를 거쳐 오늘을 존재하게 하는 기반이 되었다는 점에서 의의가 있다. 다양하며 동시에 생활현장에 남아 있으면서 현재도 활동의 공간으로 활용되고 있는 것들이 대부분으로 장래에 있어 잠재적 가치가 매우 큰 유산이기 때문에 실질적인 모델로 더욱 보존해야 한다.[27]

근대문화유산의 관리/보존/활용의 문제점으로는 ① 역사자원이라는 국민

---

25) 조명래, 「근대문화유산 보존을 위한 '정부-시민'관계에 관한 연구」, 『지역사회개발연구』 26-1, 2001, 189~190쪽.

26) 『근대 건축문화유산 보존 활성화를 위한 등록 문화재 제도개선 연구』, 도코모모코리아, 2007.12, 4쪽.

27) 목수현, 「한국의 근대문화유산」, 『문화재청』 4, 2004.

들의 인식 부족, ② 지자체들의 인식 부족, ③ 관련 예산 부족, ④ 전문 인력 부족 등이다.[28] 이를 좀더 구체적으로 살펴보면 다음과 같다.

근대문화유산을 보존/관리/활용하는 첫 걸음은 근대문화유산이 무엇인가에 대한 이해이다. 문화재는 문화재 자체로서가 아니라 그 문화재가 갖는 의미, 정신 등을 규명하고, 그 안에서 역사를 읽고, 오늘의 역사에 접맥시키는 노력이 필요하다. 그것이 결여될 때 문화재는 지정문화재건 등록문화재건 그 문화재의 소유 내지 관리자, 또는 관련자에게만 의미가 있을 뿐, 국민적인 공감대 형성은 어렵다. 문화재는 눈에 보이는 가시적인 것을 통하여 그 안에서 민족의 역사와 정신을 끌어낼 수 있을 때 의미를 가질 수 있고 근대문화 유산도 마찬가지이다.[29]

우리나라의 근대문화유산은 일제강점기라는 특수한 역사상황과 관련되어 있어 전통문화유산에 비해 상대적으로 그 보존 및 보호가치를 충분히 조명받지 못하고 있었다.[30] 많은 논란 끝에 1995년 8월 조선총독부 청사가 철거되었고, '일제의 잔재'라는 이름 아래 많은 것들이 철거되어 나가고 있다. 일제식민지의 도구였던 행정시설과 치안관계 건물들은 없애야 하는 대상이 되었다.[31] 그런데 좋은 기억이든 나쁜 기억이든 근대사의 중요한 유적이며 역사적 교훈의 산 교재가 되어 줄 수 있는 현장과 현물들이 사라지는 것에 대해서는 문제의식을 가질 필요가 있다.

폴란드의 오시비엥침(아우슈비츠 제1수용소)과 브제진카(아우슈비츠 제2수용소)의 수용소는 현재까지 특별히 보존되어 대학살의 대명사로 전 세계에 알려지고 있다. 아우슈비츠 수용소에서는 유대인 100만 명을 포함하여 최소

---

28) 김희곤, 「효율적인 현충사적 관리·활용방안」, 156쪽.

29) 윤선자, 「근대문화유산과 종교건물」, 137쪽.

30) 김동식, 「근대건축문화유산의 보존과 활용에 관한 연구」, 청주대 박사논문, 2001.

31) 정민섭·한혜숙·박선희, 「CVM을 이용한 근대문화유산의 가치평가에 관한 연구(인천 최초사 박물관의 건립사례를 중심으로)」, 『호텔경영학연구』 17-3, 2008, 176쪽.

110만 명이 희생당하였다. 제2차 세계대전 종전 후 생존자들 중 일부가 희생자 추모의 의의를 세상에 알리기 시작하였고 잔존 수용소 시설 및 폐허 등을 보존하기 위해 수용소에 상주하였다. 1947년 7월 2일 폴란드 하원이 '수용소 부지, 시설 영구보전에 관한 법령'을 통과시킴으로써 '오시비엥침-브제진카 국립박물관'이 정식 개관하였다. 개관 당시 박물관의 역할을 단순한 과거 기록으로 한정할 것인지 아니면 조직적 전쟁범죄에 대한 진상규명까지 포함시킬지에 대한 논란이 벌어졌다. 일부에서는 전면적인 수용소 터 발굴작업 필요성을 주장했으며 다른 한편으로는 가능한 모든 시설을 원형 그대로 보존하자는 의견이 제시되었다. 시간이 흐르면서 이 모든 것들이 이루어졌다.

1979년 유네스코 세계유산목록에 등재되었고, 1990년대 들어 시설 보수 및 유지를 위한 국제기금의 지원이 시작되었다. 2008년에는 '추모지' 보조 예산을 충분히 확보하여 다음 세대에도 아우슈비츠 관람객들이 2차 세계대전 때 나치가 저지른 만행을 확인할 수 있도록 '아우슈비츠-비르케나우 재단'이 설립되었다. 박물관은 수용소 희생자들의 유품 발굴 및 보존 작업, 수용소 시설 유지보존작업, 학문연구와 연구결과 공개 등의 활동을 펼친다. 문서고에는 수용소 관련 문서, 3만 9천여 장의 수감자 사진 원판 등이 있다. 연간 100개국 이상에서 100만여 명이 방문하는데, 2008년까지 약 3천만 명이 방문하였다.[32] 부끄러운 역사를 보여주는 장소이지만, 그곳을 훼손/멸실하지 않고 인류 교훈의 장소로 기억하고 활용하고 있는 것이다. 우리의 근대문화유산 보존/관리/활용에 적극 활용해야 할 것이라 생각된다.

문화재의 보존가치는 역사적·예술적·학술적 가치 등 문화재적 관점에서 평가되어야 한다. 제주도의 진지동굴 등 일제의 침략시설을 등록문화재 등록[33]한 것은 우리 사회의 역량이 커졌음을 의미한다.[34] 농장 관련 시설의

---

32) 「아우슈비츠-비르케나우 수용소, 역사와 현재」(한글판), 아우슈비츠-비르케나우 국립박물관, 2009.

33) 2002년 : 남제주 비행기 격납고(39). 2006년 : 제주 사라봉 일제 동굴진지(306), 제주

등록문화재 등록은 일제가 자행한 토지수탈의 역사를 보여준다. 그러나 여전히 일제강점기의 문화유산은 보존보다는 제거의 대상이어야 한다는 인식이 강한 것 같다. 2005년 설치된 근대문화재위원회를 적극 활용할 필요가 있다. 근대문화재위원회는 개항 이후 해방 전후 시기에 축조된 건축물 또는 시설물 중에 지정문화재는 아니지만 보존 가치가 큰 문화유산의 조사 및 심의를 위해 설치되었다.

두 번째는 지자체/국가 차원에서의 노력이 필요하다. 2003~2005년에 16개 시도별로 근대문화유산이 조사되어 보고서가 작성된 이후 2007년부터 분야별로 조사보고서가 간행되고 있다.

상당히 많은 보고서들이 근대문화유산의 대상 시기를 한국전쟁 휴전 이후까지 확대하고 있다. 시간적 범주가 확대되고 있음을 확인할 수 있다. 분야별 각 보고서는 '문화재 등록 기준안'을 제시하고 있으며, 보존/발굴/활용을 위해 제언을 하였다. 문학분야에서는 근대문학유산 보존을 위해서 ① 자료소장 기관 및 개인에 대한 적절한 보상과 지원 방안 마련. ② 자료의 보존에 필요한 전문적인 지식과 기술 및 비용 지원 방안 마련. ③ 문학분야 자료 소장 및 관리 기관 및 단체의 관리자, 연구자, 정부기관 사이의 유기적이고 지속적인 협의체제 구축, ④ 국가차원의 자료 보존 처리 및 디지털화를 위한 지속적인 예산 책정 및 연구과제 지원을, 발굴을 위해서는 ① 광범위한 국내외 홍보 방안 마련, ② 근대문학분야 자료의 국외소재 파악 및 회수를 위한 국가차원의 장기과제, ③ 전문조사인력을 양성하여 근대문학분야 자료

어승생악 일제 동굴진지(307), 제주 가마오름 일제 동굴진지(308), 제주 서우봉 일제 동굴진지(309), 제주 셋알오름 일제 동굴진지(310), 제주 일출봉 해안 일제 동굴진지(311), 제주 모슬포 알뜨르비행장 일제 지하벙커(312), 제주 송악산 해안 일제 동굴진지(313), 제주 모슬봉 일제군사시설(314), 제주 이교동 일제군사시설(315), 제주 모슬포 알뜨르비행장 일제 고사포진지(316), 제주 송악산 외륜 일제 동굴진지(317). ( ) 안은 등록문화재 번호.

34) 『근대 건축문화유산 보존 활성화를 위한 등록 문화재 제도개선 연구』, 도코모모 코리아, 2007.12, 23쪽.

조사의 전문성과 지속성 확보 및 국제적인 자료조사체계 구축을, 그리고 활용을 위해서는 ① 근대문학분야자료의 문화컨텐츠화, ② 디지털자료로 구축하고 인터넷 기반접근체계를 마련하여 일반국민의 접근성 제고, ③ 한국근대문화 연구의 폭과 깊이를 더할 수 있는 국제적 자료은행 구축이 필요하다고 기술하였다.[35] 다른 분야의 조사보고서도 비슷한 내용의 제언을 하였다.

〈표 12〉 근대문화유산 분야별 목록화 조사보고서

분야	발간일	조사주체	조사대상	조사 개수
교통 (자동차)	2007.10	한국자동차문화연구소	1870~1990년대 초. 국내에서 사용되거나 생산된 자동자유물자료와 우마차·오토바이 등의 육상교통수단.	38
교통 (철도)	2007.11	한국철도산업연구원	1876~1960년	228
전기통신 (우정)	2007	한국정보통신역사학회	1870~1970년	88
공예	2008.10	사단법인근대황실공예문화협회	1863(고종 즉위 전후)~1950년대 후반	188
의료	2008.11	서울대학교 산학협력단	1870~1960년대	113
공예유물	2009.7	한국전통문화연구소	병인양요~1960년대	13
군사	2009.8	육군사관학교 화랑대연구소	병인양요~한국전쟁 휴전(1953)	118
문학	2009.10	서울대학교 산학협력단	개항~1950년대. 문학 관련 저작물 및 유물, 유품	160
신문잡지	2010.9	한국외국어대학교 연구산학협력단	개화기~1950년대. 신문잡지와 언론 관련 유품, 유물	141
음악	2010.10	한국예술종합학교 산학협력단	개항~1950년대	208

동산 위주인 분야별 조사보고서는 부동산 위주인 시도별 조사보고서와

---

35) 서울대학교 산학협력단, 『근대문화유산 문학분야 목록화 조사보고서』, 문화재청, 2009.10, 433~436쪽.

함께 근대문화유산을 보존/관리/활용할 수 있는 토대이다. 그런데 조사된 근대문화유산을 보존/관리하기 위해서는 명확하고 적합한 관리 주체를 설정해야 한다. 즉 ① 관리 및 보존의 법적(제도적) 근거 마련, ② 지정·등록문화재와의 중복된 관리 체계 정립, ③ 표지물 설치가 필요하다.[36)]

일관성 있는 원칙과 틀 안에서 '근대문화유산 보존/관리 계획'을 수립하는 한편, 점·선·면의 종합적인 문화재 보존계획을 세우는 것이다. 개별적이고 피상적인 관리계획은 실효성이 없을 뿐 아니라 정책 추진의 일관성을 결여한다. 더불어 근대문화유산은 각 지역의 지역적 성격을 규명할 수 있어야 하므로 지역의 특성을 고려한 보존/관리정책도 요구된다.[37)] 그리고 일관된 원칙과 틀 안에서 시민참여에 따른 정책을 개발해야 한다. 근대문화유산을 보존하는 가장 바람직한 방법은 일상 생활과정을 통해 시민들이 그 가치를 자발적으로 발굴하고 유산으로 지켜가는 것이다. 1980년대 이후 가치가 있는 근대문화유산이 문화재로 지정/등록되기도 전에 소유주의 개발의지로 철거되었다. 2005년 9월과 12월에 옛 대한증권거래소와 스카라극장이 철거되었다. 주식거래가 처음으로 시작된 근대 상업화의 건축물인 대한증권거래소, 한국영화사에서 빼놓을 수 없는 스카라극장(구 수도극장)은 그 양식과 구조, 건물의 단단함까지 문화재로서 보존가치가 뛰어났다. 이에 문화재청은 등록예고를 했지만 개인 소유자가 아무런 통고 없이 건물을 헐어버렸다.[38)]

등록문화재 제도가 도입되었지만, '재개발'이라는 부동산 가치 상승이라는 현실적인 문제와 충돌하며 어려움에 봉착하였다. 이 문제를 해결하기 위해서는 ① 홍보의 강화, ② 조사를 수행할 때 지역주민이 참여할 수 있는 방법을 모색하여 지역주민의 관심 유발, ③ 주민활동의 공간으로 제공할 수 있도록

---

36) 김희곤, 「효율적인 현충사적 관리·활용방안」, 173~175쪽.
37) 민현석, 「어떻게 서울 도심부의 역사문화자원을 보존할 것인가」, 『SDI정책리포트』 26, 2008.12.1, 1~4쪽.
38) 정민섭·박선희, 「근대문화유산의 관광자원화 방향에 관한 연구」, 30쪽.

유도함으로써 지역주민이 평상시 근대문화유산과 친숙할 수 있는 환경을 정비하고 이해 증진, ④ 보존에 관한 자원봉사활동을 장려함과 동시에 민간단체의 지원을 육성하는 것이다.[39]

1895년 영국에서 '유산신탁'(heritage trust)운동의 일환으로 시작된 '내셔널 트러스트'(National Trust)운동은 국가와 개인이 지킬 수 없는 문화유산을 시민들이 나서서 영구히 보존해 가는 것을 목적으로 하는 국민자원운동이다. 보존적 가치가 높지만 현실여건으로 인해 훼손의 잠재성이 큰 생태환경, 경관, 토지, 명승지, 문화재 등은 원칙적으로 모두가 국민들의 성금, 기부, 헌납 등을 받아 국민신탁 형태로 설정한 후 이를 영구히 보존할 수 있는 것들이다. 미국, 일본, 호주, 네덜란드, 타이완, 말레이시아, 뉴질랜드 등 26개국에서 전개되고 있으며, 한국에도 2000년 1월 '사단법인 내셔널 트러스트(한국명 자연신탁국민운동)'가 결성되었는데 법적인 지위나 권리는 보장받고 있지 못하다.[40]

근대문화유산은 교육자료로 활용할 수 있다. 교육자료 중 하나로 근대문화유산을 종류별, 지역별로 연계하는 방법을 생각해 볼 수 있다. 현재 등록문화재로 등록된 일제의 농장 관련 문화유산은 5개이고,[41] 일제강점기의 대표적 수탈기관인 동양척식주식회사 건물은 대전·목포·부산에 3개이니 이들을 연계한다면 일제의 수탈 역사와 내용을 교육하는데 상당히 효과적일 것이다. 한국은행 본관, 한국산업은행 대구지점, 예산호서은행 본점, 구 산업은행 대전지점, 구 호남은행 목포지점, 구 조선식산은행 원주지점, 제일은행 여수지점, 구 한일(韓一)은행 강경지점, 구 조선은행 군산지점, 인천 일본제일은행지

---

39) 정민섭·박선희, 「근대문화유산의 관광자원화 방향에 관한 연구」, 44쪽.

40) 조명래, 「근대문화유산 보존을 위한 '정부-시민'관계에 관한 연구」, 『지역사회개발연구』 26-1, 2001, 197~200쪽.

41) 김제 죽산면 구 일본인농장 사무소(61호), 군산 개정면 구 일본인농장 창고(182호), 익산 주현동 구 일본인농장 사무실(209호), 익산 춘포리 구 일본인농장 가옥(211호), 정읍 화호리 구 일본인농장 가옥(215호).

점, 구 인천 일본18은행지점, 구 일본제18은행 군산지점 등도 은행을 통한 일제의 경제침략 상황을 살피는 자료가 될 것이다. 그런데 문화재청 홈페이지에 의하면 구 한일은행 강경지점은 "1913년에 신축된 붉은벽돌조 건물로 근대기 강경을 상징하는 건물"이라고 되어 있는데 이러한 이유에서만 등록되었다면 상당한 문제가 있다. 어떠한 경제적 침략과 수탈이 이루어졌는지를 알 수 없기 때문에 민족사적인 측면을 고려하지 않았다는 한계를 지적해야 한다. 반면 구 조선은행 군산지점은 "일제의 식민지 지배를 상징하는 대표적인 금융시설로서 채만식의 '탁류'에 등장하기도 하는 군산지역 대표적 근대건축물"이라고 하여 식민성과 근대성을 같이 기록하였다. 구 마산헌병 분견대(등록문화재 제198호)와 구 나주경찰서(등록문화재 제34호)는 서대문형무소, 그리고 독립운동사적지 조사에서 찾아진 일제의 탄압기관들과 연계하여 일제의 탄압과 독립운동의 실상을 교육하는 자료로 활용할 수 있을 것이다.

근대문화유산 중 등록문화재는 다음과 같이 활용할 수 있다. ① 지방자치단체 등이 주최하는 각종 홍보활동에 있어서 지역의 독자성을 표출하는 심벌로서 활용, ② 주변에 있는 지정문화재 및 문화시설을 연계시켜 지역문화를 소개하는 문화관광루트 또는 문화관광지구를 설정하여 지역활성화 도모, ③ 관광안내소, 갤러리, 음식점 등으로 개수하여 관광객들의 편의시설로 제공, ④ 특산물판매장, 공방, 전시장 등으로 개수하여 지역산업진흥에 이바지, ⑤ 지역주민을 위한 마을회관, 예식장, 박물관 등으로 개수하여 지역주민의 문화공간으로 이용할 수 있다.[42]

문화유산에 경제적 가치개념을 부여하여 관광자원으로 활용하는 사례가 증가함에 따라 문화유산에 대한 새로운 경제적 가치개념이 나타나고 있다.[43]

---

42) 김창규, 「지방문화재의 보존, 활용을 위한 법제개선 및 정책방향」, 『한양법학』 19, 한양법학회, 2006, 178쪽.

43) 정민섭·한혜숙·박선희, 「CVM을 이용한 근대문화유산의 가치평가에 관한 연구」, 180쪽.

중국(북경)은 '역사문화명성 보호계획'을 수립하고, 총체적인 관점에서 문화재를 보호하며 위계별 특징에 따라 관리 정도를 달리하고 있다. 또한 문화재 주변 환경을 함께 정비, 개선함으로써 문화재의 역사문화적 가치 훼손을 막고자 노력하고 있다. 일본(동경)은 동경 문화재보호법 외에도 도시계획, 경관, 녹지 등의 다양한 계획을 통하여 문화재 특성에 따라 다양한 방식으로 역사문화유산을 보존, 관리하고 있다.[44] 세계 각국이 자신들의 문화유산을 자원화하여 문화적 우월성을 강조하는 것은 물론 경제적으로 큰 수익을 올리고 있다. 그런데 관광자원화한 문화유산은 시간의 원근뿐 아니라 인간 삶의 경험을 토대로 한 것들이 많고, 근대시기의 것들도 많다.

우리의 근대시기에 일제강점기가 있기 때문에 우리의 근대문화유산은 관심의 대상이 되기 어려웠고, 정확한 평가를 하기도 쉽지 않았다. 한국전쟁 역시 고통스러운 역사이기 때문인지 역사적·문화적으로 마주하는데 적극적이지 않다. 그러나 한 나라와 민족의 문화유산은 그 나라와 민족의 정신적·물질적 자산이며, 미래를 준비할 수 있는 토대이다. 그리고 그 문화유산에는 자랑스러운 것들뿐 아니라 부끄럽고 고통스러운 것들도 포함되어야 한다. 부끄럽고 고통스러운 문화유산들은 반성과 경종의 표지이기 때문이다. 부끄럽고 고통스러운 것들을 정면으로 마주하고 진정으로 반성하지 않을 때 치욕스러운 역사는 되풀이될 수 있다. 자랑스러운 문화유산은 물론 부끄럽고 고통스러운 것까지 포함하여 우리의 근대문화유산을 정리하고 보존/관리/활용할 때 근대문화유산은 오늘의 삶을 풍요롭게 하고 미래의 삶을 밝게 하는 자산이 된다.

---

44) 민현석, 「어떻게 서울 도심부의 역사문화자원을 보존할 것인가」, 『SDI정책리포트』 26, 2008.12.1, 1쪽.

5. 맺음말

　근대문화유산은 전체 문화재의 약 5%이다. 지정문화재가 등록문화재보다 약간 많고, 시도 지정이 국가 지정보다 3배 많다. 국보는 전혀 없는데 근대문화유산 중 국보로 될 만한 것들이 없는지는 검토가 필요하다. 문화재자료의 비율이 높은 것은 향후 이들의 가치가 재평가될 수 있다는 점에서 상당히 긍정적이다. 지역별로 보면 서울과 전남·전북이 많은데, 서울은 정치·경제는 물론 산업·문화 등 모든 면에서 중심이 되는 곳이었으므로, 전남과 전북은 일제강점기에 번성했고 해방 후 오랜 동안 경제개발에서 소외되어 근대문화유산이 많이 남은 때문이다.

　2001년 도입된 등록문화재 제도는 한국근대문화유산의 보존과 관리에 새로운 전기를 마련하였다. 등록제도는 근대기의 문화유산이 급격한 산업화·도시화에 의하여 체계적인 조사나 가치평가 없이 점차 멸실·훼손되어가는 상황에 능동적으로 대응하기 위해서 도입되었다. 그런데 지정/등록된 근대문화유산은 매우 적다. 근대문화유산은 조사에 이어 후속(심화) 작업을 수행함으로써 멸실과 훼손, 망각의 위험에서 벗어날 수 있으며, 지정/등록문화재가 될 수 있다.

　독립운동사적지는 종류별로는 건물, 운동별로는 3·1운동의 비율이 높은데 그것은 모임이 주로 건물에서 이루어졌고, 3·1운동이 전국적·거족적으로 이루어진 때문이다. 독립운동사적지 중 지정/등록된 문화재가 있는 곳은 약 1/10이지만 독립운동 때문에 문화재로 지정/등록된 것은 아니다. 국가수호 사적지는 산야가 많은데 전투가 주로 산야에서 벌어졌고, 경기·서울·경북에서 많은 전투가 있었기 때문이다. 그런데 국방부와 국가보훈처의 업무라 생각한 때문인지 문화재로 등록/지정된 것이 많지 않다.

　근대문화유산을 보존/관리/활용하기 위해서는 근대문화유산의 상황을 알아야 한다. 독립운동사적지의 약 1/10만이 원형보존되었고 나머지는 멸실,

변형/훼손되었다. 이러한 상황은 근대문화유산 전체로 확대하여도 비슷할 것이고, 근대문화유산의 보존/관리에 관심을 기울여야 하는 이유가 된다. 국가수호사적지도 변형/훼손과 멸실이 많다.

　근대문화유산 보존의 일차적인 관건은 문화재에 대한 올바른 이해이다. 문화재는 문화재 자체로서가 아니라 그 문화재가 갖는 의미, 정신 등을 규명하고, 그 안에서 역사를 읽고, 오늘의 역사에 접맥시키는 노력이 필요하다. 20세기 후반부터 문화유산의 개념과 보존의 대상 확대는 세계적 추세이다. 지자체/국가 차원에서의 노력이 필요한데 일관성 있는 원칙과 틀 안에서 '근대문화유산 보존/관리 계획'이 수립해야 하고, 시민참여를 유도해야 한다. 그리고 자랑스러운 문화유산은 물론 부끄러운 문화유산도 보존/관리/활용하여 오늘의 삶을 풍요롭게 하고 미래의 삶을 설계해야 할 것이다.

조사원 자격기준의 문제점[1]

안 신 원 _한양대 문화인류학과

1. 머리말

지난 2월 5일 「매장문화재 보호 및 조사에 관한 법률」(이하 매장법)과 그 시행령 및 시행규칙이 공포되어 시행에 들어갔다. 새로운 매장법은 개정취지에도 불구하고 심각한 독소조항을 담고 있으며, 상식적으로 이해하기 어려운 부분이 많다. 그 중 가장 문제가 되는 부분은 발굴조사 실시기준과 조사원 자격기준 등 크게 두 가지 점일 것이다. 이미 한국고고학회에서 문화재청에 보낸 질의서와 <전국대학 고고학교수 모임 성명서> 등에서 매장법의 부당성과 비논리성을 적절하게 지적한 바 있어 이 글의 내용이 전혀 새로울 것은 없다. 다만 이 글에서 지적하고자 하는 문제는 조사원 자격기준과 관련된 내용이므로 이를 중심으로 발표자의 의견을 개진하고자 한다. 조사원 자격기준은 육상과 수중의 발굴조사기관, 그리고 지표조사기관으로 세분화되어 있으나, 여기서는 편의상 육상 발굴조사기관의 조사원

---

1) 이 글은 지난 4월 19일 8개 유관학회가 공동으로 주관한 '2011 매장문화재법 시행규칙과 발굴조사 규정에 나타난 두 가지 현안과 해결방안' 토론회에서 발표한 「조사원 자격기준의 문제점」과 5월 27일 '한국고고학연합대회'에서 발표한 「조사원 자격기준」의 내용을 수정·보완한 것임.

자격기준을 중심으로 다루도록 한다. 또한 이 글의 내용은 사견을 전제로
한 것임을 밝힌다.

2. 조사원 자격기준의 문제점

문화재청은 조사원 자격기준에 대한 개정 매장법의 취지를 "우리의 소중한
문화유적이 **전문적인 능력과 풍부한 현장 조사경험을 지닌 조사원**으로 구성
된 조사단에 의하여 빈틈없이 조사되고, 그 조사내용과 결과를 발굴보고서에
충실히 수록토록 하여 발굴의 품질을 높이고 그 보고서가 수준 높은 2차
연구의 기초자료로서 활용될 수 있도록 하기 위함이다."라고 설명한 바 있다.[2]
그러나 이러한 취지에도 불구하고 개정 법령 중 조사원의 자격기준과
관련하여 문제가 되는 부분은 다음과 같이 정리할 수 있다.
1. 자격기준 중 학위취득 관련조항의 삭제 또는 완화
2. 산술적 발굴조사 현장참여일수만 경력으로 인정
3. 학부과정에서의 발굴조사경력 불인정
4. 학과 명칭에 따른 전공 차별
5. 합당한 경과조치 없는 기존 조사원 자격기준 불인정

1) 자격기준 중 학위취득 관련조항의 삭제 또는 완화

매장법의 자격기준과 기존 문화재보호법(2008.9.26 개정)의 가장 큰 차이점
은 학위 관련조항이 삭제되었거나 완화되었다는 점이다. 그 중 책임조사원은
박사학위, 조사원은 석사학위를 인정하지 않는다.

---

2) 2011년 3월 17일 한국고고학회의 질의서에 대한 문화재청의 회신 내용.

<표 1> 조사요원별 자격기준(제14조 제2항 관련)

구분	자 격 기 준
조사단장	○ 해당 발굴조사기관의 장일 것 ○「고등교육법」 제2조에 따른 학교 또는 제29조에 따른 대학원에서 문화재 관련학과의 부교수 이상인 사람일 것 ○ 국가 또는 지방자치단체의 기관의 경우에는 5년 이상의 매장문화재 관련 실무 경력을 갖춘 학예연구관일 것 ○ 책임조사원으로서 5년 이상의 매장문화재 관련 실무경력을 갖춘 사람일 것
책임조사원	○ 국가 또는 지방자치단체의 기관의 경우에는 2년 이상의 발굴조사경력을 갖춘 사람으로서 매장문화재 전공 학예연구관일 것 ○ 국가 또는 지방자치단체의 기관의 경우에는 5년 이상의 발굴조사경력을 갖춘 사람으로서 매장문화재 전공 학예연구사일 것 ○ 매장문화재 전공 석사학위 이상 취득자이고 6년 이상의 발굴조사경력을 갖춘 사람일 것 ○ 문화재 관련학과의 학사학위 취득자이고 9년 이상의 발굴조사경력을 갖춘 사람일 것
조사원	○ 국가 또는 지방자치단체의 기관의 경우에는 2년 이상의 발굴조사경력을 갖춘 사람으로서 매장문화재 전공 학예연구사일 것 ○ 문화재 관련학과의 학사학위 이상 취득자이고 6년 이상의 발굴조사경력을 갖춘 사람일 것 ○ 준조사원 3년 이상의 발굴조사경력을 갖춘 사람일 것
준조사원 (조사보조원)	○ 국가 또는 지방자치단체의 기관의 경우에는 매장문화재 전공 학예연구사일 것 ○ 문화재 관련학과의 학사학위 이상 취득자이고 3년 이상의 매장문화재 관련 실무경력을 갖춘 사람일 것 ○ 보조원 3년 이상의 매장문화재 관련 실무경력을 갖춘 사람일 것
보조원	○ 문화재 관련학과의 학사, 석사 또는 박사학위를 취득한 사람일 것 ○ 전문학사 학위 이상 취득자이고 1년 이상의 매장문화재 관련 실무경력을 갖춘 사람일 것 ○ 고등학교 졸업 후 3년 이상의 매장문화재 관련 실무경력을 갖춘 사람일 것
보존과학 연구원	○ 보존 관련학과의 학사, 석사 또는 박사학위를 취득한 사람일 것 ○ 고등학교 졸업 후 3년 이상의 보존처리 실무경력을 갖춘 사람일 것 ○ 문화재수리기능자(보존처리공) 이상의 자격증을 소지한 사람일 것

이에 대해 문화재청에서는 "자격기준에서 석사·박사 학위 소지자에 대한 **우대 규정**을 마련하지 아니한 이유는 학력이라는 요건이 직업선택의 자유를

제한하거나, 차별을 부추기지 않도록 하려는 **학력차별 완화를 위한 학력규제 개선방안** (2010.7.2 국가정책조정회의)에 따른 것"이라는 입장을 밝힌 바 있다.[3]

학력차별 완화를 위한 정부의 개선방안은 크게 공공부분 인사운용 관련 학력규제 개선방안, 자격증 관련 학력규제 개선방안, 그리고 학력차별화를 위한 제도적 규제 개선방안의 3가지이다. 공공부분 채용과 관련하여 정부의 개선방안은 첫째, 전문성이 필요 없는 경우는 학력규제를 철폐한다. 둘째, 전문성이 필요한 경우(연구직)는 학력규제를 허용하되, 필요 최소학력을 전문학사 이상으로 완화하고, 자격증이나 경력증을 병행하도록 조치한다. 셋째, 가점부여, 채용직급별 학력요건 부여 등 고학력자에게 학력우대 기준을 폐지한다는 것이다. 자격증 관련 학력규제 개선방안은 자격증이 학력과 구분된 또 하나의 능력수단으로서 사회 진출의 대안으로 기능할 수 있도록 개선한다는 것이다.

학력에 따른 차별을 두지 않음으로써 학력지상주의를 해소하고 궁극적으로 우리 사회를 능력중심사회로 전환시키고자 하는 정부의 방침은 타당하고 적절하다. 특히 직급의 초기단계(매장문화재관련의 경우 보조원) 진입의 경우, 정부의 입장대로 학력규제는 철폐되는 것이 옳은 방향이라고 생각된다.

그러나 매장법의 조사원 자격기준은 정부의 학력차별 완화 개선방안의 방향을 잘못 이해한데서 비롯된 것이 아닌가 하는 의구심이 든다. 우선 공공부분 인사운용 관련 학력규제 개선방안은 말 그대로 "공공부분 채용"과 관련된 부분이다. 즉, 이 방안은 정부부처나 공공기관의 인력채용시 적용하라는 뜻이지 민간부분에 적용하라는 것이 아니다. 이와 관련하여 최근 문화재청에서 공고한 공무원 채용공고의 응시 자격기준과 기타 사례를 살펴보자.

---

3) 2011년 3월 17일 한국고고학회의 질의서에 대한 문화재청의 회신 내용 및 3월 9일 연합뉴스 보도.

사례 1) 국립문화재연구소 고고연구실 연구원 공개채용 공고(2011. 3. 11)
* 지원자격
○해당분야의 석사학위 소지자로 국가공무원법 제33조에 의한 결격사유가
  없는 자
○국내외 석사학위 취득자 또는 박사학위과정에 있는 자
○석사학위 취득예정자의 경우 2011년 8월 졸업예정자

사례 2) 경주문화재연구소 기간제근로자(연구보조원) 채용 공고(2011. 3. 7)
* 응시자격
○고등교육법에 의해 설치된 4년제 정규대학 또는 이와 동등한 자격을
  인정할 수 있는 국내·외 대학(교), 또는 대학원(이와 동등한 자격을 지닌
  교육기관)에서 아래의 조건 중 하나 이상을 충족하는 자-해당 분야의
  학사·석사학위 등을 취득한 자

사례 3) 국립문화재연구소 전문계약직공무원 채용시험 시행계획 공고(2011.
  3. 2)
* 응시자격
○채용예정 직무분야와 관련된 석사 이상의 학위를 취득한 자
○채용예정 직무분야와 관련된 학사학위를 취득한 후 2년 이상 당해분야의
  경력이 있는 자
○학사학위 취득 후 4년 이상 채용예정 직무분야의 경력이 있는 자
○7년 이상 채용예정 직무분야의 경력이 있는 자
○7급 또는 7급상당 이상의 공무원으로 2년 이상 채용예정 직무분야의
  경력이 있는 자

사례 4) 문화재청 학예연구직공무원 특별채용시험 공고(2010. 7. 20)
* 응시자격
○관련학과 석사학위 이상 소지자(2010년 8월 졸업예정자 포함)

사례 5) 문화재청 홈페이지 <민원마당－자주하는 질문>(2011. 3. 21)
제목 : 문화재청에 들어가고 싶은 학생입니다
·문화재청에 들어오려면 학예사 자격증? 그런게 필요한가요?
답변 :
2. 첫째, 우리 청에서 정규공무원으로서 근무할 수 있는 경우에 대하여 우선 말씀드리겠습니다.
　② 학예연구직공무원(연구직)은 결원이 있을 경우 우리 청에서 직접 일정한 자격을 갖춘 사람을 대상으로 제한경쟁에 의해 모집 채용하며, 응시자격은 4년제 정규대학에서 해당분야(고고, 미술·공예, 전통건축, 예능민속, 보존과학, 복원기술, 자연문화재 등) 관련학과를 전공한 자를 대상으로 필기시험(1차 객관식, 2차 주관식), 면접시험 등을 통해 채용하고 있으며…

위에 열거한 사례들을 종합해 보면 문화재청의 전문직(학예직)에 응시할 수 있는 사람이란 일정한 자격을 갖춘 사람 즉, 해당 분야의 학위소지자이고, 제한경쟁에 의한 모집 채용이라는 것은 다름 아닌 특정 분야의 학위를 가진 사람만 응시할 수 있다는 뜻이라는 것을 알 수 있다. 정부의 학력규제 철폐방침에도 불구하고 문화재청의 채용기준에 학위가 포함되어 있는 것은 앞서 지적한 대로 고고학 전공자(연구자 혹은 발굴조사자)의 전문성을 정부가 인정한 것으로 받아들일 수 있다.

발굴조사원에게 특수한 전문성이 요구되는 것은 발굴조사가 우리의 소중한 문화재를 발굴해내는 공공적 기능을 갖기 때문일 것이다. 마찬가지로 전문성이 사회적 공공성을 갖는 대표적인 직업군으로는 의사, 간호사, 영양사, 의무기록사 등을 들 수 있으며, 법조인 또한 이러한 범주에 든다고 할 수 있다.

의사고시에 응시하기 위한 자격조건은 기본적으로 의학을 전공하는 대학을 졸업하고 의학사학위를 받았거나, 의학을 전공하는 전문대학원을 졸업하고 석사 또는 박사학위를 받은 사람으로 제한되며, 심지어 의학을 전공하는 대학 또는 전문대학원을 6개월 이내에 졸업하고 해당 학위를 받을 것으로 예정된 사람도 응시 자격이 주어진다. 또한 영양사, 의무기록사, 위생사, 건축사 등은 세부적으로 약간의 차이는 있으나 일반적으로 고등교육법에 의한 학교에서 전공을 하고 해당 부령이 정하는 교과목 및 학점이수 규정을 이수하거나 해당 분야업무에 △년 이상 근무한 사람으로 자격기준을 규정하고 있다.

위의 직업군에서 공통적으로 발견되는 것은 해당 직업을 갖기 위해서 필수적이고 우선적으로 요구되는 것이 해당 분야의 "학위"라는 점이다. 학위과정이란 몸담고 있는 분야의 전문인으로 성장하기 위한 과정에 해당되며, 학위란 어떤 부문의 학문을 전문적으로 익히고 공부하여 일정한 수준에 오른 사람에게 국가 또는 대학이 수여하는 칭호이다. 즉, 특정 분야의 학위를 수여받았다는 것은 특정 분야에 대해 전문적인 훈련과정을 거쳤고 그에 따라 해당 분야에 대한 전문성을 갖고 있다는 점을 사회적으로 공인받은 것이고, 그 분야의 전문가임을 인정받아야 함이 마땅하다.

그런데 문화재청은 조사원 자격기준에 대한 개정 법령의 취지를 "우리의 소중한 문화유적이 **전문적인 능력**과 풍부한 현장 조사경험을 지닌 조사원으로 구성된 조사단에 의하여 빈틈없이 조사되고…"라고 설명한 바 있다.4) 여기서 말하는 "전문적인 능력"은 도대체 무엇을 의미하는가? 만일 학위가 "전문적인 능력"으로 인정받지 못한다면 문화재청의 공무원 응시자격기준의 학위는 무엇 때문에 필요한 것이며, 제한경쟁은 왜 필요한 것인지 되묻지 않을 수 없다.

한편, 국가자격증 관련 학력규제 개선방안은 불합리한 학력규제는 폐지하고 경력을 우대하는 방향으로 제도를 개선할 것을 명시하고 있다. 개별 국가자격 132건 중 학력규제 보유자격 58건의 개선방안을 보면 변호사,

---

4) 2011년 3월 17일 한국고고학회의 질의서에 대한 문화재청의 회신 내용.

의사, 약사, 수의사, 간호사 등 이미 진입단계의 학력을 완화한 54건은 현행을 유지하도록 되어 있으며, 한국어교원능력자격 1건은 학력규제를 완화, 경기지도사, 생활체육사, 호텔관리사 등 3건은 학력규제가 불필요하므로 학력규제를 폐지하도록 되어 있다.

즉, 정부의 방침은 공공부분의 인력채용이나 국가자격증 부여의 초기 진입단계에서 학력규제를 철폐하거나 완화함으로써 학력으로 인한 저학력자의 불이익을 없애도록 하는 것이지, 민간분야 학위소자자들의 전문성을 인정하지 말라는 뜻이 아닐 것이다. 따라서 정부의 학력차별 완화 개선방안을 이유로 석박사 학위를 인정하지 않겠다는 문화재청의 입장은 오히려 정부의 정책방침을 오해하고 있는 것이 아닌가?

학위 관련 조항이 갖는 더 큰 문제점은 대학의 고고학 교육을 황폐화시킬 수 있다는 점이다. 매장법에 의하면 책임조사원 또는 조사원이 되기 위해서는 학위보다 발굴조사 참여일수가 더 중요하므로 학생들은 발굴조사 현장으로 내몰리게 될 것이며, 특히 대학원 진학은 학생들에게 아무런 의미가 없게 된다. 전문적인 지식을 쌓기 위한 상위교육은 불필요한 것으로 받아들여질 것이 자명하다.

대학은 연구기관으로서 고고학의 후속세대를 육성하기 위해 학부생과 대학원생을 체계적으로 훈련시킬 사회적 책임이 있으며, 대학에서의 고고학 교육이 유지될 때 사회가 요구하는 "전문가 양성"이 가능한 것이다. 그러기 위해서는 부단한 연구 활동과 더불어 최소한의 현장실습이 필요함은 물론이다. 그러나 매장법에 의하면 앞으로 대학에 연구 인력이 남아 있을 여지가 없으며, 문화재연구인력 양성이 원천적으로 불가능하게 만든다는 점에서 이번 매장법은 재고되어야 마땅하다.

학력과 관련된 매장법의 문제점을 지적하는 것은 문화재청의 설명대로 학위소지자에 대한 우대규정을 따로 만들어 직업선택의 장벽을 만들거나 독점적 지위를 달라고 요구하기 위함이 결코 아니다. 지난 2009년 5월 21일 시행된 문화재보호법 시행규칙의 조사원 자격기준에 의하면 매장문화재 전공자뿐만 아니라 문화재 관련학과 전공자도 조사원이 될 수 있는 길을 열어 놓았으며, 보조원 진입단계에서 고졸자나 전문학사 이상도 발굴조사에 참여할 수 있도록 한 바 있어 정부의 방침대로 학력규제의 장벽이란 문제점은 이미 해소된 것으로 볼 수 있다. 그러나 현 매장법은 "학력철폐"라는 타당한 명분에서 출발했음에도 불구하고 오히려 학위소지자에 대한 역차별이며, 고고학 연구자의 전문성을 인정한 정부의 방침과도 배치되는 것이다. 특히 학위소지자가 고고학의 연구 자료를 확보하기 위한 가장 기초적인 방법론인 발굴조사에도 참여할 수 없게 된다는 점에서 원천적인 문제점을 안고 있는 것이다.

전문직이라 지칭하는 거의 모든 직종은 해당 분야의 학사학위 이상 소지가 기본적인 자격기준이라고 할 수 있다. 그러나 정부의 방침과 같이 학위만이 전문성을 인정받는 유일한 기준은 아니기 때문에 전문 학사학위 이상 소지자 혹은 고등학교 졸업자는 일정기간 이상의 실무경력이나 자격증을 갖추면 해당 분야의 전문가로 인정받는다. 그런데 책임조사원이나 조사원의 자격기준이라는 것은 채용의 자격기준이거나 승진이나 보수산정을 위한 학력가점을 위한 자격기준이 아니라 발굴조사를 수행할 수 있는 업무능력의 수준 차이를 의미하는 것이므로 직급의 초기단계 진입, 즉 보조원 단계의 경우와 동일한 의미로 해석되어서는 안 되는 것이다. 즉, 학사, 석사, 박사는 사회적으로 공인된 해당 분야의 전문적 수준과 숙련도를 의미하는 것이 분명하고, 발굴조사는 현장경력도 중요하지만 고고학적 전문지식 또한 중요한 부분이므로 학위소지자에 대한 경력인정조항의 보완이 반드시 필요하다.

2) 산술적 발굴조사 현장참여일수만을 경력으로 인정

매장법에서는 보고서 작성 등에 투여된 시간은 인정하지 않고, 산술적 현장참여일수만을 기준으로 자격을 인정하여 책임조사원은 석사취득자이고 현장참여경력 6년(2,190일) 이상, 또는 학사취득자이고 현장경력 9년(3,285일), 조사원은 학사학위 이상 취득자이고 6년 이상의 발굴조사경력을 갖춘 자로 규정하고 있다. 이 조항은 구법령에서도 명확한 기준 없이 적용되어 조사기관마다 큰 혼란을 야기하였으나, 일단 문화재청은 발굴조사경력이란 조사요원으로 발굴조사에 직접 참여한 현장조사기간만을 말하며, 1년은 365일을 기준으로 한다는 것으로 입장을 정리한 바 있다.

이에 대해 한국고고학회는 지난 2010년 4월 12일 문화재청에 제출한 학회 수렴안에서 '발굴조사경력'이란 지표조사 및 발굴조사에 직접 참가하였거나 유물정리작업, 보고서(약식 보고서 포함)작성 작업에 참여한 기간을 의미한다고 적시한 바 있다. 다만 "발굴조사경력" 1년의 기준은 전문법인과 기타 기관의 입장이 조건이 확연하기 다르기 때문에 합의에 이르지 못한 것으로 알려져 있다.

문화재청은 "조사요원별 자격기준에서는 보조원과 준조사원은 현장경력 뿐만 아니라 보고서작성, 유물정리 등의 실내작업을 한 실무경력자도 가능하도록 하였으며 다만, 조사원과 책임조사원은 발굴현장을 지휘하여 체계적인 발굴조사를 진행할 능력이 필요하므로 발굴경력만을 인정하게 되었습니다. 따라서 **"발굴경력만을 중요시"한 것이 아님**을 밝혀드립니다."[5]라는 입장을 학계에 전달한 바 있다.

책임조사원이나 조사원에게 발굴조사를 진행할 전문적 능력이 요구되는 것은 당연하다. 그런데 문화재청의 설명은 사회적 통념상 도저히 이해하기 어려우며, 매장법의 또 다른 조항들로 볼 때 상호 모순되는 점을 쉽게 발견할 수 있다. 이에 대한 몇 가지 문제점을 살펴보자.

---

5) 2011년 3월 17일 한국고고학회의 질의서에 대한 문화재청의 회신 내용.

(1) 발굴조사일수 1년이 365일이라는 기준은 도대체 어떤 기준에 의해 적용된 것인가?

문화재청은 발굴조사는 현장에서의 경험이 중요하다고 보아 현장에서의 발굴조사일수만을 적용하는 것이 합리적이라고 생각하는 것 같다. 그런데 다른 전문직종의 경력에서 이러한 기준을 적용한 예는 어디에서도 찾아볼 수 없다. 예를 들어 임상의사가 되기 위해서는 총 수술시간을 합산해야 하는가? 기초의학 전공의는 실험에 걸린 기간과 시간만을 자격기준으로 적용해야 하는가? 판검사와 변호사 등의 법조인은 재판에 소요된 시간만을 합산하여 자격기준을 적용하는가? 건축사는 건물을 짓는데 소요된 시간과 기간만을 적용하여 자격을 부여하는가? 기자는 취재나간 시간 혹은 취재건수를 합산하여 기자의 자격을 부여하는가? 이 모두 상식에 어긋나는 넌센스가 아닌가?

매장법에서 규정한 현장참여경력 6년(2,190일), 혹은 9년(3,285일)이라는 것은 길지 않은 시간처럼 보일 수 있다. 그러나 상식적으로 판단해보자. 1년 365일을 발굴현장에서 지낼 수는 없다. 따라서 매장법의 1년은 결코 1년이 아닌 것이다. 1년을 240일로 산정할 경우 6년(2,190일)의 기간을 채우기 위해서는 실제 9년 이상의 시간이 소요되고, 9년(3,285일)의 기간이 되려면 실제 13년 이상이 소요된다. 이는 발굴조사에 들어간 시간만을 의미하고 보고서 작성기간은 제외되어 있다. 발굴조사자가 보고서를 작성하는 것은 당연한 책무이기 때문에 만약 1년을 발굴조사하고 다시 1년 동안 발굴보고서를 쓴다고 단순하게 계산해보면 책임조사원이 되기 위해서 매장문화재전공 출신은 18년, 문화재관련학과 출신은 26년이라는 기간이 지나야 한다. 남성조사자의 경우 군복무기간을 고려하여 대략 25세 정도에 발굴조사업무에 참여하기 시작한다고 가정할 경우 43세~51세가 되어야 책임조사원이 될 수 있다. 40세 이후에도 조사원 직급에 머물러 있다면 해당 조사원의 신분안정을 기대할 수 없을 것이며, 게다가 보수가 과연 어느 정도 수준일지 생각해 보면 매장법의 경력기준은 가혹하며 현실적으로 불가능하다. 1년을 180일, 혹은 150일로 산정해도 여전히 마찬가지이다. 따라서 경력의 1년에 어떠한 일수기준을 적용해도 그것은 문제의 해결을 의미하는 것이 아니라 오히려 문제를 더 복잡하게 만드는 것이다. 그렇다면 경력의 기준은 어떻게 규정해야 하는가?

전문직에 요구되는 자격의 경력기준은 당연히 실무경력을 의미하며, 실무 경력이란 어떤 특정한 행위가 이루어진 기간만을 지칭하는 것이 아니다. 임상의의 경력은 환자진료, 수술, 연구, 교육 등 임상의의 다양한 의료행위가 이루어진 모든 기간을 의미하는 것이며, 법조인의 경력이란 재판만이 아니라 의뢰인 면담, 조사 및 판례연구 등 법조행위가 이루어진 모든 기간을 의미하는 것이다. 즉, 이미 살펴 본 바와 같이 정부나 일반 기업의 인력채용시 적용하는 실무 혹은 직무경력이나 법적, 사회적으로 인정받는 경력기간이란 모두 해당 직종에 근무했던 기간을 의미한다는 것이 하나의 상식이다. 따라서 매장문화재 관련 실무경력이란 조사에 참여한 기간만을 의미하는 것이 아니라, 매장문화재와 관련된 행위(발굴조사, 지표조사, 보고서 작성)가 이루어진 모든 기간이거나 혹은 매장문화재 관련기관이나 대학기관에 근무한 기간이어야 할 것이다. 즉, 자격의 경력기준이란 사회 통념상 받아들일 수 있을 만한 일반 상식에 준해 적용하는 것이 마땅하다.

(2) 보고서 작성기간이나 지표조사기간을 경력에서 어떤 이유와 기준에서 제외하는가?

문화재청은 한국고고학회의 질의에 대해 "…조사단에 의하여 빈틈없이 조사되고, 그 조사내용과 결과를 **발굴보고서에 충실히 수록**토록 하여 발굴의 품질을 높이고 그 보고서가 수준 높은 2차 연구의 기초자료로서 활용될 수 있도록 하기 위하고 이를 위해 우리 청에서는 조사원 자격을 면밀히 점검하고, 보고서 평가를 통해 부실한 보고서가 양산되지 않도록 세심하게 살필 예정이며, 수준 낮은 보고서가 제출될 경우에는 발굴조사를 수행한 해당 조사기관 및 포괄승계인(대표자, 조사단장, 책임조사원)에게 그 책임을 물을 수 있는 규정(법 제25조, 조사기관의 등록취소)까지 이번에 새로이 마련하였습니다. 따라서 귀 학회에서 질의한 내용 중 **"보고서 작성 능력이 무시", "학습적인 능력은 도외시"라는 것은 사실과 다릅니다."**라는 회신을 보내온 바 있다.

이와 같이 문화재청의 입장은 보고서의 중요성을 충분하게 인식하고 있는 것으로 생각되며, 부실보고서의 제출을 막기 위해 부단히 고심했음을 알 수 있다. 보고서 작업은 발굴조사를 통해 얻어진 고고학 자료를 분석하고 해석하는 지난한 작업이며, 보고서 작업이야말로 고고학의 학문적 수준을 가늠하는 척도가 될 것이다. 그렇기 때문에 그동안 이루어진 수많은 발굴조사 의 결과는 현장작업에서 그치는 것이 아니라 발굴조사 기간보다 몇 배의 시간이 소요되는 연구자들의 고뇌와 끈기의 산물인 보고서를 통해 결실을 맺는 것이다. 그렇기 때문에 문화재청은 처벌규정까지 도입하면서까지 수준 높은 보고서를 요구하는 것으로 생각된다.

매장법 시행규칙 제7조 <발굴에 참여하는 인력의 업무범위 등에 관한 규정>을 보면 책임조사원의 경우 발굴현장의 운용과 발굴조사 보고서 발간, 매장문화재 관리 등을 수행한다고 명시하고 있고, 조사원의 경우도 책임조사 원을 보조하여 발굴업무와 사후 정리과정에 대한 업무를 수행한다고 명시하 고 있다. 법률에서 명시된 업무범위를 군이 들추지 않더라도 발굴조사 현장에 서 주도적 역할을 수행하는 인원은 책임조사원과 조사원인 것은 분명하다. 그렇다면 발굴조사보고서를 작성하는 인원도 역시 책임조사원과 조사원이라 는 사실은 너무도 당연하다. 그럼에도 불구하고 발굴조사보고서를 작성하는 기간을 경력에서 제외한다는 것은 도대체 어떻게 이해해야 하는 것인가? 책임조사원은 그렇다 치더라도 책임조사원의 등급에 도달해야 하는 조사원 가운데 어느 누구가 막대한 시간이 소요되면서도 본인의 경력에서 제외되는 보고서 작성을 하겠는가? 막중한 책임과 의무는 부여하면서도 정작 그에 대한 가치는 인정하지 않는 것은 모순이다. 속된 말로 조사단장의 자격을 얻기까지 모두가 현장조사에만 매달리는 사태가 닥칠 수도 있다는 것을 간과하고 있다. 발굴조사에서 얻어진 결과물을 분석하고 정리하여 보고서를 작성하는 작업을 단순한 별개의 행위로 취급하는 이러한 경력기준은 반드시 수정되어야 한다.

한편, 매장문화재의 특성상 지표조사가 오히려 발굴조사보다 어려운 작업이라는 점은 학계 구성원 모두가 동의할 것이다. 모든 매장문화재조사는 사실상 지표조사에서 출발하는 것이며, 문화재청에서 오랜 기간을 통해 공들여 구축한 문화재 GIS시스템은 대다수가 지표조사를 통해 확보된 자료들이다. GIS시스템은 고고학 연구자들만을 위한 것이 아니라 국민 모두의 이익을 위해 만들어진 것이므로 지표조사의 중요성은 새삼 강조해도 지나치지 않을 것이다.

이와 같이 지표조사와 발굴조사 그리고 보고서 작성까지의 과정은 전체적으로 연결되고 통합된 학문적 연구절차이지 결코 별개의 행위가 아니며 중요도에서 차이가 나는 것도 아니다. 책임조사원이나 조사원으로서 발굴조사와 마찬가지로 지표조사나 보고서 작성에 대한 책임은 실로 막중한 것이며 매우 중요한 경력으로 포함되어야 마땅하다. 그렇지 않다면 구태여 처벌규정을 도입할 필요가 있는가? 문화재청의 설명과 관련 법조항은 너무도 상호 모순된다고 생각하지 않는가?

3) 학부과정에서의 발굴조사경력 불인정

  매장법에서는 학부에서의 매장문화재 관련경력을 실무경력으로만 인정하고 조사원이나 책임조사원이 되기 위한 발굴조사경력으로 인정하지 않고 있다. 현재 정부가 추진하고 있는 여러 정책 중 대학의 인턴쉽 과정은 매우 중요한 정책 중의 하나로서 각 대학에서도 국내외의 다양한 인턴쉽 과정을 운영하고 있으며, 학부생들이 실무경험을 익힐 수 있는 정책적 배려와 대안을 모색하고 있다. 따라서 매장법은 학부생들이 다양한 실무적응력을 키울 수 있도록 하는 사회적 요구를 담고 있지 못하며 정부 정책과도 상반되는 모순점을 갖고 있다. 다음의 사례를 보자.

사례 1) 문화재청 홈페이지 <민원마당-자주하는 질문>(2010. 10. 28)
제목 : 발굴조사현장에서 일하고 싶습니다.
답변 : …셋째는 자원봉사자나 아르바이트로 경험을 쌓을 수 있습니다. 이
　　　역시 발굴현장에 문의하시면 가능 여부를 확인하실 수 있습니다.

사례 2) 문화재청 홈페이지 <공지사항>(2011. 3. 24)
* 한국문화재보호재단 문화재 발굴조사 장학생 선발 안내
1. 지원자격
가. 신청자격
○문화재발굴조사 관련분야 전공자로 성적이 우수(전학년 평균 B학점 이상)
　　하며, 학교생활이 모범적인 2학년이상 대학생
다. 우대사항
○문화재발굴조사 현장 경험이 있는 학생

  문화재 협업포털에서 고시된 <조사원 자격인정 관련 산출표 작성 예시>에 의하면, 학부생은 보고서 등의 증빙자료 제출 및 확인이 필요하며, 발굴조사경력은 조사단의 구성에 보조원으로 명기되어 있어야 한다. 또한 인력회사 경력증명서나 통장사본 등은 인정이 곤란한 것으로 되어 있다.

그런데 위의 사례에서 보듯이 자원봉사자나 아르바이트의 경우는 어디에 해당되는지 알 수 없다. 2010년 매장문화재 조사기관 등록시 문화재청의 견해는 "아르바이트생이란 돈 벌려고 하는 것이지 공부하러 간 것으로 볼 수 없다"는 것이었는데, 위 사례의 아르바이트생이란 구체적으로 무엇을 의미하는가? 아르바이트란 일반적으로 경험도 쌓고 돈도 벌 수 있는 시간제 근로를 의미하는데, 문화재청의 입장대로라면 이런 경우에도 매장문화재 실무경력(혹은 발굴조사경력)으로 인정할 수 있겠는가? 또한 문화재 발굴조사 장학생의 경우 2학년 이상이라면 발굴조사든, 실무경력이든 아무 경력도 인정받을 수 없는데 "문화재 발굴조사 현장경험"이 있다는 것을 무엇으로 증명하며, 어떻게 우대할 수 있겠는가?

인정받지도 못하는 경력을 쌓으라는 말을 정부가 국민을 상대로 할 수 있다고 믿지는 않는다. 결국 위의 사례는 경력은 경력 그 자체로 인정받으면 된다는 지극히 상식적인 논리를 문화재청 또한 인정한다는 반증이다. 학부과정에서 발굴조사, 지표조사, 보고서 작성에 참여한다는 것은 전문가가 되기 위한 체계적인 훈련과정에 있음을 말하며, 그 경력은 그대로 인정받아야 마땅하다.

4) 학과 명칭에 따른 전공 차별

조사원 자격기준과 관련하여 또 하나의 중대한 문제는 대학에서의 학과 명칭에 따라 전공을 차별하고 있다는 점이다. 매장법에 따르면 "매장문화재 전공"이란 고고학과, 고고미술사학과, 고고인류학과, 문화재학과, 문화인류학과 및 문화재청장이 매장문화재의 조사 및 연구와 관련이 있는 것으로 인정한 학과를 말하며, "문화재 관련학과"란 매장문화재 전공학과, 사학과, 미술사학과, 문화재관리학과, 전통건축학과 및 문화재청장이 문화재와 관련이 있는 것으로 인정한 학과를 말한다.

문화재청은 대학에서의 학과와 전공 간의 관계에 대해 매우 심각한 오해를 하고 있는 것으로 판단된다. "매장문화재 전공"으로 지칭된 학과나 "문화재 관련"으로 지칭된 학과는 모두 대학 편제상의 학과이다. 즉, "매장문화재 전공"이란 일반적으로는 고고학을 의미하는 것이겠지만 고고학을 전공했다고 해서 모두 "매장문화재"를 전공했다고 생각하는 것은 넌센스다. 고고학은 종합학문이기 때문에 고고학의 세부 전공분야는 문화재청이 지칭하는 "매장문화재" 한 분야만 있는 것이 아니다. 마찬가지로 "문화재 관련"학과 역시 문화재와 관련된 분야의 전공만 있는 것이 아니라 당연히 "매장문화재 전공"이 있을 수 있다. 즉, 전공과 학과 명칭 사이에 반드시 상관관계가 있다고 볼 수는 없다. 그러나 의학과나 법학과와 같이 어디서나 통용되는 명칭이 아닌 이상 관련 분야와의 관련성을 명확하게 일률적으로 규정하는 것은 매우 어렵다. 다음의 사례를 보자.

사례 1) 문화재청 학예연구직공무원 특별채용시험 공고(2010. 7. 20)
* 다. 응시분야별 관련학과 및 전공 선택과목
○고고학 : 고고학과, 고고미술사학과, 고고인류학과, 고고문화인류학과, 문화인류학과, 문화재학과, 문화유적학과, 사학과, 국사학과 등 관련계통의 학과
○미술사 : 미술사학과, 고고미술사학과, 전통공예학과, 의류(의상)직물학과, 국사학과, 역사교육과 등 관련계통의 학과
○유물분석 : 문화재보존학, 보존과학, 문화재학, 문화예술보존학, 과학학, 물리학, 화학, 생물학 등 관련계통의 학과

사례 2) 문화재청 홈페이지 <민원마당-자주하는 질문>(2011. 3. 21)
제목 : 문화재관련학과 관련 문의
　문화재 관련학과에 관한 규정 중 "문화재청장이 문화재와 관련이 있다고 인정한 학과"에서 말하는 학과는 어느 학과를 말하는 것인가요. 문장이

너무 포괄적이고 구체적이지 못하네요. 관련학과를 구체적으로 좀 알려주
세요.

답변 :

○ 문화재 관련 학과에 관한 내용 중 "문화재청장이 문화재와 관련이 있다고
인정하는 학과"에 관하여 일반적으로 정해놓은 규정은 없으며 채용과
관련하여서만 말씀드리겠습니다.

- 첫째, 채용예정분야의 업무성격에 따라 관련성이 다르기 때문에 일률적으
로 관련 학과를 말씀드릴 수 없으며, 최근 각 대학마다 다양한 교과과정
운영 및 학과명칭 사용 등으로 일일이 구체적으로 열거할 수 없는 점에
대하여는 양해하여 주시기 바랍니다.

위의 사례로 볼 때 매장법에 명시된 전공 및 학과의 내용과 문화재청
채용기준 및 민원에 대한 답변이 전혀 상반됨을 알 수 있다. 사학과, 국사학과
졸업자가 고고학 전공 학예연구직원이 될 수 있고, 의류직물학과나 미술교육
과 졸업자가 미술사전공 학예연구직이 될 수 있으며, 물리학과, 화학과,
생물학과 전공자 등이 유물분석분야의 관련학과 출신이라고 할 수 있는
것은 해당 학과와 해당 학예직 업무가 관련성이 있다고 인정되기 때문일
것이다. 또한 <민원마당>의 답변과 같이 관련학과를 일률적으로 특정할
수 없는 이유는 최근의 학문의 통섭적 흐름을 반영하듯 각 대학마다 여러
학과가 다양한 방식으로 편제되고 명칭이 사용되기 때문이다.

물론 문화재청이 "전공" 혹은 "학과"를 명시한 이유와 취지는 이해할 수
있다. 즉, "전공" 혹은 "관련 학과"라는 것이 인력 채용시나 해당 분야의
자격, 전문성을 지칭할 때 하나의 기준으로 사용되어야만 되기 때문이고,
모든 분야에서 해당 전공이나 해당 관련학과를 명시하는 이유도 여기에
있을 것이다.

그러나 해당 학과에 전공교수가 있고, 그 아래서 교육받고 훈련받은 학생들
이 학과 명칭만으로 차별적 자격기준을 부여 받는다면 상식적으로 이해할

수 있겠는가? 전국의 모든 대학과 대학원 입시요강에 "본 학과는 문화재청에서 인정하는 매장문화재 전공이 아니므로 차후 경력에 차별을 받을 수 있음을 양지하기 바람"이라는 문구를 명기해야 하는가? 따라서 이 문제를 해결하는 길은 역시 상식과 사회적 통념을 따르는 것이라고 생각한다. 학과 명칭에 따라 "매장문화재 전공"이나 "관련학과"로 나누어 자격기준을 부여하는 것은 명백히 차별적 처사이므로, 최소한 해당 전공교수(고고학)가 엄연히 있고 그 전공교수에 의해 매장문화재(고고학)와 관련된 교육이 이루어지는 학과라면 마땅히 "매장문화재 관련계통의 학과"로 자격을 부여하는 것이 합리적이고 타당하다.

5) 합당한 경과조치 없는 기존 조사원 자격기준 불인정

결국 전술한 바와 같이 현실과 법조항의 불일치라는 문제들은 조사원의 자격기준을 아무런 경과규정 없이 무조건적으로 현 단계에서부터 무리하게 적용하려는 것에서 출발한다고 할 수 있다. 법의 일반원칙에 비추어 보면 소급적용이 원칙적으로 금지된다는 것은 상식이다. 즉, 기득권자의 권리에 문제가 없으면 소급적용이 가능하지만 기득권자의 권리를 침해할 수 있다면 소급적용은 불가한 일이다. 과거 문화재청의 기준에 의해 인정했던 조사원의 등급을 불과 1년 만에 뒤집는다면 이러한 처사를 이해할 수 있는 사람은 없을 것이다. 대학에서 고고학 교육과 실무를 담당하는 교수가 개정 법령에 의해 조사원 등급도 인정받을 수 없다면 상식적으로도 결코 이해가 될 수 없는 것이다. 기존에 이루어진 그 수많은 조사와 고고학적 업적들이 "자격도 없는 사람들"에 의해 이루어졌다는 자기부정과 과거부정의 모순에 빠지게 할 수는 없지 않은가?

3. 맺음말

개별조사원의 학문적 전문성과 질적수준의 제고가 사회적 공공성으로 연결된다는 점은 문화재청의 설명이 아니더라도 학계 구성원 모두 당연히 공감할 수 있을 것이다. 그러나 매장법의 자격기준은 이러한 설명과는 정반대의 결과를 초래할 것이라는 점에서 심히 우려스럽다. 또한 이보다 더 큰 문제점은 문화재와 발굴조사 종사자, 나아가 고고학이라는 학문을 바라보는 정부의 시각이라는 점을 지적하지 않을 수 없다. 즉, 고고학은 학문인가 아니면 기술인가? 발굴조사란 학문적 방법론인가 아니면 단순히 땅을 파는 행위인가? 매장문화재 조사인력의 전문성 확보라는 대전제는 고고학 교육을 통한 전문적 학술행위로 이루어진다고 보는 것인가 아니면 발굴일수 채우기만으로 완성되는 것인가?

이 모든 물음의 해답은 바로 "고고학은 종합학문"이라는 명제에서 시작되어야 한다고 믿는다. 즉, 고고학은 종합학문이기 때문에 대학에서부터 학제간의 유기적 관계를 통한 연구와 교육이 이루어져야하며, 나아가 현장경험이 함께 겸비되어야만 양질의 조사인력이 배출될 수 있을 것이다. 이러한 목적을 달성하기 위해서는 이번 매장법의 자격기준이 다시 개정되어야 하고 새롭고 합리적이며 상식적인 기준이 제시되어야 한다고 생각되며 이러한 인식하에 몇 가지를 제언하고자 한다.

1. 조사원 자격기준은 한국고고학회에서 2010년 10월 제출한 보고서에서 명시한 바와 같이 "고고학 조사자는 반드시 고고학 조사 실시기준에 맞는 교육(대학교육 등)을 수료함으로써 고고학 조사자의 기초과정을 거치게 되고 이를 바탕으로 조사원 자격의 부여가 이루어질 필요가 있다."[6]는 전제하에

---

6) 신경철·박승규·최종택·하진호, 『발굴조사 실시기준마련을 위한 학술연구 보고서』, 한국고고학회·부산대학교 산학협력단, 2010, 71쪽.

다시 마련되어야 한다.

2. 자격기준 중 학위와 관련된 부분은 **책임조사원은 박사, 조사원은 석사학위 소지자 중 일정한 경력을 갖춘 자 또한 해당이 될 수 있도록 경력인정조항을 보완**해야 한다. 이는 결코 학력을 유일의 기준으로 삼아 다양한 경력의 연구자들이 매장문화재 조사업무에 진입하지 못하도록 학력제한을 두자는 것이 아니라, 학위 자체가 사회적으로 공인된 경력이므로 마땅히 학위소지자가 역차별 받지 않도록 해야 한다는 의미이다.

3. 매장법에서 규정한 **경력은 지표조사, 발굴조사, 보고서 작성기간이 모두 포함된 실무경력으로 변경**되어야 한다. 특히 문화재청은 지난 2005년 10월 개정한 법령에서 대학의 발굴조사일수를 연 150일 이내(면적 4000평 이하)로 제한했던 사실을 상기할 필요가 있다. 또한 매장문화재 GIS시스템구축을 위해 조사기관으로 하여금 광역지표조사를 포함한 지표조사에 상당한 시간과 인력을 투자하도록 조치했었던 사실도 상기해야 한다. 문화재청의 정책에 협조했던 많은 연구자들의 노력을 한낱 헛수고로 돌리지 않기를 바란다.

4. 정부의 학력규제 철폐방침은 현행 대졸자의 경우 추가로 경력을 쌓아야 하는 문제 등을 고려하여 학력우대 정도를 축소하되 경력은 우대하는 방향으로 개선하도록 되어 있다. 따라서 **매장문화재 관련 실무경력은 당연히 학부과정 혹은 매장문화재 관련업무(관련기관, 전문법인, 대학기관 등)에 종사한 시점부터 적용**되어야 한다.

5. "매장문화재 전공"과 "문화재 관련학과"를 학과 명칭에 따라 분리하고

경력상 차이를 두는 것은 명백한 차별행위이므로, 최소한 **해당 전공교수(고고학)에 의해 매장문화재와 관련된 교육이 이루어지고 있는 학과는 마땅히 "매장문화재 관련계통 학과"로 자격을 부여**하는 것이 타당하다.

6. 기존의 실무경력을 모조리 부정하는 개정 법령은 **법리적 원칙에 위배되므로 경과규정을 마련**할 필요가 있으며, **자격기준은 일정한 시점에서부터 적용**할 수 있도록 합리적인 대안 도출이 절실하다.

당면한 문제의 궁극적인 책임은 학계 내부에 있으며, 철저한 자기반성과 혁신이 있어야 한다는 점은 부인할 수 없는 사실이다. 그러나 이러한 상황에 이르기까지 관련당국의 책임 또한 가벼울 수 없다고 생각된다. 지난 5년 사이에 1년이 멀다 하고 바뀌는 새로운 법령의 내용을 파악하고 숙지한다는 것은 간단하지 않다.[7] 지난 2005년 대학의 발굴조사를 제한했다가 2년이 지난 2007년 "발굴민원"을 이유로 다시 완화하고, 2009년에는 "조사기관 및 조사인력 부족으로 인해 건설공사가 지연된다"는 이유로 조사인력기준을 완화했다가,[8] 2년이 지나 또 다시 "발굴에 소요되는 사회적 비용의 절감"과 "전문적인 능력과 풍부한 현장 조사경험을 지닌 조사원으로 구성된 조사단에 의하여 빈틈없이 조사한다"는 명분으로 자격기준을 강화한다면 규제강화와 규제완화의 사이에서 오락가락하는 정책에 어떻게 대처하겠는가?

문화재청은 지난 4월 현재의 매장법은 3년 한시법으로 2013년 이후 조사원 자격인증제를 도입한다고 발표한 바 있다. 그런데 지난 5월 19일 정부는 <제86차 국민경제대책회의>에서 교육과학기술부와 고용노동부 공동으로

---

7) 발굴조사 및 지표조사 실기기준, 지도위원회의 기능, 조사원 자격기준 등의 빈번한 변경.
8) 2008년 9월 29일 문화체육관광부령 제16호 <문화재보호법 시행규칙 일부개정령안>의 개정이유.

업무능력 측정지표를 표준화한 교육과정을 개설해 이를 이수하면 시험 없이 국가기술자격을 부여하는 "과정이수형 자격제도"를 도입하는 "청년 내 일 만들기 2차 프로젝트"를 발표했다. 이에 따르면 현재 556개에 이르는 자격증 중 상당수를 별도 시험 없이 취득할 수 있다는 것인데, 조사원 자격인증제와 과정이수형 자격제는 서로 어떻게 다르며, 품질 높은 발굴조사와 "청년 내 일 만들기"는 어떤 관계가 있는 것인가? 이 글에서 조사원 자격기준 조항 하나하나의 상호관계에 대해 언급하지 않은 이유는 바로 이 점에 있다.[9] 즉, 앞으로 조사원 자격기준과 관련된 정부의 안이 어떤 모습으로 나올지 현재 전혀 알 수 없는 상황에서는 큰 틀의 기준만을 언급할 수밖에 없기 때문이다. 모든 정책은 예측 가능해야 하며 매장문화재와 관련된 정책 또한 예외가 아니다.

또한 모든 정책은 상식적이어야 한다. 매장법 자격기준대로라면 매장문화재조사를 관리, 감독하는 입장에 있는 문화재청의 담당자나 문화재위원회 매장분과위원들과 전문위원들은 당연히 모두 최소한 책임조사원급 아니면 그 이상의 발굴조사경력을 갖추어야만 되고, 모두 "매장문화재 전공"학과 출신 혹은 소속이어야만 하는가? 필자는 결코 그렇지 않다고 생각한다. 이러한 주장이 황당하며 상식에 반하는 것임은 누구나 알 수 있을 것이다. 따라서 상식적이고 합리적인 조사원 자격기준안이 마련될 수 있도록 관계당국과 학계가 함께 고민하고 대화하여 사회적 기준에 합당하는 새로운 기준안이 마련되기를 기대한다.

---

9) 이와 관련하여 자세한 내용은 다음의 글을 참조하기 바람.
　이인재, 「보론 : 2011 매장문화재법 시행규칙과 발굴조사 규정에 나타난 두 가지 현안과 해결방안」, 『2011 매장문화재법 시행규칙과 발굴조사 규정에 나타난 두 가지 현안과 해결방안』, 2011.

2011 매장문화재법 하위법령[1]의
두 가지 현안과 과제

이 인 재 _연세대 원주캠퍼스 역사문화학과

1. 2010 매장문화재법 신규 제정 배경과 두 가지 현안

2008년 6월 13일 일부 개정된 「문화재보호법」(이하 2008 문화재보호법)은 2010년 2월 4일 전면 개정(이하 2010 문화재보호법)되었고, 같은 날 2008년 문화재보호법 제4장에 수록되어 있던 매장문화재가 독립되어 「매장문화재 보호 및 조사에 관한 법률」(이하 2010 매장문화재법)로 신규 제정되었다. 2010 매장문화재법 독립 입법이 국회에서 논의되기 시작한 시기는 2009년 12월 29일이었다.

---

1) 「매장문화재 보호 및 조사에 관한 법률」(2010년 2월 4일, 법률 제10001호 : 이하 2011 매장문화재법)의 후속 조치로 「매장문화재 보호 및 조사에 관한 법률시행령」 (2011년 1월 28일, 대통령령 제22649호 : 이하 2011 매장문화재령)과 함께 「매장문화 재 보호 및 조사에 관한 법률 시행규칙」(2011년 2월 16일, 문화체육관광부령 제78호 : 이하 2011 시행규칙), 「발굴조사의 방법 및 절차 등에 관한 규정」(2011년 2월 16일, 문화재청 고시 제2011-52호 : 이하 2011 발굴조사 규정)이 공포되었다. 2011 매장문 화재법의 하위 법률이란 2011 시행규칙과 2011 발굴조사 규정을 말한다.

〈표 1〉 2008 문화재보호법과 2010 문화재보호법 비교

	2008문화재보호법	2010문화재보호법	비고
제1장	총칙	총칙	
제2장	국가문화재	문화재보호정책의 수립 및 추진	1. 2008문화재보호법 제4장이 2011 매장문화재법으로 신설 제정됨. 2. 2011문화재보호법에서 제2장, 3장, 6장, 8장, 10장이 신설 제정됨.
제3장	등록문화재	문화재보호의 기반 조성	
제4장	매장문화재	국가지정문화재	
제5장	국유문화재에 관한 특례	등록문화재	
제6장	시도 지정문화재	일반동산문화재	
제7장	보칙	국유문화재에 관한 특례	
제8장	벌칙	국외소재문화재	
제9장		시도 지정문화재	
제10장		문화재매매업 등	
제11장		보칙	
제12장		벌칙	

　　당시 입법의 필요성으로 거론된 사항은 (1) 수중문화재의 정의와 매장문화재 조사기관 등록 등의 규정을 추가·보완해 따로 법률로 규정함으로써 매장문화재의 보호 및 조사의 전문성과 효율성을 확보해야 한다는 것과, (2) 매장문화재의 조사·발굴은 공신력 있는 전문기관만이 할 수 있도록 하는 등 그동안 현행 제도의 운영과정에서 나타난 미비점을 개선·보완함으로써 매장문화재의 보호·조사 및 관리와 관련된 행정적·제도적 기반을 마련하려는 것이라 했으며, 주요 내용은 (1) 매장문화재의 보호원칙(안 제4조 및 제5조) (2) 매장문화재의 지표조사(안 제6조부터 제10조까지) (3) 매장문화재의 발굴 및 조사(안 제11조부터 제16조까지) (4) 발견 또는 발굴된 매장문화재의 처리(안 제17조부터 제23조까지) (5) 매장문화재의 조사기관(안 제24조 및 제25조) (6) 문화재 보존조치에 따른 토지의 매입(안 제26조) 등이었다.

　　2010 문화재보호법에는 이전과 다른 조항들이 들어 있다. 우선 총칙에는 국가와 지방자치단체 등의 책무(4조)와 다른 법률과의 관계(5조)가 들어 있다. 그리고 2008 문화재법에서 총칙 4조에 들어 있던 문화재위원회의 설치가 제2장과 제3장으로 확대되어 실려 있다. 이를테면 제2장에는 문화재 기본계획

의 수립(6조), 문화재 보존 시행계획 수립(7조), 문화재위원회의 설치(8조), 한국문화재보호재단의 설치(9조) 등이 수록되어 있고, 제3장에는 문화재 기초조사(10조), 문화재 정보화의 촉진(11조), 건설공사시의 문화재보호(12조), 역사문화 환경 보존지역의 보호(13조), 화재 및 재난 방지 등(14조), 문화재보호활동의 지원 등(15조), 문화재 전문 인력의 양성(16조), 문화재 국제교류협력의 촉진(17조), 남북한간 문화재 교류 협력(18조), 세계유산 등의 등재 및 보호(19조), 외국 문화재의 보호(20조), 비상시의 문화재보호(21조), 지원요청(22조) 등이 수록되어 있다.

2008 문화재보호법의 제4장에 수록되어 있는 매장문화재 12개 조항은[2] 2010 매장문화재법으로 독립되면서 법령과 함께 제정된 2011 시행규칙과 2011 발굴조사 규정에 들어 있다. 2010 매장문화재법은 총 7장과 부칙으로 구성되어 있는데, 제1장 총칙, 제2장 매장문화재 지표조사, 제3장 매장문화재 발굴 및 조사, 제4장 발견 신고된 매장문화재의 처리 등, 제5장 매장문화재조사 기관, 제6장 보칙, 제7장 벌칙 등, 모두 38조로 이루어져 있다. 법령이 독립되면서 몇 가지 문제점을 제외하고는 학계 및 현장에서 필요로 했던 내용들이 많이 보완되었다고 할 수 있다.

그럼에도 불구하고 2010 매장문화재법 제정에는 우려할 만한 내용이 들어 있음을 지적하지 않을 수 없다. 하나는 매장문화재의 보호 및 조사의 전문성과 함께, '효율성'을 거론한 것이며, 다른 하나는 그동안 현행 제도의 운영과정에서 나타난 미비점을 개선·보완하기 위해 매장문화재의 조사·발굴을 이른바 '공신력' 있는 전문기관만이 할 수 있도록 한다는 것이었다. '효율성' 문제는 2011 발굴조사 규정 제4조 발굴실시 규정의 발굴배제로 구현되었고, '공신력'

---

2) 발견신고(54조), 발굴의 제한(55조), 발굴조사보고서(56조), 국가에 의한 발굴(57조), 매장문화재 조사 용역 대가의 기준(58조), 처리방법(59조), 경찰서장 등의 매장문화재 처리방법(60조), 국가 귀속과 보상금(61조), 매장문화재의 보호(62조), 매장문화재의 기록 작성 등(63조), 매장문화재 조사 전문기관의 육성·지원(64조), 「유실물법」의 준용(65조).

문제는 2011 시행규칙 제7조 발굴에 참여하는 인력의 업무범위 등과 제14조 조사기관의 종류 및 등록기준의 2항 조사기관의 조사요원별 자격기준으로 드러났다.

조사기관에 대한 '공신력'을 제기한 배경은 이해되는 측면도 없지 않다. 예를 들어 2010 학술연구보고서에 따르면,[3] 발굴조사기관은 (1) 국가기관, (2) 공사립박물관, (3) 기타 기관, (4) 대학박물관, (5) 전문법인 등이 있는데, 2000년대 들어 문화재청 문화재연구소와 국립박물관 등 국가기관의 발굴 비중은 2.7% 정도, 51개 대학기관의 발굴 비중은 15%에 불과한 반면, 71개 전문법인은 전체 발굴조사의 79% 정도 담당하다가 2010년에는 90%를 담당하였다고 한다. 이러한 현상은 2000년대 각종 개발사업과 관련된 구제 발굴조사를 전문법인으로 하여금 담당하게 한 결과로, 총 발굴조사 8,465건 가운데,[4] 대학기관은 1,283건에 그친 데 비해, 전문법인은 6,720건을 수행했다고 한다. 단순하게 계산하면 대학기관 하나가 연간 평균 2.5곳, 전문법인 하나가 연간 평균 94.6곳을 발굴한 셈이다. 이렇게 발굴조사를 하다보면, 공신력이 떨어지는 기관과 조사원이 없지 않았을 것이다.

그런데 조사요원별 자격기준에 따르면 정작 국내외 교육기관을 거쳐 관련 전공 박사학위를 취득한 후 대학에 취직한 사람은 상당한 기간이 지나지 않으면 책임조사원이 될 수 없다. 규정에 따르면 책임조사원은 매장문화재 전공 석사학위 취득자이면서, 6년 이상의 발굴조사경력을 갖춘 사람이어야 하기 때문이다. 발굴조사경력 6년은 1년 365일로 계산해[5] 2,190일이 되고,

---

3) 박승규·최종택·하진호,『발굴조사 실시 기준 마련을 위한 학술연구보고서』, 2010(한국고고학회, 부산대학교 산학협력단, 이하 2010 학술연구보고서).

4) 2010 학술연구보고서에 따르면, 1960년대부터 2010년까지 총 발굴조사 건수는 10,653건인데, 1960년대에서 1980년대까지의 발굴조사 건수가 562(5.3%)건에 불과한 반면, 1990년대가 1,626건(15.3%)이고, 2000년대가 8,465건(79.4%)이라고 한다.

5) 사실 안신원의 보고 이전에는 경력 1년을 365일로 계산하리라고는 생각지도 못했다. 안신원,「조사원 자격규정의 문제점」,『2011 매장문화재법 시행규칙과 발굴조사

이를 연간 실질 근로일 247일[365－104(연 52주 토, 일)－14(법정공휴일)]로 환산하면 8.87년이다. 2011년 인문학 전공 신임교수 평균연령이 43세라는 점(『교수신문』)을 감안하면, 50세가 넘어야 겨우 책임조사원이 될 수 있는 과도한 기준을 제시한 셈이다.

한편 효율성을 잣대로 배제된 발굴대상에 대해 2011년 3월 15일 '개악된 매장문화재보호 법령의 전면 수정을 요구하는 전국대학 고고학 교수모임'은 "새 법령의 발굴기준은 조선후기 경작유구, 일반가옥, 회곽묘, 삼가마, 자연도랑은 물론 구석기시대 고토양층, 일제강점기 이후 모든 매장문화재에 대한 조사를 막아 소중한 민족문화유산이 충분한 조사 없이 인멸될 위기를 초래할 악법"이라고 평가절하한 바 있다. 이는 필자도 동감하는 사항이다.

2. 2011 발굴조사 규정의 발굴배제 대상과 문제점

매장문화재는 눈으로 확인할 수 없는 비가시성 때문에 원칙적으로 문화재 유존의 대상이다. 그러므로 2010 매장문화재법 제4조(매장문화재 유존지역의 보호)에서는 "대통령령으로 정하는 바에 따라 매장문화재가 존재하는 것으로 인정되는 지역(이하 "매장문화재 유존지역"이라 한다)은 원형이 훼손되지 아니하도록 보호되어야 하며, 누구든지 이 법에서 정하는 바에 따르지 아니하고는 매장문화재 유존지역을 조사·발굴하여서는 아니 된다."고 하였고, 제5조(개발사업 계획·시행자의 책무)에는 "① 국가와 지방자치단체 등 개발사업을 계획·시행하고자 하는 자는 매장문화재가 훼손되지 아니하도록 하여야 한다. ② 제1항의 개발사업 시행자는 공사 중 매장문화재를 발견한 때에는 즉시 해당 공사를 중지하여야 한다."고 명시해두었다.

유적 발굴은 전문적인 고고학 지식이 필요한 작업이다. 다양한 형태로

규정에 나타난 두 가지 현안과 해결방안』, 2011.

땅속에 매장되어 있는 유물의 현장 조치뿐만 아니라, 발굴보고서를 작성할 때도 학문적인 배경이 무엇보다 중요하다. 유적 발굴은 땅속에 있는 유구와 유물을 단순히 찾아내는 데에 목적이 있지 않고, 매장된 고고학 증거의 퇴적 상황을 정확하게 파악하고, 당시 사회와 문화에 비춰 그러한 증거가 지니는 의미를 도출해야 하는 작업이므로 고도의 전문성이 수반된다. 매장문화재는 동시대 민족과 인류의 문화 자산이면서, 후손들의 자산이기도 하기 때문이다.

사실 아무리 당대 최고 수준의 정교한 발굴이라 하더라도, 일단 발굴이라는 사람 손이 들어가면 매장문화재의 훼손이 시작된다는 것이 유명 선학들의 뼈아픈 자책이다. 1970년대 무령왕릉 긴급구제 발굴을 주관한 학자는 당대 최고 수준의 고고학자였다. 그렇기 때문에 근현대 개발의 시대에 어쩔 수 없이 발굴을 할 수밖에 없는 처지에 놓인 학자들의 끊임없는 곤혹스러움을 이해 못할 바 아니다. 더구나 그들은 개발사업 시행자들의 발굴기간 단축과 발굴비용 감축 요구, 개발사업 시행자들의 요구를 무시할 수 없는 중앙정부와 지방정부의 법과 정책도 쉽게 배제할 수 없는 연구 환경에 놓여 있기도 했다. 문헌사학자들이 사료 발굴에 들인 긴 시간에 비하면, 그 연구 환경의 열악함은 발굴학자들의 숙명이었다.

그럼에도 불구하고 많은 사람들이 발굴학자들에게 애정의 눈길을 보내는 것은 그들이 발굴해낸 유물·유구·유적 사료가 역사를 재현해내는 데 매우 중요하기 때문이다. 유물·유구·유적 사료는 문자·문헌 사료를 보완하기도 하고, 문자·문헌 사료에 담기지 않은 역사적 사실을 홀로 증거하기도 한다. 발굴 행위의 가장 궁극적인 목표이면서, 발굴에 앞서 발굴조사자들이 가다듬 어야 할 가장 기본자세가 너무나 기초적인 것이기 때문에 종종 간과되고 마는 것이 현실이기도 하다. 예컨대 2011 발굴조사 규정(<표 4>)에 있는 것처럼 특정 유구, 유적들에 대한 발굴배제 대상을 명시하는 것이 대표적이다.

사실 발굴 실시기준과 발굴 배제대상을 정하는 맥락은 그 의미하는 바가 상당히 다르다. 가령 실시기준의 경우, 시대와 대상을 제한한다고 하더라도 발굴현장의 조건에 따라 시대와 대상을 넓힐 수 있는 여지가 많다. 발굴현장 조건 자체가 법규를 만들 때 고려할 여지를 넘을 수 있기 때문이다. 현장조건에 맞춰 해석을 넓게 하거나, 좁게 할 수 있는 여지가 있다는 뜻이다. 그러나 발굴 배제대상을 정하는 것은 발굴현장 조건이 어떠하든지 간에 누구나 인정할 수 있게 정하는 것이 상식이다. 배제대상은 기왕에 발굴을 해왔거나 앞으로 발굴을 담당할 그 누가 보더라도 수긍할 만한 것이어야 하기 때문이다. 가령 일본 나라와 오사카 지역의 발굴배제 규정이 그러하다.[6]

〈표 2〉와 〈표 3〉에서 보는 것처럼 일본의 경우는 지역의 유적 상황에 따라 발굴배제 범위를 정하고 있다는 점에서, 전국 유적을 일률적으로 규제하고 있는 우리나라의 2011 발굴조사 규정에 있는 발굴배제와는 기본 구조가 다르다. 더구나 일본 나라(奈良) 지역의 경우 오해의 여지가 있는 부분은 비고에서 그것을 없애버렸다.

〈표 2〉 나라 지역의 경우

발굴을 요하지 않는 경우(중요지구 아스카무라의 경우)		
발굴 필요 없음	3개월 기한 내 설치되는 가설물	바닥면적 120㎡이내 지계가 없는 것 굴삭이 이루어지지 않는 도로 포함
	건물 이외의 간단한 공작물의 설치 개수	문, 담, 울타리, 전주, 도로, 표식, 신호기, 가드레일, 소규모 관측기기
	도로의 포장 또는 수선	이미 설치된 미포장 도로의 포장 이미 설치된 도로의 수선
	전선, 가스관, 수도관 또는 수도관의 개수	과거에 이미 굴삭된 범위 내에서 공사
	수로의 개선	상동

---

6) 일본의 사례는 2010 학술연구보고서를 재인용하였다.

〈표 3〉 오사카 지역의 경우

발굴을 필요로 하지 않는 범위		
발굴조사 필요 없음	이차적인 퇴적이 명확한 유물포함 층만으로 구성된 구역	포함된 유물이 출토문화재로서 장래에 걸쳐 보존·활용을 도모할 필요성이 있다고 판단된 경우는 이 제한에 포함되지 않음
	유물포함 상황이 희박한 유물포함 층만으로 구성된 구역	본래 유물이 다량으로 출토되는 것이 드문 시대나 완형품, 유물의 잔존이 양호한 경우, 제사 관련 등 희소성이 중요한 경우 등은 이 제한에 포함되지 않음.
	인위적 흔적이 불충분한 자연유구 만으로 구성된 구역	대상으로 하는 유적의 입지나 형성과정 등을 해명하는 데 불가결한 부분에 대해서는 이 제한에 포함되지 않음.

예컨대 오해의 여지가 있는 도로의 포장과 수선 규정에 '이미 설치된'이라는 보충 설명을 해줌으로써 이 규정을 자의적으로 해석할 만한 가능성을 없앤 것이다. 이는 오사카 지역의 경우도 마찬가지다. 예를 들어 유물포함 상황이 희박한 유물포함층으로 구성된 구역은 발굴조사가 필요 없다고 규정해놓으면서도, 제사 관련 등 희소성이 중요한 경우 등은 이 제한에 포함되지 않는다고 보충 설명해두었고, 자연유구라 하더라도 유적의 입지나 형성과정 등을 해명하는 데 불가결한 부분은 이 제한에 포함되지 않는다고 하였다. 실시 규정과 달리, 발굴배제에 대해서는 매우 엄격해야 한다는 사례라 할 수 있다.

그러나 우리나라의 경우 2011 발굴조사 규정에서 발굴배제 대상이 되어 논란이 일고 있는 "조선후기 경작유구, 일반가옥, 회곽묘, 삼가마, 자연도랑은 물론 구석기시대 고토양층, 일제강점기 이후 모든 매장문화재"에 대해서는 일본과 같은 그런 고려를 찾아 볼 수 없다. 매우 유감스러운 일이다. 발굴배제 대상 선정과 발굴실시 기준을 정하는 것을 동일한 맥락에서 진행해서는 안 된다.

〈표 4〉 발굴조사 실시 기준(제4조 관련)

구분			공사유형									
---	---	---	굴착·절토	성토		영구·준영구 시설물	댐 제방 도로 철도	임시 공작물 설치	관로 매설, 전주 설치	농지 개량 (성토)	단기 적치 (성토)	성토 후 공원 조성
				2m 이상	2m 이하							
시대 및 유적 종류	선사시대부터 고려시대까지		☆	☆	△	☆	☆	□	□	△	△	□
	조선시대	전기	경작유구 (논, 밭)	○	○	△	○	○	□	□	△	△	□
			일반가옥(민가)	○	○	△	○	○	□	□	△	△	□
			토광묘(민묘)	☆	☆	△	☆	☆	□	□	△	△	□
			회곽묘	○	○	△	○	○	□	□	×	×	×
			삼가마	○	○	△	○	○	□	□	△	△	□
		후기	경작유구 (논, 밭)	×	×	×	×	×	×	×	×	×	×
			일반가옥(민가)	○	○	×	○	○	△	×	×	×	×
			토광묘(민묘)	☆	☆	△	☆	☆	□	×	×	×	×
			회곽묘	○	○	△	○	○	×	×	×	×	×
			삼가마	×	×	×	×	×	×	×	×	×	×
	일제강점기 이후		×	×	×	×	×	×	×	×	×	×
유구 유형	자연수혈(구멍 포함)		×	×	×	×	×	×	×	×	×	×
	자연도랑		×	×	×	×	×	×	×	×	×	×
	단순 유물포함층 (고토양층 포함)		○	×	×	○	○	×	□	×	×	×
범례 : ☆ 발굴, ○ 선별 발굴, △ 발굴 유예, □ 입회 조사, × 발굴 제외												

<표 4>에서 문제 조항은 ×로 표시되어 있는 발굴제외 규정이다.[7] 한국고고학회는 이 규정에 대해 "발굴조사의 대상에서 조선시대 후기의 몇 유구들과 일제강점기의 유적을 천편일률적으로 제외한 것은 납득할 수 없는데, 왜냐하면 조선후기의 유적이라도 경우에 따라 높은 학술적 가치를 지니는 것도 있을 수 있고, 일제강점기 피지배의 자취도 특히 학술적인 조사를 거쳐야 할 것이 많을 것"이라고 하였다.[8]

---

7) 문제의 해결 방법은 간단하다. 이 표 자체를 없애든지, 아니면 발굴제외 표시인 ×를 발굴 표시인 ☆나 선별발굴 표시인 ○로 바꾸면 된다.

110

한국고고학회의 문제제기에 문화재청에서는 일제강점기 유적을 제외한 것에 대해서는 답변하지 않고, (1) 조선시대 후기 논밭의 경우 근현대 경작지와 대동소이하기 때문에 굳이 고고학적 발굴을 통해 밝힐 수 있는 정보가 극히 제한적이고, (2) 회곽묘의 경우는 구조적으로 학술적 방법을 동원한 정밀발굴이 곤란하기 때문에 전체를 다 발굴하기보다는 사안별로 선별발굴토록 한 것이며, (3)-① 자연수혈과 도랑 등은 뚜렷한 인공성이 확인되지 않을 경우 고고학적 유구로 볼 수 없으므로 시굴조사 단계에서 성격을 정확히 파악한 후 별도의 정밀 발굴조사는 실시하지 않도록 했고(이하 대원칙), (3)-② 유구가 확인되지 않은 단순 유물포함층에 대해서는 시굴조사 결과만으로 사업지역 전체에 유구가 없다고 단정짓기에 무리가 있기 때문에 일부 지역에 한해 선별발굴을 실시하여 유적의 성격을 명확히 밝히도록 하였으며(이하 중원칙 1), (3)-③ 다만, 자연구임에도 불구하고 목기류, 유기물 등 고고학적 가치가 있는 유물이 포함되어 있는 경우에는 당연히 발굴조사를 실시할 것(이하 소원칙 1)이고, (3)-④ 또한 구석기 유적과 관련되는 고토양층에 대해서는 시굴조사 결과 유물이 출토될 경우에는 정밀 발굴조사를 실시하되(이하 중원칙 2), 시굴 결과 유물이 출토되지 않는 단순 고토양층으로 판명되더라도 유물이 희소하다는 특성을 감안하여 단순 유물포함층과 마찬가지로 선별발굴하는 것(이하 소원칙 2)으로 하였다고 회신했다.[9]

<표 4> 발굴조사 실시기준 별표 4(삭제)에 대한 문화재청의 해석 가운데 가장 주목되는 사항이 "조선후기 논밭 유구가 근현대 경작지와 대동소이하다"는 판단이다. 이를 근거로 일제강점기의 유적에 대해서는 언급도 하지 않았다고 추정되기 때문이다.[10] 그런데 전술한 일본의 발굴배제 사유에는 '대동소이'

---

8) 한국고고학회, 「매장문화재 보호와 조사에 관한 법률 및 하위법령 공포관련 질의서」, 『한고10-24』, 2011. 3. 9』, 2011.

9) 문화재청, 「매장문화재 보호 및 조사에 관한 법률 및 하위법령 관련 질의 회신(수신자 : 한국고고학회장)」, 『발굴제도과-3102』, 2011. 3. 17 괄호번호와 원문자는 필자가 첨가했다.

란 표현이 없다. 당연히 없을 수밖에 없다. 문화재청의 해석을 존중한다하더라도 이른바 기간별 '이유'를 밝혀 '변화 양상'을 추적하고 해석하는 것이 역사학적 사고가 아닌가? 더구나 조선후기 논밭 유구의 형태가 근현대 경작지의 형태와 대동소이하다면, 유명한 미사리 논밭유구는 근현대 경작지와 대동소이하지 않다는 말인가? 형태가 대동소이하다고 해서 씨앗을 비롯한 논밭갈이, 씨뿌리기, 김매기, 논밭 작물의 수확 농구가 똑같을 수는 없다.

　염정섭의 보고에 따르면,[11] 2008년 한국고환경연구소는 충청남도 연기군 남면 종촌리 일원에서 실시한 '행정중심복합도시 중심행정타운 증축에 따른 문화재 발굴조사'에서 17세기 이후로 추정되는 수전(水田) 유적을 확인하였는데, 당시 발굴조사팀은 13개의 수전면(水田面)을 확인하고 조선중기 이후 수전농업기술의 일면을 확인할 수 있는 좋은 자료로 판단하였다고 한다.[12] 특히 각 수전면에서는 둑·수구·경작흔·식재흔·족적과 우(牛)족적 등의 시설 및 농경활동의 흔적 등이 양호한 상태라는 점과, 조선중기 이후 현재까지 지속적으로 이용되고 끊임없는 개·보수와 새로운 수전의 조성 등이 확인되며, 또한 홍수 등의 자연재해로 수전이 폐기되는 과정도 확인할 수 있었다는 점이 크게 주목되었다. 아직 본보고서를 접하지 않은 상황이지만, 종촌리에서 발굴한 논유구는 조선시대 농업기술 연구의 주요한 자료임이 틀림없을 것이라고 한다.

---

10) 다소 무리한 감이 있지만, 한 걸음 더 나아가면, 회신 내용 가운데 ① "학계가 다소 무분별하게 진행되어 온 소모성 발굴"이라고 기왕의 발굴성과를 평가절하했던 근거를 확인할 수 있고, ② "원형 보존되어야 한다는 문화재보호법의 취지와 과거 인류가 남긴 물적 증거를 통하여 역사학적으로 복원하기 어려운 과거 사회의 모습을 복원하고 재구성하는 데 목적이 있는 고고학 본연의 특성을 살려 합리적이고 효율적인 발굴실시 기준을 마련하고자 하는 취지"도 신뢰하기 어려워진다.

11) 염정섭, 「조선후기 경작유구(논, 밭) 발굴과 농업사 연구」, 『2011 매장문화재법 시행규칙과 발굴조사 규정에 나타난 두 가지 현안과 해결방안』, 2011.

12) 한국고고환경연구소, 「행정중심복합도시 중심행정타운 종촌리 수전유적 문화재 발굴조사 지도위원회자료집」, 2008, 10쪽.

112

한편 윤선자의 보고에 따르면,[13] 한국독립운동사연구소는 2007년부터 2010년까지 국내 항일독립운동 및 국가수호사적지 조사를 추진했는데, 독립운동사적지는 1895년 을미의병부터 1945년 광복 전까지를, 국가수호사적지는 1950년 6월 25일 한국전쟁 발발부터 1953년 7월 27일 휴전까지를 대상시기로 했다. 또 조사대상과 관련해서 독립운동사적지는 항일독립운동의 현장, 독립운동가 생가, 일제식민지 통치기관 또는 이와 관련된 장소를, 국가수호사적지는 한국전쟁 당시 주요 전투지, 주요 작전 시기 지휘본부나 관청 등 전쟁 관련 부서나 시설지를 정했다고 한다.

이와 함께 (3)-①, ②, ③의 대원칙이 되고 있는 '자연수혈과 도랑 등은 뚜렷한 인공성이 확인되지 않을 경우 고고학적 유구로 볼 수 없다'는 단정도 수긍하기 어렵다. 수혈 유구나 도랑 유구의 발견의 역사는 관련 기관에서 오히려 더 자세히 정리하고 있을 것이다. 모든 고고학적 유물, 유구, 유적은 안목과 학식이 부족할 때에는 자연 상태로 간주되었다. 그러나 학문과 경험이 축적됨에 따라 그것이 주요 사료가 되었던 역사가 우리 학계에 면면히 흐르고 있다. 좁은 의미의 고고학적 발굴성과는 범역사학계의 노력을 통해 주요 사료가 될 수 있다.

요컨대 일본의 발굴배제 요건은 발굴에 문외한인 필자가 보기에도 수긍할 만하지만, 2011 발굴조사 규정의 발굴배제 대상은 이해하기 어렵다는 것이다. 더구나 2010 학술연구보고서 작성자들이 제안한 우리나라 발굴대상 매장문화재의 시간적 기준은 근대 건축물의 보존정책과 한국전쟁에 의한 일제강점기 문화재 자료의 손실 등을 고려할 때 대체로 근대(1945)까지의 유적·유물을 보호 및 조사의 대상으로 하여 반드시 발굴조사를 실시해야 한다는 것과, 연속된 광범위한 논밭 유구가 존재하는 경우에는 경지의 단위 구획 및 농법 등 사회경제사 자료를 확보할 수 있는 일정 범위를 설정하여 조사하는 것이

---

13) 윤선자, 「근대문화유산의 현황과 보존」, 『2011 매장문화재법 시행규칙과 발굴조사 규정에 나타난 두 가지 현안과 해결방안』, 2011.

바람직하다는 제안 등 경청할 만한 제안들조차 배제한 이유는 더더욱 납득할 수 없다.

그뿐만 아니라 <표 4>의 선별발굴도 생각해볼 여지가 많다. 문화재청에서 제시한 실시 기준에서 유적을 선별적으로 조사한다는 것 자체가 2010 매장문화재법에서 규정하고 있는 보호 및 보존의 근본 취지에 상반되는 것이며, 이로 인해 야기되는 유적 파괴를 방조하는 결과가 될 수 있다. 땅속에 있는 고고학 증거를 발굴하지도 않고, 그 증거의 고고학적 의미와 가치를 판단하는 것이 과연 가능한 일인가? 부분적으로 가능한 예도 있겠지만, 땅속에 묻혀 있는 유구와 유물의 고고학적 의미를 자의적으로 판단하는 것은 탁상행정 또는 일부 고고학자들의 학문적인 오만에서 비롯한다고 생각된다. 예를 들어 약 1,000평의 범위에 회곽묘가 분포할 경우, 500평만을 선별발굴한다면, 나머지 500평은 역설적이게도 법적인 보호하에 무참히 파괴되는 운명에 처하게 된다. 이러한 상황이 안타까워 혹자가 학문적인 관심으로 그 나머지 500평의 일부를 발굴했을 경우, 필요 조사비용의 책정도 불가능할 뿐더러 발굴 자체가 도굴로 간주될 위험이 있다.

사실 문화재청의 회신 내용은 우리나라 문화재 보호 및 조사, 관리에 대한 법령 제정 및 개정의 역사를 보면, 이해 못할 바도 아니다. 1930년 일제강점기 조선총독부 종교과장 이창근이 당시 일본에서 시행되고 있는 국보보존법과 사적 명승 천연기념물 보존법을 공부해온 후,[14] 1933년 일제강점기 총독부는 「조선 사적 보물 명승 천연기념물 보호령」을 신규 제정했고 이것이 1962년 문화재보호법이 만들어지기까지 활용되어왔다. 이 기간에 도굴을 비롯하여 우리 문화재 수난이 얼마나 컸던가는 다시 말할 필요도 없겠다. 그 후 2010 문화재보호법과 매장문화재법이 제정되기까지 34차례의 법 개정이 있었고, 현재도 계속해서 부분 개정 중이다. 이토록 수많은 법

---

14) 『동아일보』 1930.3.20.

개정에는 20세기 우리 역사학계의 학문이 일천한 데서 출발해서, 미술사학에서 고고학, 인류학 등 여러 분야에서 나름대로 각고의 노력을 거쳐 2011년에 이르는 학문정립 과정이 내재되어 있다. 그럼에도 불구하고, 문화재청이 조선후기, 일제강점기의 유구, 유적 발굴을 배제하고 선별해버린 것은 유물·유구·유적 등을 사료화하는 작업을 매우 제한된 전공과 시대에서만 해야 한다는 아주 좁은 시각이 남아 있음을 우려하게 한다.[15]

3. 2011 시행규칙에 수록된 조사원 자격규정의 문제점

2011 시행규칙의 조사원 관련 조항은 7조와 14조이다. 7조에 제시된 조사요원 규정은 <표 5>와 같다.

<표 5> 7조 조사요원 규정

조사단장	매장 문화재발굴 업무를 총괄적으로 지휘·감독
책임조사원	매장문화재 발굴 업무를 실질적으로 지휘·감독하면서 발굴현장의 운용, 발굴조사 보고서 발간, 매장문화재 관리 등에 대한 업무 수행 *보존과학 연구원 : 책임조사원을 보조하여 발굴된 매장문화재의 보존 처리 업무 수행
조사원	책임조사원을 보조하여 매장문화재 발굴 업무와 사후 정리과정에 대한 업무 수행
준조사원	조사원을 보조하여 매장문화재 발굴 업무와 사후 정리과정에 대한 업무 수행
보조원	준조사원을 보조하여 매장문화재 발굴 업무와 사후 정리과정에서 제토(除土 : 흙 고르기), 매장문화재 세척 등 단순업무 수행
* 14조 1항에 따른 육상지표조사기관 및 수중지표조사기관 조사요원의 업무범위에 관하여는 제1항에 따른 발굴에 참여하는 조사요원의 업무범위를 준용한다.	

이 조항에 따르면 발굴 및 지표조사 요원은 학력과 경력, 담당업무를

---

15) 더구나 이런 좁은 시각이 문화재 보존과 개발의 오랜 논쟁 가운데 결과적으로 개발의 입장을 두둔할 수도 있다는 오해의 여지는 없는지 깊은 우려를 감출 수 없다.

기준으로 6단계로 나뉘어 있다. 학계와 현장에서 그동안 일반적으로 인정되어 온 규정이었다.16) 학력은 고졸, 전문학사, 일반학사, 석사, 박사의 인정 여부인데, 업무와 경력에 대해서는 자세한 정리가 필요하다.

예를 들어 준조사원부터 조사단장까지 공통되는 업무가 ① 매장문화재 발굴 업무가 있고, 준조사원과 조사원에는 ② 사후 정리과정에 대한 업무가 있다. 사후 정리과정에 대한 업무의 세부 사항은 책임조사원의 업무에서 살펴 볼 수 있는데, 발굴조사보고서 발간과 매장문화재 관리 등이 그것이다. 나머지 발굴현장의 운영은 업무 명칭을 확인할 수 없지만, 정리하면 매장문화재 발굴 업무는 ③ 발굴현장의 운용(좁은 의미의 매장문화재 발굴 업무)과 사후 정리과정에 대한 업무로 이해된다. 보조원 관련 규정에는 제토와 세척 등 ④ 단순업무가 있다. 한편 2011 시행규칙 14조 2항에 관련된 「별표 3 조사요원별 자격기준 비고」 (6-5)와 (7-6)을 보면, ⑤ 발굴조사경력 (6-비고 5)과 ⑥ 매장문화재 관련 실무경력(7조-비고6)이라는 용어가 등장하고, 2011년 3월 17일 고고학회 질의에 대한 문화재청 회신 공문을 보면,17) ⑦ 현장경력과 ⑧ 실무경력이 등장한다. 조사원 자격기준의 경력과 관련하여 무려 8가지 용어가 사용되고 있는 것이다.

---

16) 호남고고학회에서는 연구보조원(보조원), 연구원(준조사원), 선임연구원(조사원), 책임연구원(책임조사원), 연구단장(조사단장) 혹은 조사원, 주임조사원, 선임조사원, 책임조사원, 조사단장을 제안했다고 한다.[이상은 매장문화재 보호 및 조사에 관한 법률 시행령(안)에 대한 한국고고학회의 수렴의견 중에 있음]

17) 문화재청, 「매장문화재 보호 및 조사에 관한 법률 및 하위법령 관련 질의 회신(수신자 : 한국고고학회장)」, 『발굴제도과-3102』, 2011. 3. 17.

116

〈표 6〉 조사요원별 자격기준(제14조 제2항 관련)

구분	자격기준
조사단장	● 해당 발굴조사기관의 장일 것. ●「고등교육법」 제2조에 따른 학교 또는 제29조에 따른 대학원에서 문화재 관련 학과의 부교수 이상인 사람일 것. ● 국가 또는 지방자치단체의 기관의 경우에는 5년 이상의 매장문화재 관련 실무경력을 갖춘 학예연구관일 것. ● 책임조사원으로서 5년 이상의 매장문화재 관련 실무경력을 갖춘 사람일 것.
책임조사원	● 국가 또는 지방자치단체의 기관의 경우에는 2년 이상의 발굴조사경력을 갖춘 사람으로서 매장문화재 전공 학예연구관일 것.(2008 1년 이상) ● 국가 또는 지방자치단체의 기관의 경우에는 5년 이상의 발굴조사경력을 갖춘 사람으로서 매장문화재 전공 학예연구사일 것.(2008 변동사항 없음) ● 매장문화재 전공 석사학위 이상 취득자이고 6년 이상의 발굴조사경력을 갖춘 사람일 것.(2008 변동사항 없음) ● 문화재 관련 학과의 학사학위 취득자이고 9년 이상의 발굴조사경력을 갖춘 사람일 것.(2008 8년 이상) ● 매장문화재 전공 박사학위 취득자이고, 3년 이상의 발굴조사 경력을 갖춘 자. ● 조사원 3년 이상의 발굴조사 경력을 갖춘 자.(삭제)
조사원	● 국가 또는 지방자치단체의 기관의 경우에는 2년 이상의 발굴조사경력을 갖춘 사람으로서 매장문화재 전공 학예연구사일 것.(2008 1년) ● 문화재 관련 학과의 학사학위 이상 취득자이고 6년 이상의 발굴조사경력을 갖춘 사람일 것.(2008 5년) ● 준조사원 3년 이상의 발굴조사경력을 갖춘 사람일 것.(2008 2년) ● 매장문화재전공 박사학위 취득한 자. ● 매장문화재전공 석사학위 취득자이고, 2년 이상 발굴조사 경력을 갖춘 자.(삭제)
준조사원	● *국가 또는 지방자치단체의 기관의 경우에는 매장문화재 전공 학예연구사일 것.* ● 문화재 관련 학과의 학사학위 이상 취득자이고 3년 이상의 매장문화재 관련 실무경력을 갖춘 사람일 것.(2008 2년) ● 보조원 3년 이상의 매장문화재 관련 실무경력을 갖춘 사람일 것.(2008 2년) ● 매장문화재 전공 석사학위 취득자.(삭제)
보조원	● *문화재 관련 학과의 학사, 석사 또는 박사학위를 취득한 사람일 것.* ● 전문학사 학위 이상 취득자이고 1년 이상의 매장문화재 관련 실무경력을 갖춘 사람일 것. ● 고등학교 졸업 후 3년 이상의 매장문화재 관련 실무경력을 갖춘 사람일 것.(2008 2년) ● 문화재 관련 학과 2년 재학(在學) 이상인 자이고, 1년 이상 발굴조사경력을 갖춘 자.(삭제)

보존과학 연구원	● 보존 관련학과의 학사, 석사 또는 박사학위를 취득한 사람일 것. ● 고등학교 졸업 후 3년 이상의 보존처리 실무경력을 갖춘 사람일 것. ● 문화재수리기능자(보존처리공) 이상의 자격증을 소지한 사람일 것.

필자가 임의적으로 정리하면, 보조원의 (1) 단순업무(④) (2) 준조사원부터의 발굴현장 운용업무 및 현장경력(③, ⑦)과 (3) 사후 정리과정에 대한 업무와 매장문화재에 관한 실무경력(②, ⑥, ⑧), (4) 매장문화재 발굴 업무와 발굴조사경력(①, ⑤)이 각각 상관성이 있는 용어들이다. 이를 잣대로 다시 ⑥과 ⑦을 보면, ⑥의 '발굴조사경력'이란[18] "발굴조사단의 일원으로 발굴조사에 직접 참가한 자료보고서에 명기된 현장조사기간만을 말한다(비고 6)"로 되어 있고, 경력이란 "지표 및 발굴조사에 직접 참가(이하 ⑦현장경력)하였거나, 유물정리작업, 보고서 작성작업에 참여(이하 ⑧ 실무경력)한 기간을 말한다(비고 7)"로 되어 있으므로, 발굴조사경력은 ⑦ 현장경력과 ⑧ 실무경력의 합이라 할 수 있다.[19] 비고 (6-5)와 (7-6)은 모두 기간 규정이기 때문이다.

삭제 조항(학력)의 검토 : <표 6>은 2008 문화재보호법[별표 11-발굴기관이 갖추어야 할 기준(제52조 1항 관련)의 2. 인력기준]과 2011 시행규칙의 조사원 자격기준을 비교하기 위해 작성한 것이다. 굵은 글자로 표시된 것은 삭제된 것이고, 기울임 글자로 표시된 것은 새로 삽입된 조항이다. 우선 삭제된 부분은 이른바 문화재청이 학력우대 조항으로 간주한 결과이다. 2010년 7월 2일 국가정책조정회의의 「학력차별 완화를 위한 학력규제 개선방안」을 따른 결과라는 것이다.

---

18) 발굴조사경력이란 현장경력과 실무경력을 모두 갖춘 것으로 판단된다.

19) 현장경력과 실무경력에 대한 규정은 다음 회신에 따라 규정한 것이다. "조사요원별 자격기준에서는 보조원과 준조사원은 현장경력뿐만 아니라 보고서 작성, 유물 정리 등의 실내작업을 한 실무경력자도 가능하도록 하였으며 다만, 조사원과 책임조사원은 발굴현장을 지휘하여 체계적인 발굴조사를 진행할 능력이 필요하므로 발굴경력만을 인정하게 되었습니다." 문화재청, 「매장문화재 보호 및 조사에 관한 법률 및 하위법령 관련 질의 회신(수신자 : 한국고고학회장)」, 『발굴제도과-3102』, 2011.3.17.

안신원의 보고에 따르면,[20] 당시 국가정책조정회의의 개선방안은 크게 공공부분 인사운용 관련 학력규제 개선방안, 자격증 관련 학력규제 개선방안, 그리고 학력차별화를 위한 제도적 규제 개선방안의 3가지로 대별할 수 있는데, 공공부분 채용과 관련하여 정부의 개선방안은 첫째 전문성이 필요 없는 경우는 학력규제를 철폐하고, 둘째 전문성이 필요한 경우(연구직)는 학력규제를 허용하되, 필요 최소학력을 전문학사 이상으로 완화하고, 자격증이나 경력증을 병행하도록 조치하며, 셋째 가점 부여나 채용직급별 학력요건 부여 등 고학력자의 학력우대 기준을 폐지한다는 것이다. 원칙적으로 학력에 따른 차별을 두지 않음으로써 학력지상주의를 해소하고 궁극적으로 우리 사회를 능력중심 사회로 전환시키고자 하는 정부의 방침은 타당하고 적절하다고 안신원은 평가하였다.

그럼에도 불구하고 학력우대 해소를 위해 삭제하였다는 조항에 대한 문화재청의 해명이 궁색해 보이는 것은 이 원칙이 조사요원별 자격기준에 일률적으로 적용되지 않았기 때문이다. 이를테면 책임조사원의 요건에 매장문화재 전공 박사학위자 '우대' 조항은 학력철폐 원칙에 따라 삭제되었는데, 매장문화재 전공 석사학위자 '우대' 규정은 그대로 유지되었다. 더구나 유독 매장문화재 전공 석사학위자의 기간 규정도 다른 조항과 같이 1년 늘이지도 않았다. 기왕의 2008문화재보호법 인력기준에 따르면, 박사학위는 석사학위자에 비해 겨우 경력 2년으로 대체되고, 책임조사원 규정에 따르면 경력 3년을 인정했을 뿐이다.

위 규정 가운데 국가기관의 학예연구사와 학예연구관에는 학력 조항이 명시되어 있지 않지만, 학예연구사 선발기준에 따르면 관련 학과 석사학위 취득자 이상을 대상으로 하고 있다. 문화재청조차 마찬가지다. 문화재청이 국가정책조정회의의 개선방안을 수용하는 원칙을 세웠다면 학예연구사 선발

---

20) 안신원, 앞의 글, 2011.

요건도 전문학사 이상으로 수정하는 것이 마땅하다. 그렇게 하지 않고 <표 6>과 같이 조사원 자격규정에만 일관성 없이 적용하였다면, 조항 작성의 '자의성'과 무언가의 '목적성'을 의심받지 않을 수 없을 것이다.

그런데 발굴조사의 주요 업무가 발굴성과의 사후 정리과정, 즉 발굴 유물과 유적의 사료화 과정에 있다는 점을 상기하면 학력으로 매도할 수 없는 역사학적 정리능력이 매우 중시된다는 점을 잊어서는 안 될 것이다. 우리가 개인적으로나 국가적으로 역사학적 정리능력, 즉 역사학적 전문성을 키우기 위해 학사, 석사, 박사과정 이수에 얼마나 심혈을 기울였는가를 기억해보면 이른바 학력우대 철폐라는 용어 한마디로 시행규칙을 만든 문화관광체육부가 학력 관련 주요 조항을 임의로 삭제한 것이 얼마나 무모했는지를 지적하지 않을 수 없다. 더구나 같은 이유로, 석사과정 이수기간에는 발굴에 큰 관심을 보이지 말라는 문화재청의 권유도 수긍할 수 없다. 석사 이수는 신규자료 개발능력 함양에 가장 큰 의미를 부여하고 있는데, 발굴현장에 직접 참여하지 않고 매장문화재 관련 신규자료 개발을 어떻게 할 수 있을 것인가? 그렇기 때문에 당연히 학위 취득의 성과는 인정해야 할 것이다. 혹여 대학별 학위심사 결과를 신뢰할 수 없었다면, 석사학위논문이나 박사학위과정 중에 작성한 논문의 등재후보지 이상의 학술지 투고와 게재 결과를 요청하는 것을 권유할 만하다.

한편 임의적인 학력우대 철폐에 휩쓸려 삭제된 주요 조항 가운데 하나가 2008 문화재보호법 보조원 자격규정의 문화재 관련 학과 2년 재학 이상인 자이다. 주지하다시피 요즘 대학교육은 현장경험을 매우 중요하게 여기고 있다. 대학에서 발굴조사에 진출시키고자 하는 학부생들에게는 고고학 관련 수업 3과목(9학점) 이상을 듣게 하고, 학사과정을 이수하는 틈틈이 발굴현장 경험을 권유하고 있다. 2008 문화재보호법에 따르면 전문학사 학위는 현장경력 1년으로 대체되는 규정만 있을 뿐이다. 따라서 4년 일반학사 취득과정에서

2년 재학 이상인 자에 대한 보조원 자격규정은 당연히 부활해야만 할 조항이다.

요컨대 문화재청과 문화관광체육부에서 관련 조항을 제정 혹은 개정하는 위원들이 학력과 학위 이수과정의 전문성 확보를 혼동하지 않기를 기대한다. 학력철폐는 진입장벽을 만들지 말자는 것이지, 현장과 실무를 진행하는 과정에 필수적인 매장문화재 발굴 업무의 전문성을 무시해도 좋다는 것은 아닐 것이다. 학사과정 이수 중의 성적평가와, 석·박사학위논문 심사위원회와 학술지 편집위원들의 심의의 엄격성은 인정받아 마땅하다.

유지 조항(학력)의 검토 ① : 유지 조항의 조사원별 자격기준을 보면, 매장문화재 전공과 문화재 관련 학과가 나온다. 관련 조항에 따르면 "문화재 관련 학과"는,「고등교육법」제2조에 따른 학교 또는 제29조에 따른 대학원에서 매장문화재 전공 학과, 사학과, 미술사학과, 문화재관리학과, 전통건축학과 및 문화재청장이 문화재와 관련이 있는 것으로 인정한 학과이고, 매장문화재 전공은 고고학과, 고고미술사학과, 고고인류학과, 문화재학과, 문화인류학과, 문화유적과 등이다.

위와 같은 구분을 학과군(群)으로 보면, 고고학과 비(非)고고학으로 구별이 되는 것처럼 보이지만, 개설 교과목으로 보면 구별이 안 된다. 예를 들어 연세대학교 사학과 대학원의 경우 고고학 전공자가 있을 경우, 최소 석사과정과 박사과정에서 각각 3과목(9학점) 이상의 고고학 관련 과목이 개설되지만, 서울대학교 고고미술사학과에서의 미술사 전공이나 인류학과에서 고고학 관련 과목은 전혀 없다. 결국 위 조항을 만든 사람은 학과 명칭만 보았을 뿐, 개설 교과목은 검토하지 않았다는 추정이 가능해진다.

또 다른 문화재청의 해석에 따르면, 매장문화재 전공이란 고고 관련 특정학과에서 총 30학점 이상을 이수하고 관련 논문을 제출한 자라고 되어 있다. 엄격하게 해석하면, 서울대학교 인류학과에서 고고 관련 교과목을 전혀 이수하지 않은 채 인류학 석사논문을 써도 매장문화재 전공으로 인정받게 된다. 과연 광의의 문화재 관련 학과와 달리 협의의 매장문화재 전공을 별도로 규정해놓을 필요가 있을까 하는 의문이 생기는 사항이다.

그렇다면 유지 조항의 관련 조문은 어떻게 바뀌어야 할까? 우선 <표 6> 책임조사원 난의 매장문화재 전공이라는 문구는 당연히 문화재 관련 학과로 바꾸어야 한다. 그리고 필자가 제안한 바와 같이 삭제된 관련 조항을 부활시킨다면 그에 따라 현재 삭제 조항에 있는 매장문화재 전공을 전부 문화재 관련 학과로 바꾸는 것이 타당하겠다. 혹자가 조사나 연구대상이 매장문화재라는 특성이 있다는 점을 염려할 경우를 대비하여, 학사과정 때 고고학 관련 수업 3과목(9학점) 이상을 수강하도록 조치하는 것처럼, 비고난에 석사과정, 혹은 박사과정 이수 때 각각 고고학 관련 과목 3과목(9학점) 이상을 이수토록 의무화하는 것이 바람직하다.

요컨대 매장문화재 관련 전문성을 확보하기 위해서는 학과명에 집착하지 말고, 이수 교과목에 관심을 가져야 한다는 것이고, 기왕의 매장문화재 관련 전공의 문구는 전부 문화재 관련 학과로 바꾸어야 한다.

유지 조항(경력)의 검토 ② : 2011 시행규칙 가운데 조사원별 자격규정이 2008 문화재보호법과 달라진 점은 경력 연수가 경우에 따라 1년 추가 요청되었다는 것이다. 이 사안의 검토에 앞서, 2008 문화재보호법과 2011 시행규칙 관련 조항 가운데 정리해야 할 용어가 보조원의 업무 규정이다. 관련 조항 7조의 보조원 업무는 제토(除土 : 흙 고르기), 매장문화재 세척 등 단순업무인 데 반하여, <표 6> 보조원의 자격요건에는 매장문화재 관련 실무경력, 혹은 발굴조사 경력으로 되어 있다. 7조의 보조원 업무를 단순업무라고 한다면, 보조원의 자격요건으로 명시한 경력은 당연히 단순업무를 다시 보조하는 업무(보조원 보조)에 지나지 않을 것이다. 이를 매장문화재 관련 실무경력 혹은 발굴조사경력으로 요구한다면, 조항 규정의 명확성이 떨어지게 된다. 이 문구는 1년 이상의 매장문화재 관련 단순업무경력으로 수정되어야 할 것이다.

그러면 현 조항에서 매장문화재 발굴조사에 진입할 수 있는 학력별·기관별로 보조원에서 조사단장까지 상위 조사원 자격 취득과정은 어떻게 설명하고 있을까? 규정대로 크게 넷으로 나누어 고졸과 전문학사, 이른바 문화재 관련 학과와 매장문화재 전공, 국가기관을 대상으로 살펴보면 다음과 같다.

우선 고졸, 전문학사의 경우를 보자. 고졸, 전문학사가 일단 보조원이 되었을 경우, 이들이 획득할 수 있는 상위 조사원의 상한선은 육상발굴조사기관과 육상지표조사기관의 조사원까지다. 육상발굴기관의 준조사원 자격요건에 "보조원 3년 이상의 매장문화재 관련 실무경력을 갖춘 사람일 것"이 있고, 조사원 자격요건에 "준조사원 3년 이상의 발굴조사경력을 갖춘 사람일 것"이 있다. 그런데 육상지표조사기관에서는 사정이 다르다. 조사원 자격요건에 "준조사원 3년 이상의 발굴조사경력을 갖춘 사람일 것"이 있지만, 준조사원 자격요건에는 "문화재 관련 학과 외의 전문학사학위 이상 취득자이고 5년 이상의 매장문화재 관련 실무경력을 갖춘 사람일 것"이 있다. 그렇기 때문에 전문학사 출신자들은 보조원과 준조사원을 거쳐, 조사원이 될 수 있지만, 고졸 학력자는 준조사원이 될 수 없다.[21] 이로써 고졸 학력자에게 전문학사 취득의 동기부여를 하고 있는 것이다. 이 점이 매우 중요하다. 전문성은 경력과 학적 전문성이 동시에 필요하다는 것이 2011 시행규칙에 내재되어 있는 법적 권유이기 때문이다.

학적 전문성의 권유는 아무리 강조해도 지나치지 않다. 7조 규정에 따르면 준조사원은 "조사원을 보조하여 매장문화재 발굴 업무와 사후 정리과정에 대한 업무 수행"을 해야 하는데, 사후 정리과정이라는 것이 대부분 유물 정리, 즉 발굴된 유물을 분류하여 계통을 세우고, 이에 대해 보고서를 작성하면서 개별 발굴처와, 기왕에 혹은 신규 진행되고 있는 여타 발굴처, 더 나아가

---

21) 일단 수중지표조사나 수중발굴의 경우는 서술하지 않기로 하겠다.

민속학 등 계통을 달리하는 유물들과 문자·문헌 사료들과의 상관성을 파악해야 하는 일이다.

그런데 만약 발굴기관이나 지표조사기관이 현재 법으로 규정되어 있는 학적 전문성을 무시하고 경력 위주로 보조원에서 조사원까지 채용하면, 발굴과 조사는 있되 보고서와 논문은 상대적으로 취약할 가능성이 높다. 그렇기 때문에 오히려 육상지표조사의 경우와 같이 채용 이후 전문학사, 일반학사, 석사 등을 단계적으로 권유하는 방식으로 단계를 만드는 것이 좋을 것이다.

다음, 문화재 관련 학과의 경우는 어떨까? 문화재 관련 학과의 경우 상위조사원 자격 취득 가능성은 경력과 학력 모두에서 생길 수 있다. 우선 육상발굴기관과 육상지표기관, 수중지표조사기관, 수중발굴기관의 준조사원 자격요건은 "문화재 관련 학과의 학사학위 이상 취득자이고 3년 이상의 매장문화재 관련 실무경력을 갖춘 사람일 것"이다. 그리고 조사원 자격요건은 "문화재 관련 학과의 학사학위 이상 취득자이고 6년 이상의 발굴조사경력을 갖춘 사람일 것"으로 규정되어 있고, 책임조사원 자격요건은 육상발굴기관과 육상지표조사기관인 경우에는 "문화재 관련 학과의 학사학위 취득자이고 9년 이상의 발굴조사경력을 갖춘 사람일 것"으로만 되어 있는데, 수중발굴기관과 수중지표조사기관 관련 규정에서는 "문화재 관련 학과 석사학위 이상 취득자이고 6년 이상의 매장문화재 관련 실무경력을 갖춘 사람일 것"으로 되어 있다.

이 규정의 문제점은 전술한 바와 같이 첫째, 2008 문화재보호법 관련 규정(별표 11, 발굴기관이 갖추어야 할 기준)에 비해 발굴조사경력을 일괄적으로 1년씩 늘렸다는 점이다. 그런데 1년을 늘인 이유가 분명하지 않다. 물론 1년 더 경력을 가지면, 경험이 더 쌓이는 바는 부정할 수 없으나 동의하기도 어려운 사항이다.[22)

둘째, 문화재 관련 학과 석사학위 이상 취득인 경우를 수중발굴기관과 수중지표조사기관에만 서술해놓은 것도 이해할 수 없다. 당연히 육상발굴기관과 육상지표조사기관에도 수록되어야 할 것이다.

셋째, 책임조사원 자격요건에서 수중발굴기관 및 지표조사기관에서의 문화재 관련 학과 석사학위 인정 문제는 당연히 조사원과 준조사원의 경우에도 적용되어야 한다. 그렇게 되면 개정 조항은 각각 "문화재 관련 학과의 학사학위 이상 취득자이고 3년 이상의 매장문화재 관련 실무경력을 갖춘 사람일 것(준조사원)"과 "문화재 관련 학과의 학사학위 이상 취득자이고 6년(5년?) 이상의 발굴조사경력을 갖춘 사람일 것(조사원)"이라는 기존 조항과 함께, "문화재 관련 학과 석사학위 이상 취득자(준조사원)"와 "문화재 관련 학과 석사학위 이상 취득자이며 3년(2년?) 이상의 매장문화재 관련 실무경력을 갖춘 사람일 것(조사원)"이라는 규정이 들어가야 한다.

넷째, 학력과 경력의 대체 인정에 관한 규정이 없다. 문화재 관련 학과 석사학위 과정은 4학기 동안 진행된다. 그러므로 대학원 수학 2학기는 당연히 발굴조사경력 1년으로 대체할 수 있어야 한다. 이러한 학력과 경력의 대체 인정 규정이 없기 때문에 관련 조항의 현실성이 떨어진다.

다섯째, 준조사원과 조사원, 책임조사원에 문화재 관련 학과 석사학위 취득자에 대한 규정이 없는 것과는 달리, 매장문화재 전공의 경우 책임조사원 자격규정에 "매장문화재 전공 석사학위 이상 취득자이고 6년 이상의 발굴조사 경력을 갖춘 사람일 것"이라는 규정이 있다. 그런데 매장문화재 전공에는 문화인류학 전공과 고고미술사학 전공이 있다. 문화인류학 전공, 고고미술사학의 경우 석사학위과정에서 인류학과 미술사를 공부해야 하기 때문에 자연히 고고유물을 다루는 과목을 수강하는 경우는 일반대학원 사학과에서 고고 관련 과목과 문헌사 관련 과목을 수강하는 경우와 차이가 없다. 그럼에도

---

22) 이 점은 고졸, 전문학사의 경우도 마찬가지다.

문화재 관련 학과와 매장문화재 전공이라고 해서 양 계열 출신 학자들을 차별하는 것은 올바른 조항이라고 보기 어렵다. 이렇게 되어야만 2011 시행규칙 4조와 부합할 수 있다.[23] 즉 문화재 관련학 전공 혹은 매장문화재 관련 전공 대학원에서 매장문화재의 발굴 및 조사 등과 관련된 학위를 취득한 사람(학위논문 제출자)이면서, 각호에 해당하는 사람이어야 한다는 규정 취지에 부합하는 것이다.

마지막으로 국가 또는 지방자치단체의 기관의 경우는 어떠할까? 2011 시행규칙 별표 3) 조사원자격규정을 보면, 국가 또는 지방자치단체의 기관의 경우 준조사원은 매장문화재 전공 학예연구사일 것이라고 되어 있고, 조사원은 매장문화재 전공 학예연구사로서 발굴경력 2년이라고 되어 있으며, 책임조사원은 매장문화재 전공 학예연구사로서 발굴경력 5년, 혹은 매장문화재 전공 학예연구관으로서 발굴경력 2년, 조사단장 역시 학예연구관으로서 5년 이상의 매장문화재 관련 실무경력을 갖춘 경력이 필요하다.

그런데 학예연구사는 고등교육법에 의해 설치된 4년제 정규대학 또는 이와 동등한 자격을 인정할 수 있는 국내외 대학(교) 및 대학원(이와 동등한 학력을 가진 자 포함)에서 관련 학과를 전공하고 채용예정 분야의 석사학위를 취득한 자 또는 학사학위를 취득한 후 국·공·사립·대학박물관 및 문화재 관련 연구소 등에서 2년 이상 채용예정 분야의 업무와 관련 있는 연구 또는 근무한 경력이 있는 사람(문화재청 국립문화재연구소 행정운영과 작성)이다.

---

23) 제4조(매장문화재 관련 전문가)와 제6조 제5항에서 "문화체육관광부령으로 정하는 매장문화재 관련 전문가"란 매장문화재의 발굴 및 조사 등과 관련된 학위를 취득한 사람으로서 다음 각 호의 어느 하나에 해당하는 사람을 말한다. 1. 법 제24조에 따른 매장문화재 조사기관(이하 "조사기관"이라 한다)에서 제7조에 따른 조사원 이상의 지위로 재직 중인 조사요원 2.「고등교육법」제2조에 따른 학교에서 전임강사 이상의 지위로 재직 중인 교원 3.「문화재청과 그 소속기관 직제」제2조 제2항에 따른 국립문화재연구소 또는「박물관 및 미술관 진흥법」제3조 제1항 제1호 및 제2호에 따른 국립박물관 및 공립박물관에 재직 중인 학예연구사 및 학예연구관 4.「문화재보호법」제71조에 따른 시·도문화재위원회의 위원 및 전문위원.

그러므로 국가 또는 지방자치단체의 기관에 근무하지 않는다는 사항만으로 똑같이 매장문화재 전공 석사학위 이상 취득했음에도 불구하고 6년 이상의 발굴조사경력을 갖춘 사람일 것이라고 규정해놓았다. 1년의 발굴조사경력을 더 요구하는 것이다.

위 조문에는 나와 있지 않지만, 학계를 가장 놀라게 한 사항은 경력 1년이 일수로 365일이라는 문화재청의 해석이다.[24] 전술한 바와 같이 이 해석은 연간 실질 근로일인 247일 이내로 해석함이 마땅할 것이다.

삽입 조항의 검토 : <표 6>에서 신규 삽입된 조항은 준조사원의 "국가 또는 지방자치단체의 기관의 경우에는 매장문화재 전공 학예연구사일 것"이라는 조항과 보조원의 "문화재 관련 학과의 학사, 석사 또는 박사학위를 취득한 사람일 것"이라는 조항이다. 전자는 문화재 관련 학과와 구별하겠다는 조항이고, 후자는 학력우대 철폐에 따른 후속 조치를 담은 조항이지만, 사족에 지나지 않는다.

요컨대 2011 시행규칙의 조사원 자격규정은 학력, 업무와 경력, 경력 기간의 년수(年數)와 일수 등을 엄격히 구별하지 않았기 때문에 생기는 문제였다. 그러므로 해당 조항도 부분 개정됨이 마땅하다.

4. 2011 학술토론회의 성과와 향후 전망

2011년 4월 19일, 한국고고학회 등 8개 학회가 공동으로 『2011년 매장문화재법 시행규칙과 발굴조사 규정에 나타난 두 가지 현안과 해결방안』을 놓고, 문화재청과 함께 학술토론회를 가졌다. 그 결과 문화재청은 관련 조항 개정에 관한 두 가지 대안을 제시했다. 하나는 2011 시행규칙의 조사원 자격규정에 대해 발굴조사원 자격인증제를 도입하겠다는 것이고, 다른 하나는 2011

---

24) 안신원, 앞의 글, 2011.

발굴조사 규정의 '발굴배제'는 상식적으로 이해하는 발굴배제가 아니라, 정밀발굴배제로 바꾸겠다는 것이다. 이 가운데 문화체육관광부가 주관하는 2011 시행규칙과 달리 2011 발굴조사 규정은 문화재청에서 독자적으로 개정할 수 있으므로 빠른 시일 내에 처리되리라고 기대하고 있다.

그런데 또 다른 대안으로 제시된 발굴조사원 자격인증제는 다시 고려하는 것이 좋겠다. 인증제를 도입한다면, 인증을 주관하는 기관 문제,[25] 조사요원별 인증요건 문제 등 오히려 지금보다 우려할 만한 여러 문제가 제기될 가능성이 높다. 사실 필자는 자격인증제라는 새로운 대안보다는 기왕의 자격기준에서 불충분하였던 경력과 업무, 경력과 학력, 그리고 경력·학력의 교차 승인 여부를 진지하게 검토해보는 것이 훨씬 긍정적이라 생각하고 있다.

문화재청의 조언 요청이 있으면, 굳이 8개 공동 주관학회가 아니더라도 많은 관련 학자들이 기꺼이 대안 마련에 나설 것이라 믿는다. 법안을 제정·개정하는 사람들은 항상 관련 조문에 따른 현안이 생길 것으로 가정한다. 문화재보호법의 수많은 제정과 개정은 현안을 지혜롭게 대처하면서 진행한 결과일 것이다. 2011 매장문화재법 시행규칙과 발굴조사 규정에 나타난 현안도 중지를 모아 해결될 것으로 기대하고 있다.

(『역사비평』, 2011 여름호 게재를 재수록)

---

25) 국가기관이 맡을지, 민간 위탁을 할 것인지의 문제이다.

2011 매장문화재법 시행규칙과 발굴조사 규정에 나타난 두 가지 현안과 해결방안

□일시 : 2011년 4월 19일(화) 오후 2시

□장소 : 덕성여자대학교 평생교육원 406호

□공동주관 : 한국고고학회　　　백제학회　　　　　한국상고사학회
　　　　　　한국고대사학회　　한국근현대사학회　한국미술사학회
　　　　　　역사학회　　　　　한국역사연구회

□행사 순서

　개회사 : 송기호(서울대 국사학과, 역사학회 부회장)

　14 : 00~16 : 00 주제발표회

　사회 : 박진훈(명지대 사학과, 한국역사연구회 연구위원장)

　제1주제 매장문화재보호 법령 제정 취지와 현안에 대한 입장
　　　　　발표 : 신희권(문화재청 학예연구관)

　제2주제 조선후기 경작유구(논, 밭) 발굴과 농업사 연구
　　　　　발표 : 염정섭(한림대 사학과, 한국역사연구회)

　제3주제 근대문화유산의 현황과 보존
　　　　　발표 : 윤선자(전남대 사학과, 한국근현대사학회)

　제4주제 조사원 자격기준의 문제점
　　　　　발표 : 안신원(한양대 문화인류학과, 한국고고학회)

　16 : 00~17 : 30 종합토론

　사회 : 노중국(계명대 사학과, 한국고대사학회 고문, 백제학회 회장)

　토론　이종민(충북대　고고미술사학과,　한국미술사학회)
　　　　김범철(충북대　고고미술사학과,　한국고고학회)
　　　　이인재(연세대　원주캠퍼스　역사문화학과,　한국역사연구회　회장)
17：30~18：00　기자간담회

종합토론

노중국 : 이번 매장문화재법 시행규칙과 발굴조사 규정에 나타난 두 가지 현안과 해결방안에 대한 공동 학술토론회에 종합토론 사회를 맡은 노중국입니다. 저는 지금 계명대 사학과에 재직을 하고 있고요, 전공은 한국고대사인데 그 중에서도 백제사를 주로 공부했습니다. 학회와 관련해서는 한국고대사학회 회장을 역임하였고, 현재 백제학회 회장을 맡고 있습니다.

　종합토론에 들어가기 전에 토론에 참석한 분을 우선 소개해야겠네요. 제 우측에 앉아계신 네 분 발표자는 이미 소개되었기 때문에 소개는 생략하고, 토론자로 나오신 세 분을 소개하겠습니다. 제 좌측에 앉아계신 분부터 한국미술사학회의 이종민 선생님, 한국고고학회의 김범철 선생님, 한국역사연구회의 이인재 선생님입니다.

　학문적으로 뿐만 아니라 사회적으로 현안이 되고 있는 문제를 해결하는 방법은 여러 가지가 있습니다. 대화와 토론을 통해 해결하는 것도 하나의 방법이며, 정치적인 방법으로 해결하는 것도 하나의 방법입니다. 학계의 경우도 그러한 범주에서 벗어난 것은 아니었죠. 학회에 따라서 성명서를 발표하기도 하고, 경우에 따라서 항의시위도 하는 등 여러 방법이 동원되었습니다.

　또 하나의 방법은 이번과 같이 관련되는 여러 학회들이 공동으로 머리를 맞대고 논의를 해서 문제를 해결해 보는 것입니다. 이러한 방법은 많이

행해지지 않은 것 같습니다. 오늘 모임은 현안에 대해 학문적으로 함께 접근해서 문제를 해결해보고자 하는 것입니다. 학문적인 관점에서 문제를 해결하는 방법을 모색함에 있어서 오늘 모임은 중요한 시금석이 되는 모임이라 할 수 있습니다.

역사와 관련한 여러 학회가 모여서 공동 행사를 한 사례로는 오랜 역사를 가지고 있는 전국역사학대회를 들 수 있습니다. 이외에 이렇게 많은 학회들이 공동으로 학술 행사를 하는 것은 보기 드문 것이라 생각합니다. 그래서 오늘 이 모임에서 학문적인 접근 위에서 어느 정도의 해결의 실마리를 찾는다면 아주 좋은 선례의 하나를 남기게 될 것이라고 생각합니다.

오늘 문제가 되는 것은 매장문화재와 관련한 부분이죠. 크게 두 가지로 제시되어 있습니다. 하나는 발굴조사 실시기준입니다. 발굴을 할 거냐 말거냐 하는 문제입니다. 다른 하나는, 이 발굴을 담당하는 조사원의 자격이 어떠한 것이냐 입니다. 여기에 앞서 먼저 전제해야 할 것이 있습니다.

첫째는 땅속의 매장문화재는 문헌으로 알 수 없는, 또 구전으로 알 수 없는 우리 역사와 문화를 복원해주는 가장 생생하고 기본적인 자료라는 것입니다. 땅속에 묻혀있는 이 자료, 이른바 매장문화재는 시대를 불문하고 저 위로는 구석기시대로부터 아래로는 오늘날에 이르기까지 우리 역사와 문화를 복원하는 가장 기본적인 자료라는 것입니다. 이것이 학술적으로 활용되기 위해서는 어쩔 수 없이 발굴을 할 수밖에 없습니다. 묻혀있는 한 매장되어있는 문화재이고, 이것이 세상 밖으로 드러날 때 활용이 되는 거죠. 이것은 발굴이라는 형태로 나타날 수밖에 없습니다.

그 다음에 그것이 구제발굴이든, 정식 발굴이든, 도굴이든, 한번 발굴은 영원한 파괴라는 것입니다. 이것은 모두가 잘 알고 있는 사실입니다. 따라서 영원히 파괴되기 전에 최대한으로 얻을 수 있는 정보는 찾아내야 되는 것, 그것이 발굴의 중요한 사명이 되겠습니다. 그러하기 위해서는 발굴자의 지식과 경험이 매우 중요한 것입니다.

오늘 문제가 되는 발굴조사 실시기준을 어떻게 할 것인가와, 이 발굴을 담당하는 조사원 자격은 어떠해야 되는 것인가 하는 것도 '발굴은 영원한 파괴이지만 이 발굴에서 출토된 문화재로부터 최대한의 정보를 획득해야 한다.'는 것과도 연계되어 있습니다. 이와 동시에 또 하나 고려되어야 될 것이 순수하게 학문적인 목적에서 행하는 계획 발굴 이외의 발굴은 용역을 맡기는 개인이든 기관이든 단체이든 돈과 시간이 관계되어 있다는 부분도 무시할 수 없다는 것입니다. 그래서 이 양자를 어떻게 조화시킬 것인가 하는 것이 오늘 함께 고민해야할 또 하나의 부분이 된다고 생각합니다.

이런 전제하에서 오늘 토론을 하도록 하겠습니다. 저에게 주어진 시간이 90분이지만, 가능하면, 합의만 잘 도출되면 빨리 끝날 수 있고요, 계속 평행선으로 가면 곤란합니다. 따라서 논의가 일정한 결론에 도달할 수 있도록 평행선이 조금 안으로 굽혀질 수 있는 그런 시간이 되었으면 좋겠습니다. 주제는 두 가지로 정해져있습니다. 발굴조사 실시기준 문제하고, 또 하나는 조사원 자격문제 이 두 가지입니다. 먼저 발굴조사 실시기준 여기에 대해 토론 시간의 반 정도 쓰겠습니다. 그리고 조사원 자격기준에 대해서 주어진 시간의 나머지 반 정도를 쓰고서 나중에 종합을 하도록 하겠습니다.

그런데 오늘 이 토론의 형식은 발표자한테 질문하는, 이런 것은 아닌 것 같습니다. 기본적인 구도는 문화재 행정을 담당하는 문화재청에서 나온 신희권 학예관이 주로 방어하는 형태가 될 것 같습니다. 신희권 학예관은 질문에 대한 대답을 해야 할 것입니다. 나머지 발표하시는 분이나 토론하시는 분은 기왕에 만들어진 문화재 보호법 내지 관련 규정이 갖고 있는 문제점이 무엇이고, 그 문제점을 해결하는 방법이 무엇인가를 제안하는 이런 형태가 될 것 같습니다. 여기서 제일 큰 전제 조건은 일단 마음을 열어두어야 한다는 것입니다. 문화재청에서 오신 분들도 마음을 확 열고, 학회에서 오신 분들도 마음을 열고서 토론해야 된다는 것입니다.

　두 번째는 이것이 앞으로 개선될 여지가 있다는 것이 전제되어야 할 것 같습니다. 그것이 없다면 계속 평행선으로 갈 수밖에 없습니다. 그렇게 되면 이 학술 모임은 아무런 의미가 없을 것입니다. 그래서 개선될 여지가 있다는 전제하에서 서로 마음을 열고 이야기를 나누었으면 좋겠습니다. 먼저 토론자로 지정되신 분이 세 분입니다. 세 분께서는, 궁금한 것이 있으면 물어보셔도 좋고, 기왕의 발표자들이 제시하지 못한 문제점들이나 해결 방법을 제기해도 괜찮습니다. 그런 점에서는 개인 의견도 괜찮습니다. 그런데 행사진행표에 보면 발표자와 토론자의 소속 학회가 표시가 되어 있습니다. 토론자들은 이 문제와 관련하여 혹시 학회에서 논의되어 얻어진 결론이 있다면 그것을 이야기해도 괜찮습니다. 시간이 많지 않기 때문에 간략하게 해주시기 바랍니다. 이종민 선생님부터 해주시죠.

이종민 : 안녕하십니까. 이종민입니다. 한국미술사학회에 있다고 해서, 사실은 한국미술사학회를 대표해서 학회의 공감하는 말을 다 말해줄 수 있는 위치에 있지는 못합니다. 그러나 제가 고고학 전공은 아니라하더라도 고고학을 통해서 얻어진 많은 물질자료를 통해서 연구를 하고 있기 때문에 공감할 수 있는 여러 가지 생각들이 유사성으로 인해서 그와 관련된 질문을 간단하게 드리도록 하겠습니다.

　우선 제가 궁금한 부분은 <제4조 발굴조사의 실시기준>에 관한 것입니다. 4조 2항에는 제1항에 따라 구체적으로 발굴이 필요한 경우는 '별표 1'과 같다고 했고, 3항에 보면 그럼에도 불구하고 지역적 특성에 따라 발굴이 필요한 경우에 대한 별도의 판단이 필요한 경우에는 문화재위원회의 심의를 거쳐 이를 결정할 수 있다고 했습니다. 즉 '별표 1'이라고 하는 것은 발굴자와 개발주체 모두에게 조사내용의 변별여부가 불필요한 발굴조사를 함으로써 오해가 생길 수 있는 소지를 해소하기 위해서 알기 쉽게 표현한 것으로 이해하고 있습니다.

그런데 이 표를 보았을 때 거기에 들어가 있는 많은 엑스 표에 대해서 일단 고고학계 및 많은 전공자들이 반발하고 있는데 문화재청에서는 이에 대한 답변으로 엑스 표가 되어있다고 해서 반드시 발굴조사를 하지 않겠다는 것은 아니다, 그리고 사안에 따라서는 발굴조사를 할 수 있다는 입장을 취하고 계신 것으로 알고 있습니다. 상식적으로 판단할 때에 발굴조사자나 개발자의 대부분은 표에 근거해서 발굴조사의 적절성 여부를 미리 판단하게 되어있습니다.

엑스 표가 되어있는 유적을 어떠한 근거로 발굴자가 발굴해야하는지, 또 이를 선뜻 받아들일 수 있는 개발자는 그리 많지 않을 것이라고 생각합니다. 그래서 이로 인해서 발굴조사의 필요성이 제기되었을 때 예견되는 상황은, 오히려 발굴조사자와 개발자 간의 분쟁의 빌미를 제공할 수 있는 근거가 된다고 저는 봅니다. 그래서 이 표가 현재 가장 문제가 되는 것 같고 이에 대해서 많은 오해 아닌 오해가 있는 것으로 알고 있는데, 제 개인적인 생각으로는 현재 이 발굴조사를 한정해가지고 일부 위원들이 검토한 뒤에 풀어주는 방식보다는 차라리 예전처럼 발굴조사를 전면적으로 시행하게 하되, 그 중에서 발굴조사를 할 필요성이 굳이 없는 곳을 꼼꼼하게 검토를 해가지고 구분하는 것이 더 바람직한 방향이 아닌가, 그런 생각을 첫 번째로 하고 있습니다. 나머지 이야기는 다음에 계속 하도록 하겠습니다.

노중국 : 두 번째 발표한 염정섭 선생님의 발표문의 맨 끝 부분을 보니 '이 발굴조사 실시기준은 폐지하라'고 이렇게 되어있습니다. 이 선생님도 같은 문제를 제기한 것 같습니다. 그 다음 김범철 선생님께서 토론해 주시죠.

김범철 : 발굴조사 실시기준이 이 조사원 자격기준과 분리된 문제 같습니다만, 사실은 굉장히 연결되어 있습니다. 그래서 이 순서를 엎어서 먼저 자격기준에 대한 질문 몇 가지를 하도록 하겠습니다.

아까 신희권 선생님 발표에서 이 발굴을, 정밀발굴을 해야 되는 판단은 누가 하나라는 문제가 대두가 됐는데, 특히 아까 중후기 경작유구에 대한 이야기가 핵심에 있었습니다만, 기존의 무분별하게 지도위원께서 일관성 없이 지도위원의 의견에 따라서 판단되는 것 보다는 일괄적이고 행정적인 것을 하시겠다고 했는데, 제가 의문스러운 것은 이 재원이라든지 인력 이거 다 될 수 있겠느냐 하는 것이 의문스럽구요, 그러면서 이 지도위원들을 없앴습니다. 없앴는데 그 사회적인 비용을 경감하기 위해서라고 말씀을 하셨는데 그 사회적인 비용이 발굴비 대비, 이익대비 얼마나 되는지 혹시 알고 계시는지, 제가 알고 있는 통계는 있습니다만, 그것은 부정확할 수가 있으므로 우선 여쭈고 싶고요. 그것을 사회적인 비용문제를 자꾸 말씀을 하시면서 문화재청이 사회적 비용을 경감하는 부서로 자꾸 전이를 시켜 하신단 말씀이죠.

저는 오늘 신희권 선생님이랑 굉장히 개인적으로 가깝습니다만, 하나 슬픈 것은 여기에 왜 우리가 이렇게 대립각을 세우고 전선을 형성해야하는 것이냐는 겁니다. 비슷한 위상에 있는 부서로 식약청의 예를 들 수 있습니다. 식약청은 우리 국민의 건강을 보호하는 취지를 가지고 많은 유해한 농수산물, 의약품 등을 막아내는 역할을 하고 있죠. 어떻게 보면 많은 기업들로부터 국민의 건강을 지키는 역할을 합니다. 국민의 신체적인 건강뿐만 아니라 문화재청 홈페이지에도 나와 있듯 정신건강의 대표적인 산물이 문화재인데, 혼이 담겨있다고까지 표현을 쓰시는데, 여기서 왜 이 문화재에 대한 이 훼손에 대해서는 조금 유하신지, 그 이유를 묻고 싶습니다.

노중국 : 상당히 좋은 질문으로 생각됩니다. 나중에 좋은 답변 부탁드립니다.

다음 이인재 선생님.

이인재 : 연세대학교 원주캠퍼스 역사문화학과에 재직 중인 이인재입니다. 문헌사학자로서는 제가 유일하게 참석하고 있는 것 같습니다. 사회를 보시는 노중국 선생님 말고요. 그런데 문헌사학자로서 제가 왜 이 토론회에 참석했는지 그 경위를 설명해드리고 싶습니다. 제가 신문에서 이 사안에 대한 기사를 보고 관계인사분께 "고고학계 등에 여러 가지 문제가 있다."는 전화를 드렸습니다. 전화를 드렸더니 "왜 역사학계 분이 고고학계에 관심을 갖느냐"고 하시더라고요. 마음속으로 많은 상처를 입었습니다.

20세기 전반기 문헌사학자들에게 고고학적 성과는 낯선 자료였습니다. 여러분들도 잘 알다시피 위당 정인보 선생이 1930년대에 광개토대왕릉비문과 「터무니없는 거짓을 바로 잡는 글(正誣論)」 세 편을 한문으로 쓰셨습니다. 모두 고고학적 발굴 성과에 대한 글들인데, 그때 아마 한국인 고고학자들이 있었으면 한국인 고고학자들에게 물어서 진위를 판별하고 국한문 병용으로 글을 쓰셨을 것입니다. 그 생각이 나더라고요.

2008년에 나온 『일곱 원로에게 듣는 한국고고학 60년』을 보니, 20세기 중반만 하더라도 여전히 고고학계가 독자적인 영역 확보에 많은 곤란을 겪고 있었더군요. 해방 후 우리 고고학계 상황은 일본인 고고학자들이 다 떠난 뒤, 몇몇 남은 사람들에 의해서 고고학 연구가 시작되었습니다. 그 후 독자적인 영역이 확보되었지만, 여전히 고고학 연구는 문헌사학뿐만 아니라 미술사학·인류학·민속학 등과 밀접한 관련을 맺지 않을 수 없었습니다. 제가 매장문화재법 현안에 범역사학계가 관여를 해야 한다고 주장하는 이유입니다.

오늘 저희는 우선 2011 시행규칙 가운데, 발굴 실시기준, 그 가운데 발굴배제 대상에 문제가 있다고 해서, 범역사학자들이 모여 토론을 하고 있습니다. 고고학자들도 역사학자입니다. 역사학의 입장에서 본다면, 고고학적 성과들인 유적·유물·유구들은 모두 사료라는 것입니다. 사료를 어떻게 발굴해 나갈 것인가 하는 건데, 사료라고 하는 것은 안목이 있을 때에는 사료로 보이지만, 안목이 없으면 사료로 보이지 않습니다.

아까 문화재청에서 자연도랑, 자연수혈 이런 말씀을 하셨습니다. 여러분들께서도 아마 고고학 공부를 처음 하실 때 전곡리에 가서, 저게 돌인지 석기인지 한참 고민하신 적이 있을 것입니다. 그러므로 처음에 자연도랑이나 자연수혈로 보이더라도 나중에 인공성이 확인될 수 있으니, 신중하게 다룰 필요가 있습니다. 안목과 근거가 생기게 되면 역사적인 사료가 되는 거죠. 결국 역사학적 안목과 근거를 갖출 때까지 신중하게 다루어야 되겠다는 것입니다. 그러므로 발굴배제는 매우 신중해야 하는 것이죠.

지금의 학문 수준에서는 발굴대상으로 간주된 것이, 후대에 한 10년만 지나게 되도 발굴배제 문제가 예전에 발굴할 때의 발굴기술 미비로 생길 수 있는 부분이 혹자에 의해서 혹평을 받는 것처럼, 역사적인 혹평을 받을 가능성이 매우 농후합니다. 그런 점이 있기 때문에 발굴 실시기준 문제도 굉장히 엄격하고 안목을 넓혀야 되겠다, 역사학적 안목이 있어야 되겠다, 이렇게 생각을 하고 있습니다. 그런 의미에서 본다고 하면 아까 염정섭 선생님이 말씀하신 거나 윤선자 선생님이 말씀하셨던 거나 그런 안목들이 결국은 조선후기부터 근현대에 이르기까지의 매장문화에서 나오는 사료들을 어떻게 읽게 되느냐, 안목을 어떻게 갖추느냐 이런 것을 굉장히 중요한 생각들이라고 생각하고 있습니다.

토론문에 나와 있는 바와 같이, 발굴 실시기준의 발굴배제에 관한 제 생각은 다음과 같습니다. 우선 조선후기 논밭유구나 일제강점기 매장문화재를 발굴에서 배제한 것은 문화재청이 역사고고학의 시대 범주를 매우 제한적으로 해석한 결과가 아닐까 생각합니다. 조선후기 논밭유구가 천년 전이 아니라 사백년 전이라고 해서 역사고고학의 연구 대상에서 배제되어야 한다는 전제하에 만들어진 발굴배제 규정은 문화체육관광부나 문화재청의 역사고고학 연구자들이 주로 앞선 시대 연구자들만으로 구성되어 있다는 반증이 아닐까 생각합니다.

 다음 근대문화유산 가운데 일제강점기 매장문화재에 대한 안목의 부재도 지적하지 않을 수 없습니다. 일제강점기 조선총독부는 농지개량부터 시작하여 산업단지 조성, 도시 조성 등 수없이 많은 근대문화유산을 조성해 왔습니다. 아시다시피 지층이나 문화층 개념이 고고학에 도입된 것은 그렇게 오래지 않습니다. 그 이전에는 그런 개념이 없었기 때문에, 그 이전 나름대로 성심성의껏 발굴에 종사했던 발굴성과는 20세기 후반 학자들에게 발굴이 아니라 도굴이라는 냉혹한 평가를 받은 적도 있습니다. 그런데 구석기나 신석기, 혹은 고려나 조선전기까지의 매장문화재만 발굴했던 경험만을 근거로 근대 매장문화재유산을 발굴가치가 없다고 판단한다면, 후대에 문화재 파괴로 평가받을 수 있다는 것입니다.

 사실 오늘 토론회에 기대하는 것은 이런 겁니다. 2010년도 매장문화재에 대한 전체적인 법을 만들고, 이후에 령이 만들어지고, 문화체육관광부하고 문화재청에서 격과 식에 해당하는 시행규칙과 제정고시를 만들었습니다. 시행규칙은 옛날 전통적인 방식에 의하면 격에 해당되는 것입니다. 제정고시는 식에 해당되는 것입니다. 이것을 만약에 오늘 학술토론회를 통해서 개정될 필요가 있겠다고 하게 된다면, 문화체육관광부에서 시행규칙 개정위원회를 만들어 논의를 거쳐 개정하면 됩니다. 문화재청은 제정고시 개정을 좀 더 쉽게 할 수 있을 것 같습니다. 그러므로 오늘 토론은, 관련 조문 개정여부를 판단할 근거를 확인하는 자리가 될 것입니다.

 아까 신 선생님 같은 경우에서는 해설을 첨부하면 되지 않겠느냐고 말씀하셨는데, 해설은 법 내용은 명확한데 이를 이해하지 못하는 사람한테 하는 것이 해설입니다. 그런데 법 내용 자체에 의문이 있다고 한다면, 그것은 해설이 아니라 법을 개정해야 되는 거죠. 그런 판단을 어떻게 해야 될 것인가가 문제입니다. 그리고 이 발굴제외는 발굴유예보다 약한 거라고 설명해주셨습니다. 그렇다면 이 표 자체를 바꿔주셔야 합니다. <표 4>에는 발굴, 선별발굴, 발굴유예, 입회조사, 발굴제외로 되어있는데, 발굴제외가 발굴유예보다 약한 것이라면, 그 순서가 발굴, 선별발굴, 발굴제외, 발굴유예, 입회조사가 되는 것이죠. 그러면 설명이 굉장히 복잡하죠. 그리고 상식적이지도 않습니다. 발굴배제는 발굴배제일 뿐입니다. 그런 부분들이 설명이 안 되고 그걸 해설하시겠다고 하면 문화재청이 굉장히 어렵게 될 것 같습니다.

노중국 : 고맙습니다. 첫 질문이라서 시간을 많이 드렸는데 다음부터는 요약해서 시간을 절약해주기 바랍니다. 발표자의 의견은 발표에서 이미 나왔고요, 토론자의 의견도 토론을 통해 나왔습니다. 결국 제일 문제는 발굴조사 실시기준 '별표 1'이 되겠습니다. 이걸 이대로 시행하는 것은 문제가 있다는 것입니다. 그래서 발표자 한분은 '이런 건 철회되어야 한다'고 하였고 다른 분은 '조정을 해야 한다'고 하였습니다. 이것이 토론자들의 생각인 것 같습니다.

'별표 1'에서 논란의 핵심은 조선후기나 일제강점기 유적을 어떤 시각에서 보느냐 하는 것입니다. 이 문제에 대해서는 보는 시각이 서로 다를 수가 있기 때문에 논란거리가 되겠습니다. 그럼에도 불구하고 조선후기나 일제강점기 유적도 오늘날 우리의 역사와 문화를 재구성하는데 중요한 자료라 하는 것 그 자체에 대해서는 이론이 없으리라 생각됩니다. 여기에 대해 신 선생님이 해명해야 할 부분이 있으면 말씀해주시고, 설명할 수 있는 부분이 있으면 설명해주시고, 또 받아들일 수 있는 제안은 또 받아들인다는 말씀을 해주셨으면 감사하겠습니다.

신희권 : 아무튼 오늘 제가 모두 발표 때 말씀드렸던 것처럼 어쨌든 이 자리는,

여러 선생님들께서 하신 말씀을 다 경청하라고 마련된 자리로 알고 있습니다. 그래서 저도 제가 드릴 수 있는 부분은 말씀을 드리되, 법이라는 건 향후 계속 바뀌는 것이라는 점을 전제로 하겠습니다. 62년 문화재 기본법 만든 이후로 50년 됐는데 이미 33번 수정을 했다고 말씀드렸죠. 아마 시대가 요구하고 사회가 요구할 때는 그런 법들은 그 요구에 맞춰서 바뀔 수밖에 없다고 생각합니다. 그런 차원에서 충분히 저희들이 개선할 수 있다고 생각하는 것은 개선하겠습니다.

다만 원론적으로 이인재 선생님께서 말씀해주신 그런 부분들은 저희가 다 공감을 하고 있고요, 아마 저 뿐만 아니라 문화재청에서 행정하시는 분들도 그런 부분들에는 공감을 할 거라고 생각합니다. 다만 문제가 되는 것은, 그 원론적인 부분이 아니고 그것에 대한 가치를 어떻게 부여해서 평가를 할 것이냐 인 것 같습니다. 모든 땅속에 있는 문화재 다 중요하죠. 다 중요하고, 그것이 고고학자에게는 1차적인 사료라는 것은 너무나 명확합니다. 그런데 사료에도 중요한 사료가 있고, 덜 중요한 사료가 있을 거라고 저는 생각을 하는데, 이번에 만든 발굴조사 실시기준은 그 나름대로의 그러한 가치를 부여해서 과연 전체를 다 발굴할 필요가 있는 것인지, 아니면 굳이 전체를 다 발굴하지 않더라도 전체를 발굴한 것과 유사한 내지는 근접한 그런 정보를 얻을 수 있는 것인지, 거기에 대해서 논의를 하자는 겁니다.

그 부분은 특별히 경작유구에 관련된 내용들이 문제가 되고 있는데요. 잘 아시는 것처럼 경작지는 굉장히 넓습니다. 면적도 넓고요, 또 시대적으로 중복이 심합니다. 따라서 보존 상태나 이런 것들이 우리가 기대했던 것보다 양호하지 않을 수도 있습니다. 아까 염정섭 선생님 발표하신 부분에서 저는 원론적으로 그 부분은 다 맞다고 생각합니다. 기본적으로 농서나 다른 사료에 기록되지 않은 것들을 실제 발굴하면서 얻을 수 있는 정보도 있습니다.

그렇지만 그러한 발굴을 통해서 얻어낼 수 있는 정보하고, 기존의 사료나 다른 연구서를 통해서 얻어냈던 정보를 비교했을 때 과연 발굴에서 얻어낼 수 있는 정보가 얼마나 막대한 영향을 끼칠 수 있을 것인가? 그 부분에서 경작유구라는 것은 다분히 효용성이 떨어진다고 판단을 한 겁니다.

예를 들어서 대단위의 경작지가 있는데 그것을 다 팠을 때에는 물론 우리가 원하는 정보를 좀 더 많이 얻을 수 있을 거라곤 생각을 합니다. 근데 그것을 1/10만을 파더라도 다 팠을 때의 원하는 정보를 얻을 수 있다고 하면 굳이 나머지 9/10를 다 팔 이유가 있느냐? 발굴이라는 것은 또 다른 파괴라는 건 방금 우리 회장님께서도, 토론을 주재하시는 노중국 선생님께서도 말씀을 해주신 것처럼 기본적으로 매장문화재는 파는 순간 다 훼손을 전제로 하는 것인데요. 과연 발굴을 해서 얻어낼 수 있는 정보가 어디까지냐 하는 판단을 할 때 저희는 기본적으로 아까 이종민 선생님께서 도 할 것을 다하고 필요 없는 것을 제하면 되지 않겠느냐는 것과 비슷한 관점인데요. 만약 표본조사나 시굴조사에서 정확한 판단이 이루어진다면 그 판단을 근거로 최소의 어떤 사회적 비용을 가지고 정보를 얻어내자, 고고학적으로. 그런 차원에서 조선후기는 경작유구를 일단 정밀발굴에서 는 제외한 거구요.

일제강점기 유적 중요합니다. 일제강점기 유적 중요한데, 과연 모든 일제 강점기에 해당하는 지층을 다 파서 거기서 얻어지는 거기서 혹시나 걸릴 수 있는 아주 중요한 정보 하나를 가지고 우리가 근대사 연구에 도움을 줄 것이냐, 아니면 기존에 이미 연구되어있는 근대사 연구자료 중에 혹시 발굴로 인해서 얻을 수 있는 정보가 있다면 그 부분을 발굴이라는 방법을 통해서 확인하는 것, 선후의 문제라고 저는 생각을 하는데요. 그런 측면에서 저희는 일단은 부분적으로 선별적으로 진행을 하는 것이 전체적으로 효율적이지 않을까라고 판단을 했던 것입니다.

그리고 그 발굴 실시기준에서의 또 명확하지 못한 부분은 저희들이 바로 수정작업을 하고 있습니다. 그래서 아까 발표 때에도 말씀드렸지만 지금 제목에 대해 제시되어있는 발굴조사 실시기준은 엄밀하게 말씀드리면 정밀 발굴조사 실시기준입니다. 그래서 발굴도 정밀발굴로 바꿔야 되고요. 발굴제외도 정밀발굴 제외로 바꿔야 됩니다. 다만 발굴유예만 정밀발굴이 아니라 기본적인, 그 염정섭 선생님 말씀하신 지표조사 결과 문화재 보존조치를 통보할 때에 해당하는 발굴, 아예 그러니까 표본이나 시굴조사를 하지 않는 그러한 발굴로 한정을 합니다. 그러니까 발굴조사 실시기준은 정확하게는 정밀발굴조사 실시기준으로 바꾸도록 하겠습니다.

노중국 : 문화재청의 입장이라던가, 문화재를 누가 판단할 것인가의 문제는 간단하게 처리할 수는 없을 것 같은데….

신희권 : 그러면 결과적으로는 표본조사나 시굴조사에서 정확한 판단을 내리는 것이 관건이 되는데요. 기존에는 그러한 모든 작업들을 조사기관에서 선정한 학자들로 구성된 지도위원회에서 판단을 했습니다. 그리고 그 지도위원회 결정은 거의 100% 문화재청에 행정으로 반영이 되어서 실제로 시굴조사에서 발굴로 전환하고, 얼마를 더 팔 것인지 어느 정도 기관과 예산을 들여서 팔 것인지에 대한 바로미터가 되었습니다. 그런데 그러한 기준에 따라 실시된 발굴 결과 사회적으로는 납득하기 어려운 결과들이 많이 양산이 되었습니다.

예를 들어 시굴조사에서는 분명히 나름대로의 발굴에서 나올 수 있는 유구의 범위를 판단할 수 있을 텐데 그러한 판단을 가지고 정밀발굴로 전환을 했을 때 정밀발굴에서 전혀 유구가 나오지 않는다거나 유물이 발견되지 않는 그러한 결과들이 상식선을 초월해서 요즘 그러한 결과들이 나오고 있습니다. 제가 일부러 그러한 데이터나 이런 것들은 듣고 싶지도 않았고, 사실 과내부에서는 오늘도 그 데이터를 전부 가지고가서 제시하는 것이 낫지 않겠느냐고 얘기했지만 실제로 땅 속에 있는 어떤 미지성 때문에 정말 파보지 않고는 어렵다는 한계 때문에 그 부분까지는 제가 뭐 하지는 않겠습니다.

다만 그러한 문제들이 비롯된 것이 지도위원들의 정말 어떤 학문적인 역량이 부족해서 이냐? 그렇게도 볼 수도 있겠지만, 그렇지 않은 그 나름대로 지도위원 구성 자체나 이런데서 다른 문제가 개입될 수 있다는 판단 때문에 앞으로는 조사기관에서 선정했던 지도위원을 문화재청에서 직접 선정해서 그 유적과 그 지역을 가장 잘 아는 분들로 전문가 검토회의를 하겠다는 겁니다.

그 재원과 인력도 걱정해주셨는데요. 저희가 그 재원 인력을, 인력은 똑같습니다. 어차피 고고학 하시는 분들을 외국에서 수입할 수는 없기 때문에 기존의 인력을 활용할 수밖에 없지만 어떤 분들을 모실지는 저희 청에서 판단하겠다는 것이고, 그러한 재원들은 이미 확보가 되어있습니다. 그런 차원에서 저희가 불필요한 발굴내지는 보다 과장된 발굴로 파생된 사회적 비용이 상당하기 때문에 저희 고고학계가 외부로부터의 엄청난 압력에 시달리고 있습니다. 이번 발굴조사 실시기준을 포함한 법령 개정·제정에 그 이유가 바로 이것입니다. 고고학계를 제외한 외부의 요구가 저희들이 상상하는 이상으로 굉장히 강하고 훨씬 더 거대합니다. 그런 차원에서 저희가 최소한의 어떤 기준을 제시함으로써 그러한 것들과 상쇄시킬 수 있다면 이러한 나름대로의 기준이라도 제시할 필요가 있다는 차원에서 발굴조사 기준은 만들어졌습니다.

노중국 : 지금 신희권 선생님이 '표에 나오는 용어를 바꾸겠다, 발굴도 정밀발굴, 발굴제외로 표기하였는데 이것도 정밀발굴제외 이렇게 표현을 하겠다'고 했는데요. 혹시 신 선생님 답변에서 문제를 제기하실 분이 있으면

해주세요.

김범철 : 아까 제가 완곡하게 말씀을 드렸습니다만, 문화재청은 사회적 비용을 지출하는 부서입니다. 자꾸 사회적 비용을 세이브하기 보다는…이번 문화재보호법 개정이 어떤 정부의 방침, 또 사회적 요구를 수렴하기 위해서 했다고 하시는데 사실 우리는 G20 의장국이었죠. 국격이 있습니다. 사회적 비용의 상당부분은 지출을 해도 됩니다.

그리고 고고학 자료라는 것이 이건 상식적인 얘기입니다만, 과거 물질문화의 굉장한 편린이거든요, 극히 조금입니다. 이것을 선별적으로 하고 안하고를, 중요성을 판단한다는 것 자체가 굉장히 원론적으로 의식이 가지만….

그 다음에 경작유구는 다중의 층위를 이룬다고 말씀을 하셨습니다. 만약에 조선시대 경작유구 밑에서 구석기 층이 나온다면 어떻게 하실 겁니까? 청동기시대 유구가 나오면 어떻게 하나요? 그 위에서 일제시대 이후 현대 논층이 쌓여있는 그 중첩만 생각하시지 말고 밑에서 쌓여있을 층도 한번 생각해보시면…. 이것이 의문스럽구요. 그 제가 이 표현은 안 쓰겠습니다만, 사회적 비용을 대는 입장을 굉장히 고려해주시는데 그 사람들의 반응을 한번 생각해보세요. 자꾸 학계의 반응이라든지 조사기관의 반응을 생각하시지 마시고, 그 사람들이 이 발굴보고서를 보면 맨 위에서 조선시대 경작층이 나오면 그 다음에 표본조사를 하던지 시굴조사를 하자고 할까요? 전혀 안 그럴 겁니다. 예상되는 테가 있는데 그 테도 충분히 고려가 되어야 하지 않을까 싶습니다.

노중국 : 대답할 부분이 있으세요? 간단하게….

신희권 : 사회적 비용을 쓴다는 부분은 잘 이해가 안 되는데요. 사회적 비용은 문화재청이 쓰는 것이 아니고요, 온 국민들이 부담하는 것입니다. 잘 아시는 것처럼 지금 발굴은 원인자부담, 시행자부담으로 되어있기 때문에 그 비용 자체는 온 국민이 부담하는 것입니다.

그리고 국격을 말씀하셨는데요. 제가 발굴조사 실시기준을 만들 때 외국 사례들을 참고했다고 말씀드렸습니다. 프랑스·그리스·일본사례들을 말씀드렸는데요. 프랑스나 일본은 G20이 아니라 G7정도에 들어갈 것입니다. 저희보다 국격이 높기 때문에 우리가 무조건 그것을 따라야 한다는 것은 아니고요. 그렇게 높은 국격을 가진 선진국에서도 매장문화재에 대한 정확한 정의와 발굴 대상을 가지고 있습니다. 그것을 기준화해서 적용을 하고 있는 것이죠.

그런데 우리나라는 그런 것들이 다소 모호하게 적용되어 왔고, 또 조사기관에서도 위에서 있으면 안 판다로 말씀하시지만 저희들이 시굴조사 하는 목적은 위에서부터 아래까지 어떤 층이 분포하고 있는지를 정확하게 판단하자는 것입니다. 그리고 조선후기가 맨 위에 있고 구석기층까지 있다면 그건 당연히 층층이 발굴을 하는 것입니다. 그건 발굴 안 하겠다고 하는 것은 아니고요.

노중국 : 예. 염 선생님.

염정섭 : 예, 신 선생님이 말씀해주셨는데, 경작지에 관련해서 이것을 문헌에서 얻은 연구 성과들과 발굴에서 얻은 결과들 사이에서 비교를 하면 효용성이 떨어진다고 말씀하셨는데, 그것이 지금 경작유구가 몇 건이 출토가 됐고, 그것에 대한 연구가 어떻게 진행됐는지 전혀 알 수 없는 상황에서 말씀을 하신 것 같고, 이 경작지라고 하는 것은 제가 발표문을 준비할 때 사실 농업사 연구에 관련된 것을 굉장히 넣다가 뺐습니다. 이것은 시급한 현안에 대한 질문이고 이런 정도로 농업사 연구와 경작유구의 중요성을 설명하면 충분히 이해가 가능하다고 생각했었습니다.

지금 조선시대의 농사짓는 방법에 대해서 농서에는 언급이 되어있죠. 그런데 실제 경작지에 비해서 농서에서 언급하는 것은 사실 몇 종의 전토의 형태라든지 이런 겁니다. 그런데 다른 자료들을 보면 경작지가 층층이 형성되는 과정도 보여요. 강변에 새로운 이생지라는 게 생기고 거기를 갈대밭으로 개간을 해서 갈대를 키우고, 다시 전답으로 만들고, 이것이 다 문헌자료에 나와요. 그런데 그것을 경작유구를 발굴하면서 실물로 확인할 수 있는 거죠. 그렇기 때문에 경작지라고 하는 것은 지역적으로 특색이 있는 거예요. 지형 속에서도 특색이 있고. 이것이 대규모로 발굴이 된다고 해서 일률적으로 볼 것이 전혀 없습니다.

그리고 주위에 발굴조사 실시기준을 정밀발굴조사 실시기준으로 바꾼다는 이름만 바꾸려는 것이 아니라, 그 내용을 바꿔야 합니다. 그 엑스 표라고 한 것이 실제로 단서가 있는가? 어떠한 근거에서 만들었는지를 따져 봐야한다는 거죠. 새로 고쳐야 됩니다. 새로 만들어야 되는 거지, 이를 이름 바꿔서 해결될 문제가 아니라고 생각합니다.

노중국 : 저도 이 표에서 발굴제외라는 표현을 처음 봤을 때 이것은 완전히 발굴을 안 하는 것으로 생각을 했습니다. 고고학을 잘 모르는 저는 문헌을 가지고 공부하고 있는데 이 표를 보고 그렇게 인식을 하였습니다. 정밀 발굴을 하지 않는다고 했을 때 구체적인 내용은 어떤 형태로 담길 수 있는 건지, 신 선생님께서 간단하게 설명해주시면 감사하겠습니다.

신희권 : 저희가 기준 밑에 비고를 해서 '발굴제외에서 발굴이란 표본조사 또는 시굴조사에서 확인된 유구에 대하여 정밀 발굴을 하는 것을 말한다.'라고 해서 밑에 설명을 드렸어요. 그 발굴이 처음부터 안 판다는 게 아니라 표본조사, 시굴조사 이후에 필요에 따라 정밀발굴은 전환하지 않는다는 의미라고 설명을 드렸는데, 그럼에도 불구하고 제목이나 범례에는 정밀이라는 게 생략되어 있어서, 그런 부분에서는 오해의 소지가 있기 때문에 저희가 정밀이라는 것을 넣어서 분명하게 하겠다는 거구요.

그 다음에 그러한 용어의 문제가 아니라 근본적으로 아예 내용자체를 바꿔야 된다는 말씀을 지금 하시는 거거든요. 저는 사실 그 경작유구를 잘 모릅니다. 잘 모르지만, 경작유구를 발굴했던 보고서들은 많이 볼 수가 있습니다. 그러한 보고서들을 봤을 때, 혹시 우리가 그 보고서를 가지고 지금 염 교수님께서 말씀하신 것처럼 정말 농서보다 더 자세한 그런 상황을 현지에서 볼 수 있느냐? 라는 부분이 상당히 의심스럽다는 얘기입니다. 백제 미사리 밭도 말씀하셨는데, 미사리 밭은 제가 직접 학교 다닐 때도 가서 봤던 곳입니다. 저희들이 미사리 백제 밭을 파가지고 확인할 수 있었던 건 이랑과 고랑의 폭 정도입니다. 그런데 그 이랑과 고랑의 폭을 과연 발굴할 때 그 당시의 이랑과 폭이 발굴해서 나온 결과와 일치하느냐라는 부분도 심각하게 고민을 해야 됩니다. 왜냐하면 현재 모든 경작유구에 대한 발굴조사 보고서를 한번 보시면 이랑·고랑은 구분하지만 어느 선에서 제토가 끝났느냐에 따라서 이랑과 고랑의 폭은 완전히 달라질 수 있습니다. 맨 윗선에서 제토를 했을 때에는 이랑은 굉장히 좁아지는 것이죠. 그것을 바닥까지 내려갔을 때에는 고랑 빼고 나머진 다 이랑입니다. 그것은 엄밀히 말하면 이랑이 아니라 이랑의 맨 윗부분 생토입니다.

그런 보고서를 과연 얼마나 우리가 신뢰할 수 있을 것인가? 그런 부분들에서는 사실은 기존의 농업사 하시는 선생님들이나 농업연구하시는 분들이 알고 있는 정보를 뛰어넘기가 어렵다는 판단입니다. 왜냐하면 경작유구 자체가 아까 말씀드렸던 것처럼 계속되는 중복되는 경작으로 인해서 개간이 심하게 돼서, 원래 있던 층이 100% 남아 있다는 전제가 된다면, 즉 교수님 말씀하신대로 저희가 정말 아주 중요한 자료를 많이 얻을 수 있을 것입니다.

그런데 상대적으로 가능성이 낮고 그래서 최근에 경작유구를 통한 발굴보고서에서의 성과라는 것은 정말 조사된 이후, 제토된 이후의 도랑·이랑 폭과, 그 다음에는 분석 작업으로 플랜트오팔 정도를 실시해서, 과연 어떤 작물을 심었을까 정도가 지금 고고학에서 이루어지고 있는 발굴의 대부분이라고 판단을 했기 때문에, 그런 정도의 판단이라면 기존의 농업사 연구하시는 선생님들보다는 더 우리가 얻어낼 수 있는 정보가 많지 않다. 특별히 제공해드릴 정보가 더 많지는 않을 것이라는 생각이 듭니다. 솔직하게는….

노중국 : 거기에 대해서는 토론자 선생님들이 아마도 여러 가지 다른 생각들이 많이 하고 있을 것 같은데요. 혹시 발굴 실시기준과 관련해서 말씀해주실 분은…예, 김 선생님.

김범철 : 죄송합니다만 제가 말씀을 드리는데요. 사회적 비용이 국민 전체부담이라고 자꾸 말씀하시는데, 신 선생님께서 아까도 말씀하셨다시피 수익자가 대는 겁니다. 흔히 말하자면 시공사가 되는 거죠. 그것은 국민 대중을 시공자와 동일시하는 말씀을 자꾸 하셔서 제가 되도록 이면 안하려고 했는데, 오해하시는 것 같으면 분명히 해야 될 것은 사회적 비용이 아니라 시공자의 부담입니다.

그리고 이랑·고랑으로 문제를 전위를 시키셨는데, 염 선생님 발표에 중요한 부분이 밭의 형태 문제도 있었습니다. 일부를 발굴하고 밭 형태를 알 수 있는 사람이 있습니까? 그것은 조금 문제가 있지 않을까 싶고요. 그 다음에 이 발굴 실시기준에 자꾸 경작유구가 문제가 되는데 아까 윤선자 선생님께서 좋은 발표를 해주셨는데요, 대상이 되는 경작유구보다 시대가 더 떨어지는 유구도 있다 말입니다. 이것은 시행자가 어떻게 생각할지, 시공사가 어떻게 할지를 생각해보면 당연히 다 제외가 돼야 하는 거예요. 시대를 이미 조선시대 후기로 이야기했기 때문에.

그리고 제가 참고서가 굉장히 많아서 제 얘기는 안하겠습니다만, 아까 그 일본의 중세가 언제까지 입니까? 일본사 안계십니까? 중세는 메이지유신 이전 아닙니까? 조선시대 후기보다도 훨씬 시대가 떨어지는 거 아닌가요? 제가 뭐 무식한 사람이어서. 근세죠. 그렇다면 시기문제해서, G7국가 뭐 얘기하셨지, 사실은 필요한 조항만 흡수하셨지, 일본 얘기에서도 전반적으로 하신 게 아니라는 걸 말씀드리고 싶습니다.

노중국 : 혹시 또 질문 하실 분은 계시는지요. 토론을 시작하기 전에 말씀드렸습니다만 이번 토론의 주제는 발굴조사 실시기준 하고 자격문제로 나누어져 있습니다. 이 두 주제는 사실은 연결되어 있습니다. 그러나 토론은 일단 분리하여 진행하고 있습니다. 사실 이 문제에 관련한 토론은 단순한 학술 토론은 아닙니다. 때문에 앞에 토론자로 나와 있는 분들만 관심이 있을 뿐만 아니라 청중석에 앉아 계시는 분들도 관심이 많으리라 생각합니다. 발굴 실시기준의 '별표 1'과 관련된 사항 중에서 혹시 좋은 안을 개진해 주실 수 있는 분이 있으면 한 두 분 정도 질문 받도록 하겠습니다. 질문을 하거나 혹은 의견을 개진하실 때에는 간단하게 해주셨으면 감사하겠습니다. 소속과 이름도 같이 말씀해주십시오.

청중 1 : 저는 고고학에 관심이 많은 일반인이구요. 저도 전문적으로 하는 일이 있습니다. 그런데 제가 볼 때는 여기서 사회 보시는 선생님이나 이인재 선생님도 역시 고고학이나 이쪽에, 이렇게 비교할 때는 일반인이라고 할 수 있겠죠. 그런데 그런 분들이 굉장히 필요하다는 생각이 들어요. 왜냐하면 프랑스의 경우는 전문가 선생님들이 이렇게 발표를 할 때 꼭 일반인들이 참여하도록 해서 의견을 개진하고, 뭐 그럴 수 있게…

노중국 : 이런 모임이 괜찮다는 거죠?

청중 1 : 예.

노중국 : 감사합니다. 혹시 다음? 예.

청중 2 : 저는 고고학자도 아니고, 문헌사학자도 아니지만, 문화재 관련 시민단체에서 일하는 입장으로서 앞에서 한 토론에 대해서 느낀 점을 말씀해드리겠습니다. 제가 언론보도, 아까 김태식 기자도 들어오던데. 일부 언론보도에서 보니까 고고학계 내분이 난 것 같다는 그런 기사도 보이고 하는데요. 그런데 지금 토론회가 신희권 선생님 혼자 뭇매를 맞고 있는 것 같은 그런 느낌을 받았는데. 그런데 제가 듣기로는 이 법이 만들어지기 전까지 연구용역을 줘서 일부 학자들이 용역을 바탕으로 해서 이 법이 만들어진 것으로 알고 있는데, 왜 혼자만 나와서 이야기를 하시는지도 모르겠고요, 박순발 선생님이나 몇 사람 있는 것으로 알고 있는데…. 또 한 가지는 아까 안신원 선생님 얘기 중에 학부과정을 경력에 포함시켜야 된다고 말씀하셨습니다.

노중국 : 아, 그 부분은 뒤에 하도록 하겠습니다. 왜냐하면 그 주제와 관련하여 아직 얘기가 진행이 안됐기 때문입니다.

청중 2 : 아, 아까 분명히 나와 있는데.

노중국 : 지금까지의 토론에서는 아직 그 부분이 안 들어갔습니다. 앞부분에서는 시간이 없기 때문에 그 내용은 뒤에 할 수 있도록 하겠습니다. 제가 토론을 하기에 앞서 여러분에게 말씀드리겠는데, 오늘 모임은 문화재청의 기준이 잘 됐냐, 못 됐냐 하는 책임을 추궁하기 위해 마련된 자리가 아니라는 것입니다. 발굴 실시기준과 조사원 자격 문제는 많은 관련 학자들이 성명서 등을 내고, 반론을 제기하고 해서 사회적 현안의 문제로 되었습니다. 이것을 어떻게 하면 중지를 모아 좋은 방향으로 해결해 나갈 수 있느냐 하는 방법을 모색하기 위해 이 자리가 만들어졌음을 염두에 두셨으면 감사하겠습니다.

이상길 : 경남대학교 이상길입니다. 신희권 선생님 혼자 나오셨습니다만, 문화재청이 힘이 세기 때문에 뭇매를 맞는 것은 아니라고 그렇게 생각합니다. 그리고 정밀발굴, 자꾸 이렇게 말씀하시는데 이건 좀 말장난입니다. 발굴을, 그것을 다시 정밀발굴로 고친다는 것은 의미가 없습니다.

　잘 아시는 것처럼 표본조사나 시굴조사는 면적이 극히 일부입니다. 전체 조사면적의 1%, 이런 식으로 범위를 제한하고 있습니다. 1%를 해가지고 그 밭의 구조나 내용을 알 수 있느냐. 그것은 사실 불가능합니다. 그런데 있다는 사실만 확인하고 조사를 안 하겠다는 이렇게 얘기하는 것이 맞겠죠. 그 표에 보시면 굴착, 성토의 경우도 경작유구는 안한다, 굴착은 아시는 것처럼 땅을 파가지고 암반이든 뭐든 완전히 없애는 겁니다. 굴착을 하는 경우에도 조사를 안 한다는 것은 정확히 말하자면 그것은 유적이 아니라는 것입니다. 아무것도 아니라는 거죠. 파서 없어지는데도 발굴을 안 한다, 이것은 유적이 아니라는 것과 마찬가지입니다.

그 다음에 이 기준안을 가지고 이야기 하는 것에 대해서 신희권 선생님이 말씀하셨던 것처럼 사실은 불필요한 발굴, 과장된 발굴의 예를 문화재청은 그 전부터 그런 이야기를 많이 했습니다. 지표조사에서 뭐, 그렇지만 결국 문화재청이 내려 보낸 이 표에 의해서 소위 말하는 빈대 잡는다고 초가삼간 태우는 꼴입니다. 누가 이 표를 보고 발굴한다고 생각을 하는 사람이 있겠는지? 그런 점에서 이는 정말 신중히 검토하자는 얘기입니다.

지금 이렇게 내놓고 “정밀발굴로 바꾸고, 뭐 바꾸겠다.” 이런 정도가 아니고, 예를 들어서 여기 표에 보시면 성토해서 성토 2m이상, 영구시설물 설치, 댐이나 도로, 철도건설 등의 경우에도 조선후기 경작유구를 비롯한 많은 유구를 발굴하지 않도록 되어 있습니다. 농지개량 성토나 성토 후 공원조성의 경우는 그 성토 높이가 얼마인지도 모르면서 무조건 조사하지 않는 것으로 되어 있습니다. 단기적치 성토는 단기라는 기간이 얼마인지도 명시되어 있지 않습니다. 건설공사가 분명한데 조사하지 못하는 부분이 있다는 것을 학계에서 지적하고자 하는 것인데, 그렇다면 정말로 무슨 말장난 같은 이야기로 이렇게 저렇게 하겠다, 이런 소리를 할 게 아니라 정말로 같이 의논하겠다, 이렇게 하는 것이 맞다고 생각합니다.

그리고 저도 개인적으로입니다만 문화재청을 성토하려는 것이 아닙니다. 이 성토는 흙을 쌓는 성토가 아니고…(웃음) 문화재를 지키고 보호하자 재대로 조사하자 이런 것이지 사고치는 사람 있는지 다 압니다. 왜 모릅니까?

그 사고치는 사람들 때문에 제도를 이렇게 만든다는 말입니까? 그건 아니라고 생각합니다. 결국은 운영하는 사람의 문제 아닙니까?

노중국 : 예. 이 문제는 달리 답변이 필요하지는 않을 것 같습니다. 다만 청중께서 말씀하신 내용은, 발굴실시 기준은 보다 더 정교하게 내용들을 만들어야 하지 않겠느냐, 지금 이 상태로 가면 발굴을 의뢰하는 쪽에서는 웬만하면 발굴을 안 하는 식으로 나갈 수 있다, 아무리 필요하고 가치가 있는 유적이라 하더라도 이 표에 의하면 발굴 안 해도 된다고 해석될 수 있고 또 그렇게 될 수 있는 가능성이 높다, 또 발굴을 막상 시작했는데 이것이 조선후기 논밭 유적이면, 발굴을 스톱해야 하느냐 등을 지적한 것입니다. 문화재청에서는 간단하지 않은 여러 가지 문제들이 실제 현장들에서 일어날 수 있다는 점을 염두에 두어야 할 것 같습니다.

김장석 : 경희대학교 사학과 김장석입니다. 신희권 선생님께 질문 하나 드리겠는데요. 다른 얘기는 다 되었습니다만, 발굴제외라는 부분이 문화재청에서 판단해서 전문가 검토회의를 통해서 발굴할 수 있으면 하겠다는 얘기라고 하셨죠?

신희권 : 정밀발굴⋯표본하고 시굴조사⋯.

김장석 : 예, 선별발굴과 어떤 차이가 있는지? 문제는 이 표에서는 선별발굴과 발굴제외를 확실하게 구분하고 있는데, 그러면 선별발굴에 해당하는 것이 발굴제외와는 아마 다른 뜻이 있으셨기 때문이라는 생각이 들고요, 사실 발굴제외냐 아니냐를 갖다가 판단하실 때에는 전문가 검토회의를 하는 걸로 되어있고, 지금 이 법이 발효 중입니다. 그런데 그 법 발효 이후에는 전문가 검토회의가 현재 진행되고 있는 현장에서 일어난 적이 한 번 있는지 궁금합니다.

　저도 개인적으로 저희 학교에서 발굴하고 있는 데에다가⋯그 다음에 연장신청을 하기 위해서 전문가 검토회의를 신청한 바 있습니다. 그런데 아마 신 선생님도 알고계시겠지만, 문화재청에서 하지 말라고…. 따라서 조사단 자체에서는 의무적으로 이런 행위를 할 때 의무적으로 하도록 법령에 나와 있는데 저희 경희대학교 박물관은 문화재청의 지시에 따라서 불법이 되어 버리는, 그런 문제는 어떻게 답변해주실지 궁금합니다.

신희권 : 예, 두 가지 질문이신데요. 발굴제외에서 정밀발굴제외라는 것은 표본조사에서 시굴조사까지만 하고 추가발굴을 안하겠다는 얘기입니다. 시굴조사 단계에서 알아낼 수 있는 정보가 다 알아졌다고 판단이 되면 그 시굴로 끝난다는 얘기구요. 그럼에도 불구하고 발굴을 더 할 필요가 있는데, 발굴을 더 할 때는 전체를 다 발굴할 필요가 있느냐, 아니면 경작유구처럼 일정 단위정도를 파악할 수 있는 어떤 근거가 있는 유적이라면 그 정도만 확보해서 선별적으로 거기만 발굴하겠다는 거냐, 이런 차원입니다. 그러니까 발굴제외에서는 아예 선별발굴이고, 정밀발굴이고를 안하는 거구요. 선별발굴은 정밀발굴을 하되 전체면적을 하는 게 아니라 전문가 검토내지 문화재 위원회에서 판단한 적정면적을 가지고 발굴해 보겠다는 겁니다. 그것은 이해가 되십니까?

김장석 : 선별발굴은 실제상황에서 그것이 어떻게 적용될 수 있는지 굉장히 궁금합니다.

신희권 : 예를 들어 시굴조사를 해가지고 특별한 요구가 없다고 판단되면 그 상황에서 끝날 수도 있고, 시굴조사에서 나온 유물을 중심으로 최소 면적을 잡든지 면적을 잡아서 정밀발굴로 전환하지 않습니까? 정밀발굴로 전환하는 것은 정상적인 프로세스인데, 예를 들어 그 유구가 조선후기의 경작유구라는 것이 판단되면, 그 부분에 대해서는 더 정밀하게 더 할 거냐, 안 할 거냐라는 차원에서는 조선후기 경작유구의 경우는 시굴조사 단계에서 어느 정도 그 파악한 결과를 가지고 얻어낼 수 있는 정보가 있다면 그 상태에서 끝나는 것이고, 부족하다면 예를 들어 더욱 파서

어느 정도 단위까지는 파야겠다라고 하면 선별적으로 연장을 하겠다는 겁니다. 유구가 있는 걸 100% 다한다는 게 아닙니다. 예를 들어 100만평의 경작지를 다 파지는 않고, 10만평만 파겠다, 이런 의미와 같습니다.

그리고 전문가 회의 말씀하셨는데요. 전문가 검토회의는 필요한 사안에 대해서만 합니다. 지금 종전 규정까지는 모든 발굴조사에서는 유구가 있건 없건, 기간을 연장하건 중요한 유적이 나왔건, 다 지도위원 회의를 해서 지도위원들이 결정을 해주는 것으로 했습니다. 물론 그 결정에는 조사단 의견도 반영이 되겠죠. 조사단 의견, 지도위원 의견, 사업시행자 의견 이런 것들이 종합적으로 저희 청으로 제출이 되고, 그런 종합된 의견을 가지고 저희가 행정조치를 하는데, 지금 전문가 검토회의는 필요하면 정말 전문가들이 가서 봐야하는 상황이면, 전문가 검토회의를 하되 예를 들어 저희가 갔을 때 조사단 의견이 타당하고 합리적이라고 하면 굳이 전문가가 가서 판단할 이유가 없다고 하는 겁니다.

김장석 : 다시 한 번 말씀드리는데, 법에 분명히 부분완료를 할 때에는 전문가 검토회의를 요청하도록 되어있습니다. 그리고 전문가 검토회의를 요청하면 청에서는 응해야 되는 것으로 나와 있습니다.

신희권 : 예. 요청을 하면 그 요청하는 문서를 보고 전문가가 가야 되느냐, 아니면 조사단 의견이 타당하냐를 판단하겠다는 겁니다.

김장석 : 현장실사를 하지 않으시고 판단하십니까?

신희권 : 일단은 조사단에서 최소한 우리들이 알아야 하는 정보를 담은 보고서를 저희가 요청한 것으로 알고 있습니다. 실제로 그 도면·사진·각 트렌치별 유구 현황 이런 것들을 가지고 우리가 판단하기 때문에, 예를 들어 불필요하게 전문가가 갈 이유가 없다고 하면, 발굴로 정말 눈으로 뻔히 보이는 고분이 다 수두룩한데 그것을 굳이 전문가가 가야 그것을 발굴을 연장하라고 할 필요는 없다는 겁니다. 그런 건 누가 봐도 발굴을 해야

되는 것이죠. 그러면 당연히 조사단 의견처럼 발굴을 그냥 우리가 허가해주면 되는 겁니다.

그러나 그러한 판단들이 애매하고 사업 시행자는 조사단 의견에 동의하거나 이러지 못한다는 그런 상황들이 발생하면, 그건 문화재청에서… 물론 우리들이 자체적으로 판단할 수도 있겠지만, 보다 우리보다 잘 아는 전문가 선생님들의 의견을 구해서 하겠다는 것이기 때문에 요청은 하시되 요청한 전문가 회의를 반드시 다 간다, 그런 의미는 아니라고 받아 주시면 감사하겠습니다.

청중 3 : 전문가회의를 거칠 것인지 안 거칠 것인지, 검토를 거칠 것인지 안 거칠 것인지는 결국 문화재청에서 판단하는 거지요?

신희권 : 예. 그건 그렇습니다.

청중 3 : 그런 거죠.

노중국 : 예. 또 하나의 문제 제기입니다. 발굴과정에서 조선후기 유적을 어떻게 발굴할 것이냐 하는 것입니다. 이와 관련하여 문화재청의 생각은 이런 것 같습니다. '시굴을 하고나서 정밀발굴이 필요하다면 하고 필요하지 않으면 안 하게 된다, 이렇게 할 때 즉 발굴여부를 결정하게 될 때 결국 전문가 검토회의에서 검토한다, 이럴 때 전문가 검토회의를 열 것이냐 말 것이냐도 문화재청에서 결정하게 된다, 또 발굴여부 결정도 문화재청에서 자체적으로 할 때도 있고, 때로는 자문을 구할 수도 있다'고 정리할 수 있을 것 같습니다. 지금 토론이 자꾸 퍼져나갑니다만, 지금 손을 들어준 사람이 딱 둘인데 앞에 계신 분부터 먼저 질문하도록 하겠습니다.

권오영 : 한신대학교 국사학과의 권오영입니다. 신희권 선생님 말씀을 들으니 참 비참해졌습니다. 우리 문화재청이 외부압력에 시달리고 있다는데 우리들이 지켜주지 못해서 (웃음) 미안합니다. 우리가 문화재청을 지켜줍시다. 그 외부가 누군지 모르겠는데, 정말 "지못미"란 말도 유행했는데. (웃음)

또 하나는 조선후기만이 아니라 경작유구 전체를 홀시하는걸 보고 정말 깜짝 놀란 게 미사리 백제 밭에 대해서도 신희권 선생님은 조선후기만이 아니라 경작유구의 발굴성과 자체에 대해서도 아주 비판적이구나 하고 깜짝 놀랐습니다.

그리고 또 하나는 아까 G20이니 G7 여러 가지 이야기들이 많이 나왔지만, 결론적으로 보니까 이 표가, 표가 문제입니다. 이 표만 없애버리면 오늘 토론회 빨리 끝날 것 같고, 이 표를 제가 불태워버리면 법령을 불태워버리면 어떻게 되는지 모르겠지만, 이 표만 없애버리면 문제는 없을 것 같습니다.

그리고 또 하나 마지막으로 전문가 검토회의 문제인데요. 이름이 '전문가 검토회의'라고해서 전문가가 아닙니다. 예를 들면 어떤 일이 벌어지냐면요. 문화재청에서 전문가를 지정을 해서 그 현장에 보냈을 때 과연 그 전문가라는 사람이 전문성을 발휘할지, 아니면 문화재청의 입장에 맞는 이야기만 할지는 너무나도 잘 아실 겁니다.

최근에 경기도 화성에서 이루어진 전문가 검토회의에는 문화재청 출신의 인물들이 절반을 이루었습니다. 전공에 관계없이. 이 유적을 그 전에 발굴조사했던 기관 인사나, 혹은 이전의 발굴조사에서 보존을 주장했던 인원들은 전원 배제되고 문화재청 출신의 인사, 그리고 전공에 관계없는 이런 분들이 가셨는데, 이름만 전문가 검토회의라고 해서 전문가는 아니라는 말씀입니다.

제일 우려되는 점이 저는 전문가 검토회의가 또 다른 형태의 관변, 어용 지식인들을 만들 것이다, 즉 문화재청에서 불러서 갈 경우에는 문화재청에 반대해 많은 얘기를 할 수 없고, 문화재청의 입장에 반해서 발굴해라, 보존해라, 이런 말 할 사람은 없을 겁니다. 그래서 전문가 검토회의는 무늬만 전문가 검토회의가 아닌가 합니다.

노중국 : 귀담아… 아니라고 말 할 수도 없고, 예. 그러면 시간 때문에 마지막으

로 한분의 질문을 받도록 하겠습니다.

박진 : 계림문화재 연구원 조사법인 기관에서 근무하는 박진이라고 합니다. 모든 분들의 말씀이, 양자가 다 맞습니다. 제가 가장 궁금한 것은 표본, 시굴조사에서 유적이 파괴되었을 때 발굴이 아니라 보존이라고 할 수 있는 방법은 없는지, 문화재청의 입장이라는 것이 그 짧은 앞에서도 말씀했다시피 1%를 가지고 전체를 파악해서 나왔을 때 발굴도 파괴기 때문에 개발을 하지마라 라고 말을 왜 못하는지가 사실 가장 안타까웠습니다. 여기는 유적이 나오니까 발굴도 파괴고, 다 파괴기 때문에 여기는 보존해라 라는 조치를 할 수 있는 문화재청이 됐으면 좋겠다는 생각입니다. 이상입니다.

김남기 : 근대 쪽 질문 하나만 하면 안 됩니까? 근대는 윤선자 선생님께 안했는데 한 번만 할께요.

노중국 : 근대요? 안하면 내가 큰일 나겠네요. 간단하게 해주세요.

김남기 : 문화유산연대 김남기라고 합니다. 윤 교수님께서 좋은 말씀을 많이 해주셨는데, 지금 경작지 문제가 굉장히 첨예한 문제로 떠오르고 있는데, 그와 더불어서 근대문화유산 범주에 속하는 것들 중에 그것과 관련된 것이 굉장히 많은데, 지금 사각지대에 놓여져 있습니다. 조선후기까지만의 경작지 문제가 아니라 일제하까지도 짚어내야 하고 거기에는 경작지만 있는 게 아니라, 말하자면 산업고고학, 토목고고학까지 들어가서 댐·항구·부두·교량·터널 이런 거까지 이런 게 다 포함이 돼야 합니다.

그런 것들이 어떻게 고고학 범주에 들어가느냐. 물론 건축학에서는 그것을 고고학이라고 하지 않지만은 엄밀하게 따져서 없어진 것들의 흔적을 찾는 것은 고고학이 되겠죠. 특히 근세 만들어진 나루터 같은 것들은 대단히 중요한 것입니다. 그것이 농업만의 문제가 아니고, 해양과 이런 것들 관련된 문제에요. 다 없어져 가고 있잖아요. 엊그제 저도 내성천 쪽을 다녀왔는데,

거기에 특정 교량 등도 마찬가지입니다. 저런 것들을 심도 있게 다뤄서 근대도 고고학적으로 연구할 필요가 있다. 그리고 지금 여러 가지 표 얘기가 나오고 있는데, 근대문화유산으로 그런 표 속에 들어가되, 그렇다고 해서 이상한 표 만들지 말아주시길 바라고. (웃음) 그 부분을 철도와 같은 뭐 많이 있습니다만 깊이 있게 관리해주셨으면 감사하겠습니다.

노중국 : 고맙습니다. 좋은 지적해주셔서 감사합니다. 하다 보니 근 한 시간이 좀 넘어버렸는데요. 30분 정도 하려고 했는데 1시간이 넘어버렸네요. 미안합니다. 이제 정리를 좀 해야 될 것 같습니다. 지금까지 발표자, 토론자 선생님들이 얘기하시고 방청석에서도 얘기하시고, 또 문화재청에서 나오신 신희권 선생님도 대답을 하시고 하여 토론이 이렇게 진행되어 왔습니다. 토론을 진행하다 보니 계속 신 선생님이 방어하는 형태로 됐습니다. 지금 하나만…. 질문입니까? 그러면 간단하게 해주십시오.

청중 4 : 아까 연구관님께서 말씀하신 것 중에 발굴조사 실시기준 시대별 중에 일제강점기, 근현대 부분은 중요도에 따라서 사회가 요구하는 것에 따라서 실시가, 대상이 될 수도 있다는 말씀을 하신 것은 제가 알고 있습니다. 그리고 이건 제가 궁금해서 질문을 드리는 건데 그러면 기존에 4·3특별법이라든가 진실화해위원회라던가 이런 곳에서 이루어졌던 여러 가지 성과들, 매장문화재 발굴부분에 관해서는 여러 가지 국가에서 내놓은 공식적인 성과도 있고, 이미 진행된 부분도 없지 않아 있습니다. 그 부분이 워낙 광범위하기 때문에 특별법에 의거하는 소규모의 발굴에만 제한되고 있을 뿐입니다. 이에 대해 문화재청 측에서 어떤 기준이나 대안이 없는지? 군 관계에서는 육군 측에서 발굴을 하고 있는 것이고 민간인 부분 같은 경우에서 지금까지 여러 가지 성과들을 문화재청 측에서 해야 한다고 보는데 문화재청 측의 대안은 없으신지 여쭤보고 싶습니다.

신희권 : 저희들이 만약 생각하지 못한 부분들이 있다면 그런 부분들에 대해

서 저희들보다 많이 연구하셨던 정부나 단체나 어떤 루트를 통해서도 좋습니다. 저희들한테 그런 정보들과 바람직한 방향들을 좀 제시해 주신다면 그런 부분들은 정말 4·3항쟁이나 이런 것들은 누구나 다 아는 우리 그런 역사적 사건인데요. 그런 유적지들이 있고, 만약 그것이 발굴을 통해서 그 흔적들을 얻어낼 수 있는 정보가 있다면 그런 부분들은 충분히 발굴할 수 있을 거라고 생각하고 있습니다. 그래서 그런 판단들은 문화재위원회라는 그런 기구에서 판단할 수 있도록 보완장치를 마련할 것입니다.

안신원 : 지금 말씀하신 유해발굴 관련된 것들은 제가 몇 번을 했었기 때문에 신희권 선생님보다 제가 더 잘 알 것 같아요. 제가 들은 문화재청의 입장으로는 유해발굴은 발굴이 아닙니다. 왜냐하면 문화재청의 허가를 받지 않았으므로, 아무런 행위도 아닙니다. 제가 직접 들은 이야기입니다.

노중국 : 현재 상황이…?

안신원 : 예, 그렇습니다. 제가 국내에서도 했었고 일본에 가서도 했었는데, 모든 것들이 문화재청에서는 절대로 인정할 수 없는 경력이거니와, 우리나라 문화재청의 허가를 받고 하지 않았기 때문에 일단 못한다고 되어있습니다. 그리고 마찬가지 논리로 국방부 유해발굴도 아무런 경력으로 인정받지 못합니다.

청중 5 : 실례지만, 제가 듣기로는 제주도에서 제주 4·3유해발굴을 아마 제주 몇 군데 발굴기관에서 맡아서 한 것으로 알고 있는데, 아마 문화재청에 질의를 했을 겁니다. 발굴기관에 있는 조사원들이 할 수밖에 없는데 그런 경우에 발굴 경력을 인정해주느냐 라고 했는데, 제가 알기로는 문화재청 발굴제도과에서 그 경력은 인정 안 해준다, 이렇게 한 것으로 알고 있습니다.

노중국 : 예. 참고로 검토를 해주셨으면 좋을 것 같습니다. 여러 가지 얘기들이 나왔는데요, 정리를 좀 하려고 합니다. 신 선생님 발표문을 보면, 발굴 실시기준과 관련하여 외국사례를 소개한 부분이 있습니다. 이것은 선생님

이 만드신 겁니까 아니면 용역을 받은 쪽에서 만드신 겁니까?

신희권 : 학술용역의 결과를 재인용한 것입니다.

노중국 : 표로 되어있는 걸 봤을 때, 일본 쪽에서 만든 표하고 문화재청에서 만든 표하고 상당한 차이가 있습니다. 지금 '별표 1'로 나와 있는 이런 모양의 표하고, 문화재청에서 용역을 줘서 확인한 이 표하고는 받아들이는 느낌이…. 상당히 다르다는 느낌을 받았습니다. 제가 볼 때 이런 것도 같이 고민을 해보면 좋을 것 같습니다. 나중에 학술행사를 통해서 내린 결론을 정리를 할 때, 꼭 이런 식의 표를 만들어야 할 것이냐를 검토할 필요가 있다는 거죠. 지금 염정섭 선생님 같은 경우는 이 표를 없애야 된다고 하고 있습니다.

그리고 이 표를 대신할 대안이 무엇이겠느냐 라고 했을 때, 일본의 표를 보면 나라지역이나 오사카지역에서는 구체적으로 설명을 해두고 있어요. 설명을 해가면서 표를 만들어 굉장히 느낌이 다르다는 생각을 했습니다. 이런 면도 염두에 두고 정리를 해야 될 것 같은데요. 정리하는 방법으로서 문화재청 즉 발굴제도과에서 책임지고 정리할 건지 아니면 학계의 추천을 받아 제도개선위원회 같은 걸 만들어서 구체적으로 의견을 반영할 수 있는지에 대해 얘기해 주셨으면 감사하겠습니다.

문화재 행정을 하는 쪽에서는 현재 이런 것이 크게 문제가 없는 것으로 설명을 했습니다. 그러나 연구자들이나 발굴조사기관에서는 문제가 있다고 얘기를 했고요, 그래서 평행선으로 가는 느낌을 받았습니다. 그러나 평행선으로 가서는 안 되는 일이고 어떤 형태로든 공감대를 만들어야 될 것 같습니다. 그래서 공감대를 만들기 위해 보다 적극적으로 논의해 주셨으면 합니다.

염정섭 선생님이 발표할 때 지적한 것입니다만 조선후기 유적발굴과 경작유구에 대한 발굴을 한다면서 조선시대의 농업사를 연구하시는 분들의 의견은 전혀 듣지를 않았다고 합니다. 그런 불만도 토로되고 있습니다. 그래서 이제 기준을 새로 정리할 때 위원회를 구성하여 안을 만들고 그리고 여러 학계에서 추천하는 분들로 내용을 구체적으로 검토하도록 하는 것을 적극 검토해주셨으면 하는 말씀을 드리고 싶습니다.

신희권 : 마지막 이 건에 대해서 정리발언처럼 될 것 같은데요. 사실은 이 작업을 저희 청에서 일방적으로 저희 몇 명이 머리 맞대서 한 작업이라면, 오늘 충분히 그런 가능성들에 대해서 아마 더 훨씬 많은 문제점들을 우리가 열어놓고 했었을 텐데, 애초에 이 작업을 저희들은 청에서 하다보면 너무 이렇게 관의 입장이 많이 들어갈 거 같아서 학회 의견을 담아달라는 요구를 했었고, 그래서 한국고고학회에서 용역을 한 안을 가지고, 뭐 학회 안이 곧 문화재청 안이 될 수는 없습니다만, 학회 안을 따를 것은 따르고, 또한 저희 청에서 그동안 문제되어왔다고 생각하는 부분은 반영해서 나름대로의 이러한 실시기준안을 제시한 것인데요.

　지금 뭐 문제는 그런 것 같습니다. 일부에서는 이건 학회의 공식 입장이 아닌 것이기 때문에, 문화재청에서는 학회 안으로 받아들이면 안 된다는 이야기도 있으시고요, 또 고고학회뿐만 아니라 역사학회라던가 기타 유관 분야의 관련 선생님들의 의견을 또 청취하지 않았기 때문에 이 부분 또한 인정할 수 없다고 말씀들 하시고 계십니다. 그런 부분들은 저희들이 충분히 다 문제를 정리해가지고요, 이런 부분들을 어떤 식으로 개선하는 게 좋을지는 제가 이 자리에서 위원회를 구성하겠다, 아니면 다른 방식으로 바꾸겠다고 답변 드릴 위치는 못되기 때문에 내부적으로 충분히 검토를 진행해서 오늘 우려하시는 부분들이 진짜 우려가 되지 않도록 최선을 다하겠다는 말씀을 드리면서 마치겠습니다.

청중 6 : 거기에 하나 더 고려할 사항이 일본은 나라고 오사카고 지역적으로 구분했잖아요. 실은 우리나라도 전국에 일률적으로 기준을 정하는 건 문제가 있거든요. 도성이 있었던 곳과 아닌 곳은 굉장한 차이가 있기 때문에 그것도 고려해 봐야 할 것 같습니다.

신희권 : 고도와 같은 경우에는 법에 아예 저희가 별도로 기준을 제시했기 때문에 특별히 요구하는 해당하는 것은 참고하겠습니다.

노중국 : 혹시 발표자 토론자 쪽에서 질문하시고 싶은, 이 건에 한해서 질문하고 싶은 분은…. 시간이 많이 지났습니다. 이런저런 얘기를 하다 보니…. 예정시간 보다 좀 더 이야기가 진행되어졌습니다. 첫 주제와 관련하여 정리를 하겠습니다.

먼저 자문을 통해 개선안을 만들 때 더 많은 의견을 수렴하는 그런 방향으로 적극 검토해야 될 것입니다. 지금 당장 결정은 할 수 없다고 하더라도 그런 방향으로 생각을 해주십사고 말씀드리고요.

두 번째는 지금과 같은 규정은 오늘 토론에서 본 것처럼 원치 않게 많은 오해를 받게 됐고 또 아무리 설명을 해도 납득이 잘 안 되는 측면이 있었지요 용역을 받은 측에서 일본의 사례라든가 프랑스의 사례라든가 외국의 여러 사례를 조사했는데 그것을 토대로 해서 많은 공감대를 형성할 수 있는 새로운 발굴조사 실시기준이 빠른 시간 안에 만들어졌으면 좋겠다는 것입니다. 이로써 첫 번째 주제는 일단 마무리 하겠습니다.

이제 시간이 좀 많이 지났지만 두 번째 주제에 대해 토론하도록 하겠습니다. 발굴 조사원 자격제도입니다. 여기에 대해서 직접적으로 안신원 선생님이 발표를 통해 문제점을 지적하고 구체적인 안도 제시했는데요. 이와 관련해서 토론자 선생님들의 토론을 들어보도록 하겠습니다. 시간이 없으니 간단간단하게 말씀해 해주시기 바랍니다.

이인재 : 실시기준에 관련해서는 아까 제가 말씀드렸듯이, 개정이냐 유지냐 가운데, 개정 쪽으로 방향이 잡히는 듯합니다. 한 자를 바꾸건, 한 구를 바꾸건, 한 문장을 바꾸건 개정이기 때문에, 신희권 선생님이 말씀하시는

바와 같이 발굴배제의 용어정의가 바뀐다면 개정이 된다고 생각합니다. 이왕 개정을 할 바에는 지금 논의되는 사항이 사례별로 잘 정리되었으면 좋겠습니다. 이 문제는 조사원 자격규정에서도 마찬가지로 적용될 수 있습니다. 2011 시행규칙의 조사원 자격규정은 다음과 같은 문제가 있습니다.

첫째, 경력에 대한 규정과 적용이 임의적입니다. 가령 한국고고학회의 질의(2011. 3. 9, 한고10-24)에 대한 문화재청 회신(2011. 3. 17, 발굴제도과 -3102)을 보면 발굴조사경력을 현장경력과 실무경력으로 나누고 있습니다. 그런데 보조원 규정에서는 현장경력이 아니라 실무경력이 있어야 자격을 부여하는 것으로 되어 있습니다. 실무경력은 "보고서작성, 유물정리 등의 실내작업"이라고 규정했음에도 불구하고 고졸, 전문학사에게 보조원이 될 수 있는 자격요건으로 실무경력을 1년 혹은 수년 요구했다면, 보조원의 보조역할을 하면서 보고서 작성, 유물 정리 등을 해야 한다는 것으로 해석됩니다.

2011 시행규칙 7조 보조원은 제토 및 유물 세척 등 단순 업무를 하도록 되어 있습니다. 문화재청 회신서류에 따르면 현장경력 가운데 단순 업무 보조에 해당하는 것인데, 잘못하면 고졸, 전문학사들에게 불법적인 경력 1년 혹은 수년을 요구하게 됩니다. 이는 조사원, 책임조사원은 발굴현장을 지휘하여 체계적인 발굴조사를 진행할 능력이 필요하므로 발굴경력(현장경력과 실무경력을 모두 포함)만을 인정했다는 회신 내용도 불명확하게 만듭니다.

그러므로 현장경력과 실무경력, 모두 체계적으로 정리할 필요성이 있습니다. 2011 시행규칙 7조에 따르면 준조사원과 보조원은 모두 조사원을 보조하는 일을 하면서, 준조사원부터는 보고서 작성 등의 이른바 실무경력을 보조업무를 한다고 되어 있습니다. 그렇다면 준조사원의 현장경력

보조는 어떠한 일인지도 알 수 있어야 할 것입니다. 7조를 보면 조사원의 업무는, 발굴업무(이른바 현장경력 범주로 이해되는 항목)와 사후정리과정에 대한 업무(이른바 실무경력 범주로 이해되는 항목)로 있고, 책임조사원의 업무 가운데 발굴조사의 운용(현장경력)과 함께 발굴조사보고서 발간과 매장문화재 관리(실무경력)가 있다는 점을 보면, 현장경력과 실무경력의 체계화를 통한 이른바 발굴경력에 대한 체계화도 가능하지 않을까 생각합니다.

둘째, 경력에 연수(年數) 규정과 함께 일수(日數) 규정도 있어야 합니다. 법인과 국가 또는 지방자치단체가 설립·운영하는 매장문화재 발굴 관련 기관의 경우 240일 규정이 그럴듯하지만, 비법인 가운데 대학의 경우 지금까지 수년간 문화재청에서 연간 두 달, 즉 60일 기준으로 발굴에 참여해 줄 것을 요청해 왔습니다. 그럼에도 불구하고 일수 규정을 두지 않음으로 해서, 경력 산정에 많은 혼란을 주고 있습니다.

셋째, 학력 인정에서의 전공 구분도 애매합니다. 대학원과정의 매장문화재관련 전공과 문화재관련 전공의 구분이 애매합니다. 고고학 단독전공을 제외하고는 매장문화재관련 전공이라도 고고학 및 인류학, 미술사학 등 범역사학 전공내 인접 학문 과목을 수강하는 것이 일반적입니다. 문화재관련학과 대학원에서도 범역사학 전공내 고고관련 과목과 문헌사학 과목이 있다는 것과 같다는 것입니다. 그럼에도 불구하고 문화재관련학과 대학원 학위취득의 의미를 간과한 점은 많은 문제가 있을 것입니다.

넷째, 경력과 학력의 교차 인정 문제도 고려해야 합니다. 이를 해결할 수 있는 단서는 2008 문화재보호법에 있는 별표 11의 보조원 자격 요건입니다. 거기에는 문화재관련학과 재학 2년 이상이라는 규정과 학사학위 취득자 규정이 동시에 있습니다. 경력과 학력 교차 인정의 문제를 해결할 수 있는 단서이지요. 이 점에 대한 깊은 고려가 있어야 할 것입니다.

다섯째, 학력과 경력에 대한 체계적인 이해가 없이 작성된 2011 매장문화재법으로 말미암아 대학 내 범역사학 관련 매장문화재 관련 교원들의 신규 임용이 대단히 어렵게 되었다는 점도 고려해야 할 것입니다. 아시다시피 신규 대학교원이 되시고자 하시는 분들은 모집공고 이전 4년 동안 네 편이상의 등재지 논문을 요구받고 있습니다. 매해 한 편의 논문을 써야 하는데, 논문작성과 발굴경력을 동시에 쌓기는 매우 어렵습니다. 더구나 힘껏 논문을 쓰시더라도 그동안의 발굴경력이 없어, 대학에 신규 임용된 고고학 전공 교수이면서 경력 연수(年數) 문제로 발굴 및 지표조사 기관의 책임조사원이 되기도 어렵습니다. 이는 다음과 같은 오해를 받게 됩니다.

가령 2011 매장문화재법은 고고학 관련 대학 교수들의 발굴 참여를 배제하려고 한다거나, 적극적으로 해석하면 문화재청 산하 국립문화재연구소(국가 또는 지방자치단체가 설립·운영하는 매장문화재 발굴관련 기관, 2011 매장문화재법)나 법인격 발굴·지표조사기관(2011 문화재보호법에 따른 한국문화재보호재단 포함, 2011 매장문화재법 24조 매장문화재 조사기관의 등록)만을 위주로 전문성을 해석하고 있다는 오해를 받을 수 있습니다.

2011 시행규칙 별표3을 보면, 국가 또는 지방자치단체의 기관의 경우, 준조사원은 매장문화재 전공 학예연구사일 것이라고 되어 있고, 조사원은 매장문화재 전공 학예연구사로서 발굴경력 2년이라고 되어 있으며, 책임조사원은 매장문화재 전공 학예연구사로서 발굴경력 5년, 혹은 매장문화재 전공 학예연구관으로서 발굴경력 2년을 요구할 뿐이며, 조사단장 역시 학예연구관으로서 5년 이상의 매장문화재 관련 실무경력을 갖춘 사람으로 매우 완화된 경력만을 요구할 뿐입니다.

그런데 학예연구사는 고등교육법에 의해 설치된 4년제 정규대학 또는 이와 동등한 자격을 인정할 수 있는 국내·외 대학(교) 및 대학원(이와 동등한 학력을 가진 자 포함)에서 관련학과를 전공하고 채용예정분야의 석사학위를 취득한 자 또는 학사학위를 취득한 후 국·공·사립·대학박물관 및 문화재 관련 연구소 등에서 2년 이상 채용예정분야의 업무와 관련 있는 연구 또는 근무한 경력이 있는 사람(문화재청 국립문화재연구소 행정운영과 작성)입니다.

국가 또는 지방자치단체의 기관에 근무하지 않는다는 사항만으로 똑같이 매장문화재 전공 석사학위 이상을 취득하였음에도 불구하고 6년 이상의 발굴조사 경력을 갖춘 사람일 것이라고 규정해 놓았습니다. 1년의 발굴조사 경력을 더 요구하는 것이지요. 더구나 앞에선 언급한 바와 같이 고고학전공을 제외하고는 문화인류학이나 고고미술사 전공 등과 같은 매장문화재 전공과, 별 차이가 없는 문화재관련 전공 석사학위 취득자들에 대해서는 규정조차도 없습니다. 오해의 소지는 충분하지 않을까요?

노중국 : 이것도 일단은 고려해 보기로 하고요.

김범철 : 아, 조사원 자격기준 이야기를 한다는데 죄송합니다만, 이게 그 소통을 위한 자리이지, 절대로 신 선생님을 나무라기 위한 자리가 아닙니다. 문화재청의 소통의 창구라고 생각하지, 대표하셔서 나왔다고 생각하지 않고요, 걱정이 돼서 드리는 말씀이었습니다. 그리고 조사원 자격기준에 대해서 안신원 선생님께서 말씀하시지 않은 부분 하나만 더 말씀드리겠습니다.

문제는 이 조사원에 이 경력을 쌓아가는, 학력을 쌓아가는 기준에 조사단장은 지나치게, 그 굉장히 관대하단 말씀이죠. 그런데 오늘 이인재 선생님 자료집을 보면, 조사단장의 업무가 굉장히 과중한데도 불구하고 발굴조사 경력이 전혀 없이도 이것이 가능하단 말이죠. 이것은 뭐 실질적인 문제가 안 된다고 답을 하시면 제가 할 말이 없지만은, 그러나 이거 하나는 문제가 될 가능성이 있습니다.

지금 책임 조사원 기준에, 첫 번째 장에, 2년 이상의 발굴조사경력을 갖춘 사람으로 매장문화재 전공 학예연구관 일 것, 그러나 매장문화재 전공이라고 하면 대표적인 예가 고고학하고 고고미술사학과가 있을 수 있습니다. 이 논리대로라면 미술사를 전공하고 학예관이 될 수가 있어요. 그 분은 2년을 하면 책임 조사원이 됩니다. 이건 조금 편파적이지 않습니까?

 그런데 예를 들어서 국립대학에, 죄송합니다. 이것은 일례를 들기 위해서지 밥그릇 챙기기가 아닙니다만, 국립대학의 조교수와 같은 경우의 예를 들어봅시다. 매장문화재 전공이기도 하고 전문가이기도 합니다. 그런데 그 사람한테는 6년 이상의 발굴조사 경력을 요구를 해요. 이건 왜, 이유가 뭐냐 하면 국립대학 교수는 교육부 소속이기 때문에… 본인들은 문화부 소속이고. 이것은 부처 이기주의라는 그 굉장한 어떤 그… 혹시 개정될 때가 되면 이 부분도 좀 아까 말씀하셨듯이 좀 더 세련하고 상세하게 하시는 게 좋지 않겠나 싶습니다.

노중국 : 또 다른 질문? 예, 이종민 선생님.

이종민 : 질문이라기보다는 제안인데요, 지금 그 학력철폐 규정이라는 문제 때문에 결국은 발굴조사의 경우에도 고졸이상이면은 기본적으로 경력으로 인정받게 되어있고, 그로 인해서 여러 가지 승진이라든가 이런 것에 이익을 취할 수가 있습니다. 그 학력철폐에 관한 것이 굉장히 정부가 추구하는 중요한 규정의 하나로 인식이 되는 것은 바람직하다고 생각이 됩니다만.

 그러나 본인의 어떤 노력, 본인의 어떤 전공을 심화시키기 위해 노력하는 그런 분들을 처음에 조사원의 진입단계에 굳이 명시할 필요는 없다하더라도 나중에 개인의 발전이나 학문의 본질적인 발전을 위해서 보다 더 많은 능력을 갖추기 위해 가지고 공부한 사람인 경우에 그런 것을 굳이 인정하지 않는 것은, 아까 그런 표현이 나왔습니다만, 또 다른 편파적에 앞서서 좀 차별이 아닌가 하는 생각이 듭니다. 최소한 진입하는 단계에서야 모든 것을 다 열어 놓는다고 하더라도 시간이 지나서 본인이 석사를 하든 박사를 하든 그런 것에서는 약간의 가산점을 주는 것도 학문의 발전을 위해서 필요한 것이 아닐까 하는 그런 생각을 합니다.

간단한 예를 들어보겠습니다. 저희 학과 같은 경우는 고고미술사학과인데, 이 법안이 발효된 이후에 4학년들은 의무적으로, 학부 4학년들은 졸업논문을 써야 합니다. 졸업논문에 요구가 굉장히 센 편인데, 법안이 발효되자마자 학생들도 다 알고 있어요. 그런데 고고학과, 미술사학과 나눠서 학생들이 전공을, 졸업논문을 쓰기 위한 전공을 선택하는데, 작년까지 대부분 졸업대상자 약 30명 중에 고고학 쪽을 선택한 학생이 거의 2/3 가량이 되는데, 올해 들어와서는 이 법안이 발효되자마자 고고학 쪽의 2/3가 미술사 쪽으로 역전이 되었습니다. 학생들이 별로 관심을 갖지 않는다는 거죠. 그 얘기는 결국 무엇이냐 하면 굳이 학위에 대해서 미련을 두지 않더라 하더라도 현장에서 일하는 데에는 문제가 없다는 것으로 학생들이 인식하기 때문에 그러한 현상이 생기는 것이 아닌가 생각합니다. 그래서 이러한 것이 현장에서 아주 민감하게 벌써 급속도로 일어나고 있기 때문에 학력에 관한 부분도 좀 더 신중하게 접근을 해주셨으면 하는 것이, 제가 고고학을 전공하지는 않지만은 말씀을 드리고 싶은 요구가 되겠습니다.

노중국 : 예. 안 선생님은 앞서 발표를 했습니다만 혹시 빠뜨린 게 있어요? 간단하게…

안신원 : 예. 오늘 말씀드린 부분들은 이게 무슨 학회에 공식적인 안이 나온 것도 아니고 그러니까 조사원 자격기준을 보고 대략의 느낌들을 적은 것이고, 문제로 되는 것들 특히, 가장 기준이 되는 것들 중에서 어떤 것들이 문제가 있느냐, 그런 측면에서 접근을 한 것입니다. 그래서 자격기준을 이야기를 할 때 지금 말씀하신 학력에 관한 문제도 있고, 전공에 관련된 문제들도 있고, 사실적인 숫자계산도 문제가 있겠죠.

예를 들어서 아까 진입단계를 장벽을 낮췄다, 물론 맞습니다. 학력으로 보자면. 그렇지만 계산을 해보니까 365일이 됐든, 240일이 됐든, 150일이 됐든 다 문제가 있습니다. 240일이라고 칩시다. 뭐 토요일 주 5일 근무하고, 책임 조사원이 되려면 13년 걸립니다. 조사원 되려면 9년이 걸립니다. 240일로만 계산을 해도. 남학생들의 같은 경우에는 군대 갔다 와야 됩니다. 책임 조사원이 되려면 산술적으로 계산하면 38~40세쯤 되어야 합니다. 보고서 안 쓴다고 하고.

전에 한번 이것 때문에 저희 학생이 질의를 한 모양인데, 문화재청에서 그랬답니다. 책임 조사원이 마흔은 넘어야 되는 것 아니냐고, 보고서를 쓴다 그러면 책임 조사원 하려면 26년 걸립니다. 단순히 딱 1년만 보고서 썼다고 치고. 그러니까 제가 말씀드리는 것은 기준을 적용할 때에는 여러 가지 기준이 있을 수 있겠습니다만 사회적으로 통용되는 기준을 써야 된다는 것이 맞다는 것입니다.

아까 강 선생님도 아마 그런 질문을 하려고 하신 것 같은데 학부과정에서 발굴조사 경력을 인정해야 된다는 이야기하고, 그 뒤의 이야기는 실제로 상충되는 이야기입니다. 말하자면 학부 경력을 인정하라는 이야기는 기존의 자격기준대로 인정받았던 사람들의 경력은 그대로 인정하자는 이야기입니다. 만약에 발굴조사 일수로 하려면, 아니면 새로운 기준을 적용하려면 제가 개인적으로 생각하는 건, 발굴조사 경험이 아니고 실무 경력, 혹은 경력으로 하려면 그것은 어느 기관에 실질적으로 근무한 시점부터라는 이야기입니다. 그렇게 해야지만 맞고, 그렇게 하는 것이 사회적으로 통용된다는 이야기입니다.

그래서 지금 말씀하신 부분처럼 이인재 선생님도 말씀하신 이야기처럼 학력과 경력을 교차승인하는 것이 필요합니다. 필요하고, 그 다음에 지금 대학교 교육의 경쟁력에 관련된 이야기들을 여러 가지 했는데, 대학에 계신 분들은 다 아시겠지만 지금 교육부에서 하고 있는 에이스 사업이라고 있습니다. 학부교육 선도화 대학사업인가? 뭐 그런 것도 있고. 대학원에 연구중심 대학원을 육성하기 위한 그런 사업들도 있습니다. 굉장히 역점 사업입니다.

이게 왜 필요하냐면 대학이라는 곳은 국가발전에 필요한 노동인력을 제공한다는 것입니다. 그리고 이러한 대학교육의 최대 수혜자는 누구냐 하면은 국가입니다. 그렇기 때문에 국가가 이러한 자격대우를 합리적인 대안을 자격기준으로 제시해야지만 맞다고 저는 생각을 하는 겁니다. 그래서 제가 오늘 말씀드린 이야기가 당연히 아까 말씀드린 대로 최종안도 아니고 제 개인적인 생각일 뿐입니다만, 제도개선위원회가 지금 다시 안을 마련하고 있고 문화재청에서도 합리적인 안을 제시하실 거라고 믿어 의심치 않습니다. 일단은.

노중국 : 몇 가지 안들이 나왔는데요, 요구도 나왔고, 바램도 나왔습니다. 거기에 대해 필요하신 말씀을 신 선생님이 해주시기 바랍니다.

신희권 : 대체로 비슷한 말씀이신 것 같은데요. 일단 현장경력을 발굴조사 경력으로 봐가지고요, 발굴조사 경력하고 그 다음에 발굴조사 후에 어떤 유물정리나 보고서 발간, 이런 경력은 실무경력으로 구분했습니다. 실무경력에는 당연히 현장경력, 발굴조사 경력에 포함된 경력이구요. 그래서 아까 안신원 선생님이 말씀하신 것처럼 실무경력을 따질 때에는 그 기관에서 최소 일을 했던 당연히 그러한 경력은 다 포함이 된다고 말씀을 드릴 수가 있겠습니다.

석박사 우대 같은 경우에는 물론 이제 석사, 박사를 하시면서 굉장히 많이 공부하시고 또 그것을 다른 것이 아니라 고고학적인 전문 영역을 가지고 하신 것은 다 누구나 인정을 합니다. 다만 문화재청에서 발굴조사원 자격을 얘기할 때에는 석·박사가 발굴조사원이 되지 말라는 얘기는 아니고요, 일단은 발굴한 분들이 발굴조사원이 되어야 한다는 기본적인 원칙 그 하나입니다. 본인이 필요하면 석사 받을 수 있고, 박사 받을 수 있습니다.

오늘 지금 이렇게 대학원생들이 아마 그렇게 서명을 하셔 가지고 문건을 하나 나눠주셨는데 저야말로 오늘 참담한 기분을 금할 수가 없습니다. 우리 학계가 과연 고고학의 본질이 뭐고 그것의 방법론으로서의 발굴을 제대로 이해하고 있는지, 특히 대학원생들이 그것을 이해하고 있는지 정말 안타까운데요. 지금 이 문건을 보면 우리 대학원생들은 발굴조사를 하기 위해 고고학을 전공한 겁니다. 대학원을 간 이유가 발굴을 하기 위해 간 겁니다.

제가 학교 다닐 때에는 고고학을 하기 위해 발굴조사를 한 겁니다. 학문의 본질이 무엇인지를, 학문의 본질은 발굴이 아니라 고고학문입니다. 고고학 입니다. 그것의 방법론으로서 발굴이 존재하는 것이지요. 그런데 발굴조사 자격이 인정이 안 된다고 하니까 나는 학문을 하지 않겠다, 대학원을 가지 않겠다, 이 논리와 똑같은 것 아닙니까. 그러면 여태껏 대학원 진학해서 석사, 박사 받으신 분들은 발굴조사원 자격을 획득하기 위해서 대학원을 가셨다는 얘기랑 똑같은데, 정말 이 시대의 대학원생들이 이런 생각을 가지고 있다면 그 고고학의 미래야말로 저는 정말 책임질 수 없다는 그런 말씀을 드리고 싶습니다.

제가 좀 아주 격양되었다고 볼 수도 있겠지만 저희들이 발굴조사원 자격기준을 한 것은요. 석사·박사 받은 사람은 그대로 발굴조사원, 책임조사원 될 수 있다고 하는 것을 인정하지 않겠다는 것입니다. 항상 이런 자리에서는 고고학회나 어디서 극단적인 예를 제시하시는데, 아주 극단적인 예를 한번 제시해보겠습니다.

외국에서 고고학 유물을 가지고 박사학위를 받으신 분이 있습니다. 예를 들어 목간으로 박사를 했습니다. 청동기 명문을 해석해서 박사를 했습니다. 분명히 매장문화재 관련 논문으로 박사학위를 하고 10년 동안 공부를 하고 와서 한국에 들어와서, 예를 들어 나는 박사니까 책임조사원이 되어야 한다고 했을 때, 과연 박사라는 것은 인정하지만 그 박사님이 발굴현장을 10년 있었던 사람하고 비교했을 때 누가 더 발굴을 잘할지에 대해서는 평가할 수 있는 근거가 없는 것입니다. 문화재청도 판단할 수가 없습니다.

그래서 그런 판단들은 문화재청에서 하지 않겠다, 학력을 기초로 한 경력은 판단하지 않겠다고 해서 저희는 발굴조사원 자격 기준을 얘기할 때는 실제 발굴현장에서 일했던 경력을 발굴조사 경력으로 하고, 그러한 경력이 있는 분들은 발굴조사원, 책임조사원 자격을 드리겠다는 겁니다. 박사하시는 분들도, 10년 동안 현장경험 하시면서 박사하시는 분들도 있습니다. 그런 분들은 당연히 박사 경력을 인정받는 게 아니라 10년의 발굴 경력을 인정받아서 책임조사원이 된 것이고요.

저도 지금 김 선생님 말씀으로 하면 책임조사원 자격이 없습니다. 다만 문화재청에, 문화재청의 문화재연구소에서 하는 발굴에서는 책임조사원 자격을 갖습니다. 그것은 그 국립기관이나 온갖 특정 목적을 위해 만든 기관에서는 그런 목적을 수행하는데 적합한 인원을 채용했기 때문에 그 자리에만 있을 때만 인정하는 것이고요, 그 자리를 떠났을 때에는 다소 모순이 되겠지만, 문화재연구소에 있을 때 책임조사원이었지만 제가 문화 재연구소를 벗어나면 조사원이 될 수도 있습니다. 그런 차원에서 그 국립기관 인정은 별도로 하는 거고요.

또 조사단장 말씀도 그러한 것과 일맥상통합니다. 예를 들어, 대학 박물관에 고고학 하시는 분들만 박물관장 하시면 좋은데 그렇지 않은 게 현실일 겁니다. 미술사 하시는 분들도 계실 것이고, 인류학·역사학 하시는 분들도 계신데, 그런 분들이 박물관의 관장으로 오셨을 때에는 조사단의 단장자격이 있으신 분이 없어지는 결과가 됩니다.

어떤 본래의 목적, 그 내부에는 충분히 발굴할 수 있는 조사원과 책임조사원 내지는 역량을 갖춘 분들이 있음에도 불구하고, 예를 들어 전공자가 아닌 조사기관장 한 사람으로 인해서 발굴을 전체적으로 못하게 되는 그런 불이익이 있는 기관들이 있기 때문에 조사기관의 장은 법적으로 그 기관을 대표해서 계약서에 도장도 찍고, 그렇기 때문에 그런 차원에서 단장으로만 인정하는 것이고요. 저희들도 그런 분들 단장으로 인정 안하는 게 좋다고 얘기합니다.

그렇게 됐을 때에는 본의 아니게 발굴하고 싶어도 못하는 국공립박물관이나 그런 일부 사립박물관이 있기 때문에 그런 분들을 위한 차원에서 조사단장 만큼은 그냥 그 기관의 장으로 하는 것이고, 대신 그럴 경우 모든 실질적인 책임은 책임조사원에게 돌아가도록 그렇게 내부적으로 조정을 해주십사 하는 그런 차원에서 조사단장 자격은 그렇게 해놓은 것입니다.

아무튼 마지막으로 저희들의 발굴조사는 발굴조사=고고학으로 받아들여 주시지 마시고요, 만약에 대학원생들이 그런 식으로 어떤 학문에 대한 그런 것들을 다른 방식으로 해서 찾겠다고 하면, 저는 이 기회에 대학당국에 진짜 간곡하게 한 말씀드리고 싶습니다. 고고학과를 만들어놓고 고고학 교수님을 모셔놓고 발굴할 수 있는 예산이나, 시스템을 하나도 갖추지 않은 기관, 아니면 대학, 그 발굴을 다른 구제 발굴현장에서 대학교수의 능력으로 발굴을 따와서 그 발굴로 학생들을 실습하고, 학생들을 자격을 갖게 하려는 그런 대학은, 그건 문화재청의 자격기준이 문제가 아니라 그 대학의 규정의 문제라고 생각을 합니다. 대학에서 대학원생들을 고고학을 할 수 있게 하는 방법은 교수님들이 먼저 고민해 주시는 게 맞다라고 저는 감히 말씀드리겠습니다.

노중국 : 네. 이인재 선생님.

이인재 : 지금 문화재청에서 발굴을 너무 좁은 시각으로 바라보고 있는 게 아닌가 합니다. 가령 지금 제가 대학원에서 고고학을 전공하는 원생들을

보면, 발굴현장에 참여하여 찾은 자료들이나, 기왕에 나온 발굴보고서를 통해 자료정리를 하는데, 이는 문헌사학에서 신규자료 개발과 똑같은 겁니다. 신규자료 개발을 하려고 하면 현장이 있어야 되는데, 현장이 없는데 고고학을 한다, 그것이 어느 시대의 고고학인지 모르겠습니다. 대학원생들이 현장에 대해서 관심을 갖는 것은 당연하지 않을까 생각이 듭니다.

현장이 없는 학생을 제가 지도한 경우가 있는데요, 그런 경우에도 발굴조사보고서에 나온 자료를 전부 목록으로 만들어 논문을 쓰고 있습니다. 그런데 문화재청에서 말씀하신 것을 들어보니, 고고학 하시는 원생들이 얼마나 유물사료에 집중하시는지, 유물과 유물의 상관성, 시대적 상관성을 얼마나 고민하고 있는지, 이런 부분들이 거의 배제되어 있습니다. 제가 생각할 때에, 대학원생들이 현장을 중시하고, 발굴을 중시하는 것은 고고학도로서 당연한 게 아닌가요?

신희권 : 아니 뭔가 잘못 들으신 거 같은데요. 저희 자격기준에서 대학원생은 발굴하면 안 되고, 대학원에 진학하지 않은 사람들이 발굴해야 한다면, 방금 교수님이 말씀하신 부분이 맞습니다. 저희들이 대학원생을 발굴현장에 진입하지 못하도록 막은 것은 하나도 없습니다. 저도 대학원을 다니면서 발굴현장에 있었고요, 지금도 상당수의 대학원생이 아마 그렇게 하는 것으로 알고 있습니다. 누구나 발굴현장은 열려있습니다.

그런데 내가 석사라고 해서 학사로 발굴 3년 한 사람과 동일하게 인정해달라고 하는 것은 저희들이 봤을 때, 과연 그 석사논문을 쓰는 과정이 발굴경력의 3년 과정과 등가로 평가할 수 있는가, 그것을 평가할 수 있는 평가자가 없기 때문에 그 부분을 배제하겠다는 차원에서 우대를 철폐하겠다는 것입니다.

이인재 : 학력의 우대라고 말씀을 하시는데요, 석사 공부하실 때, 논문 쓰실 때 굉장히 노력하셨을 것이라 생각이 됩니다. 근데 범역사학의 특성이

뭐냐면, 제가 논문을 쓸 때요, 통일신라기 어느 사료를 가지고 했습니다. 그 사료 해석은 은사님하고 같은 방식이었어요. 근데 논문을 쓰고 난 다음에 제 은사님께서 그게 맞느냐 하고 물어보시더라고요. 역사라고 하는 게 그렇게 어렵습니다. 그런데 그것을 연마하는 게 학력과정이거든요. 아까 말씀하신 게, 미국에서 만약 고고학 박사를 따 가지고 와서, 현장경험이 한 번도 없는데 그것은 어떻게 하느냐? 그런데 그것도 당연히 인정이 되어야하는 상황이 아니겠습니까? 미국에서 학위를 받았을 때는 사례가 다르지만, 똑같이 고고학적 훈련을 받고 들어오고, 그것을 넘어서 역사적인 유물해석까지 배워서 오는 것인데, 그것에 들어간 공력을 모두 인정해야 하는데, 너무 좁게만 해석을 하니까, 현장을 중심으로 해서 좁게만 해석을 하니까, 학력과 경력의 교차인정문제가 어려워지는 것 같은데, 그 부분을 좀 더 고민해야하지 않을까 합니다.

신희권 : 그 부분을 저희가 고민을 안했던 것은 아니고요, 더구나 석사논문 쓰시고 박사논문 쓰신 그 노고를 저희가 폄하하거나 배제하자는 것은 아닙니다. 그런 공로는 다른 데서 인정을 받으시면 된다고 저희는 생각합니다. 발굴현장에서 발굴조사 경력으로 그 공로를 인정받으시면 안 되고요, 그 부분은 본인이 어떤 연구 성과로서, 연구자로서 그 10년의 보상은 받을 길들이 많이 있다고 생각을 합니다. 다만, 발굴조사 현장에서는 그 10년 동안 현장에서 일했던 분들이 그보다는 더 인정을 받아야 된다는 근본적인 취지 때문에 이것이 만들어진 거고요.

예를 들어 더 극단적인 예를 들어보면 정말 3년 동안 현장에서 아무 생각 없이 발굴한 분과, 발굴현장 경험은 없지만 석사논문을 3년간 쓰고 너무 고민을 많이 한 분이 발굴현장에 투입되었을 때 3년간 석사논문 쓰고 발굴현장경험을 처음 한 분이 발굴을 더 잘할 수도 있습니다. 3년간 고민 없이 발굴한 친구보다.

그렇지만 그 잣대를 누가 평가할 것이냐는 부분에서 저희 문화재청에서는 그것은 정말 객관적으로 평가하기가 어려운 점이기 때문에 우리는 발굴조사는 현장에서 이뤄지는 것이고, 그 현장에서 일했던 경력은 그 친구가 고민을 했건, 열심히 했건, 안했건 그것까지 우리가 평가할 수 없다, 다만 그 현장에 있었던 것만큼은 사실이라는 것만 판단하자라는 것이고요, 그런 차원에서 보고서 발간이나 기타의 경력을 책임조사원, 조사원 이상의 자격에서는 발굴조사 경력으로 국한시키면요, 보고서 발간이 당연히 발굴의 최종작업이라고 배웠습니다.

예를 들어, 현장 1년 발굴하면 2년 정도의 시간을 들여야 보고서가 나오고, 그 보고서를 통해서 좋은 논문을 쓰려면 더 몇 년간 고생을 해야 되겠지요. 그런데 1년간 발굴했다는 것들은 객관적인 증빙 자료가 있습니다. 발굴조사 계획서라던가, 다른 증빙 자료가 있는데 나머지 발굴조사보고서를 썼다는 것은 그 또한 저희 청에서 행정적으로 판단하기가 상당히 어려운 부분입니다. 예를 들어 내가 1년간 좋은 유적을 발굴했고, 그 유적이 너무나 훌륭해서 10년을 고민해서 발굴보고서를 썼습니다. 그러면 저는 발굴조사 경력을 11년으로 인정을 받아야 되겠다고 말씀을 하시는 건데요, 저희는 그 10년 동안 발굴조사 경력을 입증할 수 있는 방법이 굉장히 어렵기 때문에 만약 학계에서 발굴조사보고서 경력을 산입할 수 있는 아주 좋은 방법을 제시해 주시면 저희는 그것을 따르겠습니다.

…(좌중 소란)…

노중국: 제가 사회자인데요. (웃음) 사실 발굴조사원의 자격문제는 앞서 말씀드린 대로 한번 발굴하면 완전히 파괴해 버리므로 발굴과정에서 최대한의 정보를 얼마만큼 얻어낼 수 있느냐 하는 것과도 연결되어 있습니다. 지금 문화재청에서 제시하여 만들어서 시행하고 있는 조사원 자격제도에 대해 안신원 선생님하고 이인재 선생님이 구체적으로 여러 가지를 지적했

습니다. 또 이러한 지적에 대해 문화재청의 입장도 들어보았습니다.…
몇 분 이야기를 더 듣겠습니다. 누가 질문을 더…?

청중 7 : 그러면 노혁진 선생님 먼저.

노혁진 : 한림대 사학과의 노혁진입니다. 저는 우리 신희권 선생님 사고방식
이 왜 자꾸 발굴하고 고고학 학문을 이원화 시키는지, 그게 만약에 신
선생님이 관리국에 안계시고 다른 학교에 계셨다면 저렇게 되실 수 없을
것 같은 생각이 들어요. 그런데 아무튼 소신을 갖고 계신 것 같고, 제가
존경스럽습니다. 생각해 보십시오. 대학원생들 100명이 서명을 하는데,
어린 나이들도 아니고 이게 비양심적이고, 자기의 밥그릇 때문에 그러는
것이겠습니까? 그것은 아니죠. 그 안에는 어느 정도 상식적인 합리성이
있는 거고, 그래서 너무 신 선생님이 그 부분을 강경하게 대항하시는
것 같아서 그것은 아니라고 생각이 들고요.

　그리고 이것은 이원화 시킬 문제가 아니죠. 아까 안 선생님 잘 풀어주셨는
데, 아 보세요. 졸병 때 고등학교 나오고 총 들고 졸병부터 물론 장교
될 수도 있어요. 20년 전장에 있으면요. 육사 나와도 고도의 훈련받고
장교 돼요. 그 두 가지를 대립시키지 말라고요. 충분히 둘 다 생길 수가
있는데. 문화재청의 그러한 방안도 있고. 석박사생을 우대하자는 것이
아니에요. 이 표현이. 불이익을 당하지 않게 하자는 거죠.

　생각해 보세요. 석사·박사, 석사 3년 걸려요, 박사까지는 5년 이상 걸려요.
진짜 신 선생님도 경험했고, 다 경험했지만, 정말 고생하면서 논문 썼다고요.
아 그러면은 어떻게 되겠어요. 그 어려운 길 택한 사람 줄어들죠. 그 대신
석·박사 안하고 현장을 나가는 사람은 늘어나는 거예요. 악화가 양화를
구축하는 거예요. 사회적으로. 왜 그걸 대립하는 것으로 생각을 가지고
계시는지 좀.

송기호 : 예, 제가 말하겠습니다.

노중국 : 뒤에도 들리게 말씀해 주시죠.

송기호 : 예, 송기호입니다. 지금 아까 신희권 선생님이 말씀하신 것은 결코 객관적인 평가기준을 어떻게 만드냐 하는 실무적인, 실제로는 행정적인 문제가 있는 것 같은데요, 그러니까 그것이 제가 지금 박물관에, 학예사 운영위원회에 있습니다. 거기에는 기준에 학사, 석사, 박사가 각각 충족 정도가 다릅니다. 같은 문화부 내에서 학예사가 다르고, 또 하나는 3년 뒤나 아까 자격증 제도를 시행하겠다고 하셨는데, 그렇게 되면 문화재청에서 판단하는 것이 아니라 위원회가 구성되어야 합니다. 그렇게 되면 석사나 박사나 각종의 경력에 대해서 어떻게 판단할 것인가를 거기서 결정해야 한다는 겁니다. 그러기 때문에 행정편의적인 문제가 덜 발생하기 때문에 실제로 이 문제는 재고해 가지고, 그 위원회에서 결정을 해야 됩니다. 그리고 또 하나 문제는 실제로 저는 역사학자로서 발굴현장에 많이 가보면, 현장에 계속 있는 사람은 발굴기술자 역할을 하게 되고, 실제로 문제의식을 많이 가지고 있는 사람이 더 많이 보이는 경우가 많습니다. 그럴 경우에는 분명히 대학원에서 공부한 사람이 문제의식을 가지고 볼 수가 있기 때문에 그것을 똑같이 결정할 수, 그런 것만 가지고 따질 수 없다는 생각이 분명히 듭니다. 그래서 그것은 자격증 제도를 할 때 위원회를 구성해 가지고, 거기서 조금 더 폭넓게 인정하는 것이 좋을 것 같습니다.

노중국 : 저 뒤에 계신 분, 아까 어떤 얘기 안 했어요?

박진 : 아, 그건 제가 좀 진행되는 거 봐서 말씀을 드리고 싶습니다. 저는 저, 여기 계신 분들 학교에 계신 분들이고, 저는 실무진에서 금방 말씀하신 발굴기술자로 볼 수 있습니다.

노중국 : 아, 성함도 말씀해 주시기 바랍니다.

박진 : 계림문화재연구원에서 연구하는 박진이라고 합니다. 저는 대학원을 졸업하고, 아니 학부 때부터 지금까지 20년을 일하고 있습니다. 지금 말씀하

시는 게, 가장 큰 취지는 아까도 말씀했지만 문화재를 보호하는 방법이거든요, 문화재보호법입니다. 발굴을 안 해도 됩니다. 문화재를 보호하기 위해서 발굴을 할 필요가 없습니다. 그게 제일 좋은 방법이고요.

근데 현장을 지금 말씀하시는 것 보면, 현장은 아무 것도 아니라는 이야기가 나옵니다. 책을 보고, 그 책이라는 게 결국 현장에서 나온 책입니다. 발굴보고서. 그 보고서를 보고 공부한 사람들이 현장에 나왔는데 현장은 이미 "나 공부했어", "나 다 알아" 하고 현장을 팝니다. 과연 그 사람이 잘 팔까요? 못 팝니다. 제가, 지금 저도 대학원을 수료했습니다. 학문적 욕구 때문에 대학원을 갔습니다.

근데 지금 아주 간과하시는데요, 대한민국 발굴이 1990년대까지만 해도 열악했습니다. 겨우 2000년대 들어와서, 90년대 후반에, 2000년대에 사업화가 되고, 남들이 보기에 돈이 됐습니다. 그래서 지금 전국에 72개의 문화재연구소와 기관이 있습니다. 그리고 대학 박물관들이 있습니다. 이 시점에서 누구의 밥그릇 싸움으로 보여지고 싶지 않습니다. 저는 제가 조사원 자격만 된다, 그러면 제가 나이 60이 돼서도 현장에서 땅을 파고 싶습니다. 저는 그렇게 저의 선생님한테 배웠습니다. 그 분은 지금도 현장 나오면, 호미로 땅을 긁습니다.

그런 것들에 대해서 너무 간과를 하시고, 단순히 내가 공부를 했고, 내가 이만큼 했기 때문에 자격을 달라? 그 자격이 그렇게 중요합니까? 조사원 자격기준이 지금까지 4번이 바뀌었습니다. 그런데 제일 중요한 거요, 그 기준이 바뀔 때마다 새롭게 다 적용을 합니다. 이미 과거 법률에서 책임조사원·조사원으로 인정이 돼서 조사를 했습니다. 그리고 보고서가 나왔습니다. 아주 훌륭합니다. 근데 기준이 또 바뀝니다. 그럼 이 사람은 조사원이 안 됩니다. 그럼 그 앞에 발굴한 보고서 이거 한 현장은 잘못된 겁니까? 잘못 안 됐다니까요? 누구나 보고 "아~ 훌륭하다." 그러고 갔습니다.

그런데 자격증도 주지 않습니다. 단순히 자격 기준입니다. 그 기준에서 이 사람은 조사원이라고 말하는 단어 하나에 우리가 지금 가장 중시해야할 사료를 정말 그거 하나에 가지고 내 자격이 "난 책임조사원", "난 조사원." 이래가지고 말씀하다는 것 자체가 말에 모순이 있지 않느냐. 그거 기준은 현장 경력이 중요하다, 그래서 그 현장경력을 통해서 현장을 파고, 학문적으로 배우신 분들 와서, 보고, 도움을 주고, 그런 유기적인 관계가 돼야 하는 것이지, 고고학계와 역사학계가 도움을 주듯이, 현장과 학문이 도움이 되어야 되는 거지, "나는 공부만 하는 사람이야", "나는 땅만 파는 사람이야" 이건 아니거든요.

그래서 지금 드리고 싶은 말씀은 문화재청의 입장도 있고 저희의 입장도 있지만, 저는 그 얘기를 하고 싶습니다. 왜 기준이 바뀔 때마다, 새롭게 모든 것을 잘 적용을 하는지 잘 모르겠습니다. 승급할 때, 그러니까 조사원에서 책임조사원 갈 때, 아니면 조사보조원에서 조사원 갈 때, 그 법을 적용시켜야지, 모든 것을 다 다시 시작합니다. 다시. 그러니까 출구조사는 한 번만 하고 차등적용이 필요하지 않느냐라는 생각을 합니다.

노중국 : 예, 고맙습니다. 사실 뒤에 짚어보려고 했는데, 먼저 문제가 나왔습니다. 안신원 선생님 발표문을 보면, 합당한 경과조치 없는 기존 조사원 자격기준 불인정에 관한 절이 나와 있는데요, 현장 쪽의 이야기를 들어보면, 기준이 바뀔 때마다 새로운 기준을 모두 소급 적용시켜 버린 모양이에요. 그 결과 이전의 기준에서는 책임조사원·조사원이었는데 새로운 기준을 소급적용하면 떨어져 버리는 양상이 된다는 거죠…. 지금까지는 새로운 기준을 소급시켜 적용해온 모양인데, 앞으로는 그렇게 하실 건지 궁금합니다. 한 말씀 해주시지요.

신희권 : 글세, 제가 그 업무를 직접 담당하지 않아서 어떤 기준으로 그거를 했는지 모르겠는데, 그 부분을 담당한 이주헌 연구관이 와있거든요. 직접

한 번 그 부분에 대한 답변을 부탁드립니다.

이주헌 : 예, 말씀하신 문화재청 발굴제도과의 이주헌입니다. 뭐, 여러 차례 바뀌었다 하셨는데, 맞습니다. 여러 차례 바뀌었습니다. 그런데 그 바뀌는 방향이 점점 자격이 안 되는 게 아니고, 자격을 올려주는 방향으로 바뀌었습니다. 어떻게 되었는지 보십시오. 2005년도에…. 전부다 석사학위 딴 이후에 몇 년간, 학사 딴 이후에 몇 년간… 이렇게 되어있습니다. 그런데 우리나라에 그런 조건을 가진 사람이 없어요. 그래서 점점 우리가 그것을 풀어놓은 겁니다. 그래서 "~자격자이고, 몇 년…" 이런 식으로 점점 자격이 내려가는 겁니다. 떨어진 사람 거의 없습니다.

청중 8 : 많이 있는데….

청중 9 : 많이 있는데요. (좌중 웃음)

이주헌 : 거의 없습니다. 사실….

청중 10 : 보조원까지 떨어졌는데요.

이주헌 : 그 부분에 대해선 오해가 있는 것 같습니다.

노중국 : 아, 예…. 특히 현장에 일하시는 분과, 문화재청에서 오신 분과의 사이에 온도 차이가 크네요. 온도 차이가 큰데…. 이는 법 적용을 어떻게 할 것이냐는 문제에 대해서도 차이가 있는 것 같고요…. 저는 법을 잘 모릅니다만, 대개는 새로운 법이 만들어지면 새로운 법은 법이 만들어진 이후에 적용되는 것으로 알고 있습니다. 특별한 경우가 아니면 소급적용하지 않는 것을 저는 상식으로 알고 있습니다. 이주헌 선생님! 현재의 기준대로 하면 조사원의 직급이 "올라가는 것으로 된다." 이렇게 보시는 거죠?

이주헌 : 예, 지금 지난번 2009년도에 시행했던 법에 비해서는. 그 당시에는 무조건 대학 졸업해도, 현장발굴 경력이 1년 이상 있었어야 했습니다. 그래서 많은 사람들이 안 됐습니다. 그 1년 발굴이라는 경력 때문에. 그리고 고졸자 이런 분들도 사실 재단이나 다른 현장에서는 많은 작업을 도와주고

있습니다. 그리고 비전공자들 뭐 캐드작업을 한다, 뭐 전산작업을 한다 하는 그런 고고학 조사에 필요한 분들임에도 인정을 못 받았어요.

　그런데 법을 바꾸면서 많은 보조원·준조사원까지 자동으로 많은 부분 올라가셨고, 지금 현재 문제가 되는 부분이 조사원에서 석사학위, 그거를 총리실에 심사에서 두 번이나 빠지는 바람에 그 부분에 있어서 "몇 분이 떨어진다." 하는 부분은 지금 접수를 하고 있습니다. 그런데 그 부분도 충분히 극복을 할 수 있습니다.

노중국 : 제가 하나만 묻겠습니다. 제가 이해를 하기 위해서… 이전의 법에 의해 조사원이나 책임조사원의 자격이 됐던 사람이, 자기가 처음 들어갔을 때 불리한 조건이라 하더라도 그것을 극복하고 책임조사원이 된 사람이 그 다음에 새로운 법에 의해 밑으로 떨어진 경우가 있느냐는 겁니다.

이주헌 : 일부 조사기관에 따라서 몇 분 있는 것으로 저도 들었습니다. 그런 부분에 대해서는 최대한 선의적인 피해가 없도록, 저희 청도 고민하고 있고, 이 법이 8월 16일부터 시행이 됩니다. 그리고 이미 그와 같은 관련된 내용은 작년 초부터 알려줬고, 1년 반이라는 유예기간도 줬습니다. 법적으론 6개월 줬지만, 이미 그 전에 1년 전에 알려줬기 때문에 충분히 그 1년 반이라는 기간 동안 발굴 경력을 쌓을 수 있었습니다.

노중국 : 그게 경과규정입니까?

이주헌 : 예, 그렇습니다. 부칙에 분명히 나와 있습니다.

청중 11 : 저는 분명히 떨어졌습니다. 제 석사까지의 전공은 민속학이거든요, 근데 제가 발굴기관의 조사원으로서 현장의 일을 했는데, 법이 바뀌는 과정에서 비전공자가 여러 가지 문제가 있어 나가달라… 박사과정에 전념하던가, 다시 고고학을 전공하던가 선택의 기로에 놓여있어서, 제가 기관을 나와서 논문을 썼습니다.

　제가 다시 기관에 들어가려고 했을 때, 전 비전공자로 분류가 되어서 보조조사원으로 강등이 됐습니다. 물론 찾아가서 "이러저러해서 선처를 부탁한다." 근데 그 때 제가 그 때 들었던 얘기는 "과거에는 이런 기준법이 없었고, 조사원이라는 기준을 선정해 준 것은 문화재청에서 하지 않고, 각 기관에서 자의적으로 했다. 그래서 당신에 대해서는 조사원으로 인정할 기준이 없다, 당신같은 민속학전공자는 문화재 관련학과에서 제외가 되고, 그래서 고졸로 인정받아야 된다." 그 상태를 가지고 제가 기관에 다시 이력서를 가지고 갔습니다. 그 기관에서는 저는 고졸이기 때문에 "보조원으로 계약을 하자." 3년 간 싸웠습니다. "끝끝내 인정 못하겠다." 그런 과정을 거치면서, 기관을 총 3번을 바꿨습니다. 다행히 지금 기관에서 저에 대해서 받아주셔서 조사원으로 일하고 있습니다.

　제가 가장 염려되는 것은 이런 기준이 바뀔 때마다, 비전공자들이 가장 불이익을 당하고 있습니다. 청에서는, 우리는 법대로 한다고 하십니다. 그러면 기관에서는 그 법대로 적용했을 때, 기관에서는 넌 여기에 필요 없는 사람이라고 적용을 해버립니다. 이런 널뛰기식의 법 적용, 새로운 법을 만들고, 그 새로운 법을 적용을 시키고…. 그러한 것은 학문하는 입장에서뿐만 아니라, 일반 시민의 입장에서도 너무 억울하다는 생각이 많이 듭니다. 이런 거에 대해서 기존 과거에 한 번 선정됐으면, 그 선정된 것에서 꾸준히 나가시던가 조금씩 해주셔야지 바뀔 때마다 이렇게 적용하시면, 대한민국의 발굴기관에서 일하는 사람들 중에 비전공자들은 아무도 남아있지 않을 것이란 생각이 듭니다.

노중국 : 예, 알겠습니다. 그럼 방청석에서 한 분만 더 받겠습니다.

김장석 : 예, 아까 말씀드렸던 김장석입니다. 이 자격 기준이 아마 1년 전쯤엔가 해서 고고학계에서 정리된 것으로 알고 있습니다. 그런데 이 개정안하고는 완전히 다른 취지에서… 학진 등재지에 몇 편의 논문을 실어야 조사원이 되고… 굉장히 강화되었습니다. 근데 이제 사실은 이번 법에서

수치상에서 보면 이전보다 더 완화됐으리라 생각되는 것도 있습니다. 근데 문제는 갑자기 사람들 사이에서 논란이 되기 시작한 것은 그냥 수치상으로 1년 365일 현장 참여일수! 이게 나오면서부터입니다. 그 전에 석사 후 몇 년, 이런 식으로 적용되었을 때 훨씬 유연하게 적용되었고, 그 다음에 계약기간을 하여 적용했을 때 사실은 크게 문제가 없습니다. 근데 2190일, 3585일인가요? 그 숫자가 되면서, 연구원들은 자기가 예전에 했던 보고서에 숫자를 세는… 하나하나 다 셉니다. 2190일에서 하루가 모자랍니다. 안 됩니다. 결국은 그게 굉장히 비합리적이었다는 거죠. 근데 동절기·장마철 등 발굴이 힘듭니다. 안됩니다.

그리고 각종 보고서 쓰는 기간 등 해서, 1년에 풀로 거기에 매달려 있다 하더라도 사실은 굉장히 시간을 채우기가 쉽지가 않다는 겁니다. 아까 9년 발굴하면 된다고 하셨는데, 실제 계산하면 십 몇 년~20년 가까이 될 수밖에 없다는 겁니다. 당연히 그 와중에서 기존에 발굴 연수로만 가지고 떨어지는 사람도 있습니다.

그런데 제가 알고 있는 한 50% 이상이 다운되는 그런 상황이 발생합니다. 어떤 발굴기관에서는 존립자체가 문제가 되는 경우도 있습니다. 아마 대학 같은 경우는 거의 대부분이 발굴 자체가 힘들어지는 그런 케이스들이 생겨버릴 겁니다. 문제는 이런 규정 자체가 굉장히… 행정 편의적으로 이루어지고 있는 경우가 많습니다. 적용 자체가요. 그런 부분을 완화를 시켜주시거나, 고려를 해주셨다면, 현재 이런 일들이 많이 안 일어났을 꺼라 생각이 듭니다.

그리고 아까 그 1년 반 전부터 공지하셨다고 했는데, 그 때 꺼와는 완전히 다릅니다. 그 사이에 "어떤 식으로 어떻게 법 개정이 이루어질 것이다." 하는 것을 저희가 알았다면, 이렇게까지 깜짝 놀라서 커다란 문제를 제기하지는 않았을 것입니다.

또 하나 너무 걱정되는 것은 3년 뒤에 나타나는 조사원 인증제입니다. 근데 조사원 인증제 문제가 어떤 형태로 어떻게 진행이 되는지, 그것만 해도 제가 볼 때는 4, 5년 정도의 충분한 검토가 필요하다고 생각합니다. 그런데 3년 뒤에 바로 시행을 할 꺼다 할 때는 분명히 문제가 일어날 겁니다. 그리고 지금 이 문제뿐만 아니라 발굴공영제도 이런 이야기가 많고 하는데, 그게 지금 어떻게 흘러가는지를 아무도 모르다가 한꺼번에 확 터진 다음에 그 뒤에 목소리가 커질 수밖에 없으니까, 그런 것을 적용을 하실 때라든가 개정하실 때 반드시 염려해 주시길 바랍니다.

신희권 : 예, 훨씬 저희 입장에서는 도움될 만한 이야기가 많이 나오고 있습니다. 그 3년 후를 대비해서 저희가 사실은 올해부터 용역을 참가하는 사람들을 대상으로 국가적으로 시험을 치는 그런 제도들을 분석을 하고 있습니다. 어떠한 자격으로 하고 있고, 또 기존의 자격자들을 어떻게 어떤 식으로 처우해야 하는가, 그런 부분들에 대한 논의를 하고 있는데요, 뭐 그 과정에서 정말 결과적으로 위원회가 구성될 수도 있고, 시험을 치를 수도 있고, 여러 가지 방법이 있을 수 있을 것 같습니다.

그것까진 아직 정해진 건 하나도 없기 때문에 말씀처럼 4, 5년 충분한 논의를 하고 그러면 좋겠지만, 현재로서 저희에게 주어진 시간은 3년입니다. 그 중에서 또 몇 개월이 흘렀기 때문에 남은 시간 내라도 최대한 저희가 고고학계 전체의 지혜를 모아서 가장 문화재 조사를 제대로 할 수 있고, 제대로 대우를 받을 수 있는 그러한 규정들이 만들어질 수 있도록…. 지금은 물론 개인적으로 이 기준 때문에 손해를 보신 분들도 있고, 느닷없이 덕을 보신 분들도 있다고 합니다. 그런 분들도 있는데, 그런 거 하나하나가 일희일비해서 이 기준 자체가 전체가 문제가 있다고 비하되기 보다는 일단은 정말 바람직한 방향으로 개선할 수 있는 것은 개선하는 방향으로 하되, 거기다가 우리가 3년 뒤에 초점을 맞춰서 할 필요가 있지 않을까 생각을 합니다.

책임조사원 문제에 있어서만큼은 저희가 아까 보고서 발간기간 말씀을 드렸는데요, 저는 보고서 발간기간 산입하는 것은 개인적으로 찬성합니다. 왜냐하면, 발굴은 땅을 파서 책을 낼 때까지가 하나의 과정으로 배웠습니다. 그래서 그것은 찬성을 하는데요, 만약에 그렇게 된다면 저는 기준은 좀 더 강화를 해야 한다고 생각을 합니다. 예를 들어, 현장경력을 뭐 5년으로 했으면, 보고서 기간을 포함할 때는 10년으로 해야, 책임조사원에 대한 일정 정도의 자격이 존중을 받을 수 있다 그렇게 생각합니다.

왜냐하면, 책임조사원은 그야말로 그 발굴의 처음부터 끝까지, 보고서가 나오고 사후에 그 보고서의 평가까지 받고, 평가가 잘못되었을 때는 법적 책임을 지는 사람입니다. 그런데 그런 분들이 나름대로 충분한 경륜과 연구 성과까지 포함되면 더 좋겠죠. 그런 것들을 가지고 했을 때, 우리는 품질 좋은 발굴을 기대할 수가 있는데, 그 현재로서는 책임조사원에 올라가는 연령이 점점 낮아진다고 들었고, 심지어는 이십대 후반의 책임조사원들도 나오고 있습니다. 그런 분들은 이미 현장을 떠나서 뒷짐 지고 계시는 분들인데, 과연 그것이 우리나라 고고학계 전체에 바람직한 일이고 실익이 되는 부분인가 그런 차원에서는 적어도 책임조사원 부분은 보고서 발간을 넣든 안 넣든 상관없이 상당히 엄격한 기준이 적용이 되어야 한다고 저는 생각을 하구요, 아무튼 오늘 해주신 말씀들은 잘 참고를 하겠습니다.

노중국 : 예, 시간이⋯ 마지막 질문을 받도록 하겠습니다.

청중 11 : 사실 그 오늘 이 자리가 당면한 문제를 해결하기 위한 자리는 아니라고 생각합니다. 다만 문제를 해결하기 위해서 어떠한 대안이나 방향을 제시하는 자리라 생각을 하는데, 조사원 자격기준 관련해서 사실 문화재청에서 간과하고 있었던 큰 문제가 하나 있다고 생각이 되는데, 그것이 사실 기준 자체가 단일 기준이었기 때문에 그렇지 않나 생각을 합니다.

아까 신 선생님 말씀을 하실 때도 문화재연구소의 예를 들어서 토론하셨는데, 역시 그러한 부분들이 정부기관의 자격기준 하고, 발굴전문법인의 자격기준 하고, 박물관 부분에서의 자격기준 하고, 그런 식으로 자격기준을 다원화시켜서 문제를 해결할 수 있는 그런 방향으로 한 걸음 나아갈 수 있지 않을까 그렇게 생각을 합니다. 그래서 문화재청에서 연구관님 두 분이 와 계시는데, 자격기준에 대해서 다양한 형태로 적용을 하면 현재보다 훨씬 더 많은 의견들이 수렴이 되고, 여러 형태로 발굴도 하고 그러시는 분들이 연구도 하고 혜택도 받으실 수 있다고 생각을 합니다. 참고해 주십사 말씀을 드렸습니다.

노중국 : 고맙습니다. 많은 이야기들이 나왔는데요, 정리를 조금 해야 될 것 같습니다. 조사원 자격기준에 대해 안신원 선생님이 5가지 정도를 지적하였고 또 답변하신 것도 있는데 참고하여야 할 것입니다. 다음에 이인재 선생님도 몇 가지 방안을 제시하셨습니다. 그리고 이외에 몇 가지 안들이 나왔습니다.

먼저 법을 개정할 때 가능하면 불이익을 받는 사람이 적게 될 수 있도록 하는 것이 법 개정의 근본 취지가 아닌가 합니다. 개정으로 인하여 불이익을 받게 되면 또 다른 사회적 문제가 야기되므로 그런 면을 생각해야 할 것 같습니다.

그 다음에 조사단장의 경우, 신 선생님은 문화재청과 같은 국가 또는 지자체의 경우 특수성이 있다고 했습니다. 그런 특수성이 있으면 앞서 박 선생님이 말씀한 것처럼 별도로 분류하고 그것과 보조를 맞추어 국공립 및 사립대학박물관이나 연구소 등의 기관들을 분류하는 것도 하나의 방법이 될 수 있다는 생각이 듭니다.

그 다음에 발굴참여일수 문제입니다. 이 문제를 보고 저는 굉장히…놀랐습니다. 고고학계에서는 날짜를 하나하나 따지고 있는 모양인데요, 그만큼 민감하다는 면을 보여주는 것 같군요…. 한 쪽에서는 이렇게 하면 좋지 않느냐 하지만 막상 그것에 적용받는 사람 쪽에서는 굉장히 민감하게 받아들이는 모양입니다. 그것을 어떻게 계산해낼 것이냐 하는 것도 쉽지 않은 문제인 것 같습니다. 지금 하고 있는 이 방법이 최선의 방법이라면 더 이상 할 말은 없겠지만, 문제점이 있다고 하면 또 다른 방법을 강구해할 필요가 있지 않겠는가 합니다.

그 다음에 학과 명칭에 따른 전공 차별문제에 대해서도 여러 이야기들이 많이 돌고 있는 상황입니다. 구체적으로 고고학이 아닌 일반 역사 또는 문화재와 관련된 학과 쪽에서 나름대로 이유 있는 불만이 많이 나오고 있다는 것도 고려해야 할 것 같습니다.

그 다음 맨 마지막에 나온 것…. 경과조치 문제는 기존의 연구원들의 자격을 어떻게 해야 할 것인지…. 현장에 근무하고 있는 쪽에서는 계속 소급적용을 해왔다고 하고 있습니다. 이 점도 또한 염두에 두고서 좋은 방법을 모색해야할 것 같습니다.

하나 더 첨부해서 말씀하고 싶은 것은, 제가 발표논문도 보고 토론도 들어보면서 느낀 것이 발굴하시는 분들의 현장 경험이 많이 이야기되고 있습니다만 그와 동시에 발굴에 종사하는 사람들의 학문적인 연구를 촉진하는 것에 대한 방안 제시가 거의 없다는 것입니다. 제가 주변 사람들로부터 '고고학적 발굴에 종사하는 사람은 굉장히 많은데 실제 연구하는 사람은 별로 없다'는 말을 많이 들었기 때문에 이런 말씀을 드리는 것입니다. 발굴기관들 명칭을 보세요. 전부 다 연구원입니다. 발굴기관 아니고 "연구"를 굉장히 강조를 하고 있습니다. 그러나 현실적으로는 조사 쪽에만 초점이 맞춰져 있어 연구가 매우 소홀히 되고 있습니다. 이러한 측면도 반성하고 고민을 해봐야하지 않겠느냐 생각하고 있습니다.

그리고 앞서 발굴조사 실시기준과 관련해서도 좋은 방향으로 이야기가 돼야 한다고 했는데, 그것하고 조사원의 자격기준하고는 맞물려 돌아갑니다. 그래서 신 선생님은 양자를 조화롭게 연결시키는 방법도 같이 모색해야 할 것 같습니다. 아무튼 학회의 많은 제안들을 조금 더 수렴해서 더 좋은 발굴이 이루어지도록 하고, 발굴을 통해 얻어진 자료들을 바탕으로 우리의 역사와 문화가 재구성되고 복원되어야 할 것으로 생각합니다.

김범철 : 아, 이 문화재청이 또 다른 용역을 계획하고 계시는데, 제가 당부말씀 드리고 싶은 게 있습니다. 이 고고학계 보고서를 접한 것도 이번 법령이 문제가 되고나서 접했습니다. 근데 분명히 문화재청은 고고학계가 의견을 냈다고 이야기를 하는데, 이 보고서가 나오는 단계에서 문화재청에 납품이 되기 전에 공청회를 할 수 있도록 제도를 마련해 주신다던지, 좀 공개가 되도록⋯ 사실 이것은 상당히 민감한 상황이기 때문에 용역을 하는 쪽에서는 대외비로 할 수밖에 없는 것이거든요.

 왜, 아까 법령이 여러 번 바뀌었다고 했었는데, 제가 여러 잡지에 편집위원을 하고 있습니다. 근데 한순간 학진 등재지·등재후보지 이야기가 나오니까 물밀듯이 투고가 되는 경향이 있습니다. 그것은 사실과 전혀 다르죠. 이 소문 하나에 일희일비하는 상황이니까 그것을 비밀스럽게 하지 마시고, 그것이 어느 정도 단계를 거치고 공청회를 거치고 단계를 거쳐서 공개적으로 이루어질 수 있도록 장치를 마련해주셨으면 좋겠습니다.

신희권 : 예, 당연히 해야 될 일입니다. 이번 용역 결과물도 당연히 공청회가 여러 대상을 상대로 이루어질 것으로 예상을 하고 있고요, 이 발굴조사 실시 기준안도 고고학회 주관으로 공청회가 있었습니다. 전문가 워크샵으로 해서 발제자·토론자까지 정해서 워크샵을 했었고, 그 날 그 자리에서도 경작유구를 가지고 치열한 논의가 있었습니다만, 학계 내부에 합의안을 도출하지 못한 것으로 알고 있습니다. 결과적으로 공청회 끝에 제출된

최종 보고서는 저희 입장에서는 한국 고고학계 의견으로 받아들일 수밖에 없었습니다.

노중국 : 예, 오늘 주제는 딱 부러지게 결론 내기 어려운 주제였습니다. 그러나 발표자·토론자·방청객에서 여러 가지 좋은 말씀을 해주셨습니다. 현재의 규정이 많은 사람을 만족시켰으면 이런 자리가 만들어지지 않았겠죠. 어쨌든 이런 자리가 마련되었다는 것은 현재의 규정이 만족스럽지 못한 부분이 많았기 때문이겠죠. 그래서 이런 자리가 마련되었다고 생각합니다. 문화재청은 청 나름대로의 입장이 있고, 학계와 발굴기관에서도 나름대로의 입장이 있습니다. 이런 것들이 다시 한 번 조율이 되어 더 나은 기준들이 만들어지기를 바랍니다. 또 이러한 문제들에 대해 문화재청에서는 보다 적극적으로 마음을 열어주시고, 각 연구자들과 학회나 기관에서는 좋은 아이디어들을 많이 제시해 주셨으면 좋겠습니다.

 마지막으로 정리해야 할 것은 이른바 일몰제에 의해 앞으로 3년 사이에 적용되어야 될 내용이 하나 있고요. 3년 뒤에 적용되어야 할 내용들이 있습니다. 3년을 사이에 두고 두 단계로 나눠지는데, 이것을 어떻게 조율해 나갈 것인가도 심각하게 고민해야 할 부분입니다. 여기 계신 신 선생님은 이 점도 염두에 주시면 고맙겠습니다. 또 하나는 제도개선을 위한 위원회 등을 만들어 제도를 개선할 때 포괄적으로 연구를 해서 다양한 의견들이 반영되고, 거기서 합의가 도출되었으면 좋겠다는 말씀을 드리겠습니다. 이상으로 "매장문화재법시행규칙과 발굴조사 규정에 나타난 두 가지 현안과 해결방안"에 대한 토론을 모두 마치겠습니다. 고맙습니다. (끝).

(정리 : 이인재)

[부록 1]

1. 제정이유 및 주요내용

매장문화재 보호 및 조사에 관한 사항을 「문화재보호법」에서 별도 법률로 분리하면서, 매장문화재 유존지역의 보호, 매장문화재 지표조사 결과에 따른 협의, 매장문화재 조사기관에 대한 등록취소 및 업무정지, 문화재 보존 조치에 따른 토지 매입 등을 주요 내용으로 「매장문화재 보호 및 조사에 관한 법률」(법률 제10001호, 2010. 2. 4. 공포, 2011. 2. 5. 시행) 및 같은 법 시행령(대통령령 제22649호, 2011. 1. 28. 공포, 2011. 2. 5. 시행)이 제정됨에 따라 법률에서 위임된 사항 및 그 시행에 필요한 사항을 정하는 한편, 매장문화재 조사기관의 등록기준 및 조사 요원별 자격기준을 정비하고 문화재 보존 조치 결과보고서 서식을 마련하는 등 현행 제도의 운영상 나타난 미비점을 개선·보완하려는 것임.

2. 참고사항

가. 관계법령 : 생략

나. 예산조치 : 별도조치 필요 없음

다. 합   의 : 기획재정부 등과 합의되었음

라. 기   타 : 1) 입법예고(2010. 6. 21.~7. 12.) 결과, 특기할 사항 없음

　　　　　　 2) 행정규제 : 규제개혁위원회와 협의 결과, 이견 없음

　　　　　　 - 규제신설 12건(지표조사 보고서, 매장문화재 보호를 위한 조치 명령 등)

문화체육관광부령 제78호

매장문화재 보호 및 조사에 관한 법률 시행규칙

제1조(목적) 이 규칙은 「매장문화재 보호 및 조사에 관한 법률」 및 같은 법 시행령에서 위임된 사항과 그 시행에 필요한 사항을 규정함을 목적으로 한다.

제2조(매장문화재 유존지역의 정보 공개 등) ① 문화재청장은 「매장문화재 보호 및 조사에 관한 법률」(이하 "법"이라 한다) 제4조 및 「매장문화재 보호 및 조사에 관한 법률 시행령」(이하 "영"이라 한다) 제3조제1항에 따라 매장문화재가 존재하는 것으로 인정되는 지역(이하 "매장문화재 유존지역"이라 한다)의 위치에 관한 정보를 영 제3조제2항에 따라 상시적으로 공개할 때에는 축척 2만 5천분의 1의 지도에 표시해서 하여야 한다.

② 법 제6조제1항에 따른 매장문화재 지표조사(이하 "지표조사"라 한다)를 실시하는 건설공사의 시행자, 법 제12조제1항에 따라 매장문화재의 발굴허가를 받으려는 자 및 해당 사업지역을 관할하는 지방자치단체의 장은 매장문화재 유존지역에 대한 상세한 정보가 추가로 필요한 경우 별지 제1호서식의 매장문화재 유존지역 정보 공개 청구서에 따라 문화재청장에게 그 정보의 공개를 청구할 수 있다.

③ 제2항에 따라 정보의 공개를 청구받은 문화재청장은 그 청구일부터

7일 이내에 상세한 정보를 공개할 수 있다. 이 경우 문화재청장은 정보의 공개를 청구한 자와의 협의를 거쳐 정보의 구체적인 내용을 조정할 수 있다.

제3조(지표조사의 실시시기) 법 제6조제2항에 따라 건설공사의 시행자가 지표조사를 실시하여야 하는 시기는 별표 1과 같다.

제4조(매장문화재 관련 전문가) 영 제6조제5항에서 "문화체육관광부령으로 정하는 매장문화재 관련 전문가"란 매장문화재의 발굴 및 조사 등과 관련된 학위를 취득한 사람으로서 다음 각 호의 어느 하나에 해당하는 사람을 말한다.

1. 법 제24조에 따른 매장문화재 조사기관(이하 "조사기관"이라 한다)에서 제7조에 따른 조사원 이상의 지위로 재직 중인 조사 요원

2. 「고등교육법」 제2조에 따른 학교에서 전임강사 이상의 지위로 재직 중인 교원

3. 「문화재청과 그 소속기관 직제」 제2조제2항에 따른 국립문화재연구소 또는 「박물관 및 미술관 진흥법」 제3조제1항제1호 및 제2호에 따른 국립 박물관 및 공립 박물관에 재직 중인 학예연구사 및 학예연구관

4. 「문화재보호법」 제71조에 따른 시·도문화재위원회의 위원 및 전문위원

제5조(문화재 보존 조치의 내용) ① 영 제7조제1항 각 호에 따른 문화재 보존 조치의 구체적인 내용은 다음 각 호와 같다.

1. 원형 보존 : 문화재의 전부 또는 일부를 현지에 원형대로 보존하는 것

2. 이전(移轉) 복원 : 문화재의 전부 또는 일부를 전시관이나 인근 장소 등으로 이전하여 복원(모형으로 복원하는 것을 포함한다)하는 것

3. 건설공사 시 관련 전문가의 입회조사 : 제4조에 따른 매장문화재 관련 전문가가 건설공사의 시작 시점에 그 현장에 참관하여 매장문화재의

　　출토 여부를 직접 눈으로 확인하는 것

4. 매장문화재 발굴조사

　가. 정밀발굴조사 : 건설공사 사업 면적 중 매장문화재 유존지역 면적
　　　전체에 대하여 매장문화재를 발굴하여 조사하는 것

　나. 시굴(試掘)조사 : 건설공사 사업 면적 중 매장문화재 유존지역 면적의
　　　10퍼센트 이하의 범위에서 매장문화재를 발굴하여 조사하는 것

　다. 매장문화재 표본조사 : 건설공사 사업 면적 중 매장문화재 유존지역
　　　면적의 2퍼센트 이하의 범위에서 가목 및 나목에 따른 매장문화재
　　　발굴조사 조치 여부를 결정하기 위하여 법 제11조에 따른 발굴허가를
　　　받지 아니하고 매장문화재의 종류 및 분포 등을 표본적으로 조사하는
　　　것

② 법 제9조제2항에 따라 건설공사의 시행자가 문화재 보존에 필요한
조치 결과를 보고하는 경우의 서식은 다음 각 호와 같다.

1. 원형 보존 및 이전 복원 : 별지 제2호서식의 문화재 보존 조치(원형
　　보존·이전 복원) 결과보고서

2. 건설공사 시 관련 전문가의 입회조사 : 별지 제3호서식의 문화재 보존
　　조치(입회조사) 결과보고서

3. 매장문화재 발굴조사 : 별지 제4호서식의 문화재 보존 조치(발굴조사)
　　결과보고서

제6조(발굴허가 신청서 등) 법 제12조제1항 및 제16조에 따라 매장문화재의
　　발굴허가 또는 현상(現狀)변경허가를 받으려는 자는 다음 각 호의 서류를
　　첨부하여 별지 제5호서식의 매장문화재 발굴(현상변경)허가 신청서를 작성
　　하여 해당 사업지역을 관할하는 지방자치단체의 장과 문화재청장에게
　　제출하여야 한다.

1. 별지 제6호서식의 발굴조사 또는 현상변경에 관한 계획서. 이 경우

발굴 또는 현상변경에 참여하는 인력의 투입 내용, 발굴 또는 현상변경이 필요한 지역에 대한 상세한 위치·범위·사진자료 및 예산 명세서 등을 포함하여야 한다.

2. 별지 제7호서식의 매장문화재 발굴(현상변경) 예정지역의 토지(임야) 조서

3. 법 제11조제1항제3호의 경우에는 건설공사 계획서(건물배치도, 건축도면, 지하굴착계획 및 수목식재계획을 포함한다)

제7조(발굴에 참여하는 인력의 업무범위 등) ① 법 제12조제3항에 따른 조사기관의 발굴에 참여하는 인력(이하 "조사 요원"이라 한다)의 업무범위는 다음 각 호와 같다.

1. 조사단장 : 매장문화재 발굴 업무를 총괄적으로 지휘·감독

2. 책임조사원 : 매장문화재 발굴 업무를 실질적으로 지휘·감독하면서 발굴 현장의 운용, 발굴조사 보고서 발간, 매장문화재 관리 등에 대한 업무 수행

3. 조사원 : 책임조사원을 보조하여 매장문화재 발굴 업무와 사후 정리 과정에 대한 업무 수행

4. 준조사원 : 조사원을 보조하여 매장문화재 발굴 업무와 사후 정리 과정에 대한 업무 수행

5. 보조원 : 준조사원을 보조하여 매장문화재 발굴 업무와 사후 정리 과정에서 제토(除土 : 흙 고르기), 매장문화재 세척 등 단순 업무 수행

6. 보존과학연구원 : 책임조사원을 보조하여 발굴된 매장문화재의 보존 처리 업무 수행

② 제14조제1항에 따른 육상지표조사기관 및 수중지표조사기관 조사 요원의 업무범위에 관하여는 제1항에 따른 발굴에 참여하는 조사 요원의 업무범위를 준용한다.

제8조(발굴된 매장문화재의 보존조치 결정) 문화재청장은 법 제14조 및 영 제14조제1항에 따라 발굴된 매장문화재에 대하여 원형 보존 또는 이전 복원의 조치를 하기 위하여 다음 각 호의 사항에 대하여 평가하여야 한다.

  1. 매장문화재의 가치

    역사성, 시대성, 희소성, 지역성

  2. 매장문화재의 보존 상태

    매장문화재의 내부, 매장문화재의 외부, 매장문화재의 주변

  3. 매장문화재의 활용성

    접근성, 이용성, 주변 경관과의 조화성, 주변 관광자원과의 연계성

제9조(발굴조사 보고서의 항목) 영 제15조제2항에 따라 발굴조사 보고서에 포함되어야 할 사항은 별표 2와 같다.

제10조(발견신고 등) ① 법 제17조 및 영 제17조에 따라 제출하는 매장문화재 발견신고서는 별지 제8호서식에 따른다.

  ② 영 제17조제3항에서 "문화체육관광부령으로 정하는 구비서류"란 다음 각 호의 서류를 말한다.

  1. 제1항에 따라 제출받은 매장문화재 발견신고서 사본

  2. 발견신고된 매장문화재의 사진

제11조(소유권 판정 신청) 영 제18조제1항에 따라 문화재의 소유권을 판정받으려는 자는 별지 제9호서식의 소유권 판정 신청서를 문화재청장에게 제출하여야 한다.

제12조(보상금 및 포상금 지급 청구서) ① 영 제24조제2항에 따른 보상금 지급 청구서는 별지 제10호서식에 따른다.

  ② 영 제24조제2항에 따른 포상금 지급 청구서는 별지 제11호서식에 따른다.

제13조(매장문화재의 공고) ① 특별시장·광역시장·도지사 또는 특별자치도지사는 법 제7조제2항에 따른 지표조사 보고서 또는 영 제13조에 따른

발굴 완료의 통보를 받으면 영 제25조에 따라 지체 없이 매장문화재의 발견 또는 발굴 사실을 공고하여야 한다.

② 특별시장·광역시장·도지사 또는 특별자치도지사는 제1항에 따른 공고 결과를 별지 제12호서식에 따라 문화재청장에게 제출하여야 한다.

③ 특별시장·광역시장·도지사 또는 특별자치도지사는 별지 제13호서식의 매장문화재 공고 관리 기록부를 작성·유지하여야 한다.

제14조(조사기관의 종류 및 등록기준 등) ① 법 제24조제2항에 따른 발굴 분야별 조사기관의 종류는 육상지표조사기관, 육상발굴조사기관, 수중지표조사기관, 수중발굴조사기관으로 나눈다.

② 법 제24조제2항에 따른 조사기관의 조사 요원별 자격기준은 별표 3과 같다.

③ 법 제24조제2항에 따른 조사기관의 등록기준은 별표 4와 같다.

④ 법 제24조에 따른 조사기관으로 등록하려는 자는 별지 제14호서식의 조사기관 등록 신청서에 다음 각 호의 서류를 첨부하여 문화재청장에게 제출하여야 한다.

1. 인력 현황 1부

2. 시설 현황 1부

⑤ 조사기관의 대표자는 제3항의 등록기준에 관한 사항이 변동된 경우에는 지체 없이 문화재청장에게 알려야 한다.

⑥ 문화재청장은 제4항에 따라 등록한 조사기관에 대하여 별지 제15호서식의 조사기관 등록증을 발급하여야 한다. 이 경우 문화재청장은 그 등록사항을 문화재청의 인터넷 홈페이지에 공고하여야 한다.

부칙

제1조(시행일) 이 규칙은 공포한 날부터 시행한다.

제2조(다른 법령과의 관계) 이 규칙 시행 당시 다른 법령에서 종전의 「문화재보
호법 시행규칙」 또는 그 규정을 인용한 경우에 이 규칙 가운데 그에 해당하는
규정이 있으면 종전의 「문화재보호법 시행규칙」 또는 그 규정을 갈음하여
이 규칙 또는 이 규칙의 해당 규정을 인용한 것으로 본다.

[별표 1]

건설공사의 시행자가 지표조사를 실시하여야 하는 시기
(제3조 관련)

구분	지표조사 실시시기
1. 도시 및 농어촌의 개발	가. 「도시개발법」 제2조제1항제2호에 따른 도시개발사업 　○ 「도시개발법」 제17조제1항에 따른 실시계획 작성 완료 전 나. 「도시 및 주거환경정비법」 제2조제2호에 따른 정비사업 　○ 「도시 및 주거환경정비법」 제30조에 따른 사업시행계획서 작성 완료 전 다. 「국토의 계획 및 이용에 관한 법률」 제2조제10호에 따른 도시계획시설사업 　○ 「국토의 계획 및 이용에 관한 법률」 제88조제1항에 따른 도시계획시설사업에 관한 실시계획 작성 완료 전 라. 「주택법」 제16조에 따른 주택건설사업 및 대지조성사업 　○ 「주택법」 제16조에 따른 사업계획 수립 완료 전 마. 「택지개발촉진법」 제7조제1항에 따른 택지개발사업 　○ 「택지개발촉진법」 제9조제1항에 따른 택지개발사업실시계획 작성 완료 전 바. 「보금자리주택건설 등에 관한 특별법」 제2조제3호가목에 따른 보금자리주택지구조성사업 　○ 「보금자리주택건설 등에 관한 특별법」 제17조제1항에 따른 보금자리주택지구계획 수립 완료 전 사. 「물류시설의 개발 및 운영에 관한 법률」 제2조제9호에 따른 물류단지개발사업 　○ 「물류시설의 개발 및 운영에 관한 법률」 제22조제2항 및 제3항에 따른 물류단지개발계획 수립 완료 전 아. 「유통산업발전법」 제2조제15호에 따른 공동집배송센터의 조성 　○ 「유통산업발전법」 제29조제2항에 따른 공동집배송센터의 조성·운영에 관한 사업계획 수립 완료 전 자. 「여객자동차 운수사업법」 제2조제5호에 따른 여객자동차터미널사업 　○ 「여객자동차 운수사업법」 제38조제1항에 따른 공사계획 수립 완료 전 차. 「학교시설사업 촉진법」 제2조제2호에 따른 학교시설사업 　○ 「학교시설사업 촉진법」 제4조제1항 및 제4항에 따른 학교시설사업 시행계획 작성 완료 전 카. 「하수도법」 제2조제3호에 따른 하수도의 설치공사

	○「하수도법」제5조에 따른 하수도정비기본계획 수립 완료 전 타.「농어촌정비법」제2조제5호에 따른 농업생산기반 정비사업 　○「농어촌정비법」제9조에 따른 농업생산기반 정비사업 시행계획 수립 완료 전 파.「농어촌정비법」제2조제10호에 따른 생활환경정비사업 　○「농어촌정비법」제54조에 따른 생활환경정비계획 수립 완료 전 하.「공공기관 지방이전에 따른 혁신도시 건설 및 지원에 관한 특별법」제2조제5호에 따른 혁신도시개발사업 　○「공공기관 지방이전에 따른 혁신도시 건설 및 지원에 관한 특별법」제12조제1항에 따른 실시계획 작성 완료 전
2. 산업입지 및 산업단지의 조성	가.「산업입지 및 개발에 관한 법률」제2조제6호에 따른 산업단지개발사업 　○「산업입지 및 개발에 관한 법률」제17조부터 제19조까지의 규정에 따른 실시계획 작성 완료 전 나.「중소기업진흥에 관한 법률」제31조에 따른 단지조성사업 　○「중소기업진흥에 관한 법률」제31조제1항에 따른 실시계획 작성 완료 전 다.「대덕연구개발특구 등의 육성에 관한 특별법」제2조제1호에 따른 연구개발특구의 조성사업 　○「대덕연구개발특구 등의 육성에 관한 특별법」제27조제1항에 따른 실시계획 작성 완료 전
3. 에너지 개발	가.「광업법」제3조제2호에 따른 광업 중 에너지 개발을 목적으로 하는 광업 　○「광업법」제42조제1항에 따른 채굴계획 수립 완료 전 나.「전원개발촉진법」제2조제2호에 따른 전원개발사업 　○「전원개발촉진법」제5조제1항에 따른 전원개발사업 실시계획 수립 완료 전 다.「전기사업법」제2조제16호에 따른 전기설비의 설치 　○「전기사업법」제61조 또는 제62조에 따른 공사계획 수립 완료 전 라.「송유관 안전관리법」제2조제2호에 따른 송유관의 설치공사 　○「송유관 안전관리법」제3조제1항에 따른 공사계획 수립 완료 전 마.「한국가스공사법」제16조의2제1항에 따른 가스사업 　○「한국가스공사법」제16조의2제1항에 따른 가스사업 실시계획 수립 완료 전
	가.「어촌·어항법」제2조제5호 및 제6호에 따른 어항시설 또는 어항개발사업

4. 항만의 건설	○ 지정권자가 시행하는 경우 : 「어촌·어항법」 제19조제1항에 따른 어항개발계획 수립 완료 전 ○ 지정권자가 아닌 자가 시행하는 경우 : 「어촌·어항법」 제23조제2항에 따른 어항개발사업계획 수립 완료 전 ○ 국가 또는 지방자치단체가 시행하는 경우 : 「어촌·어항법」 제23조제3항에 따른 어항개발사업계획 수립 완료 전 나. 「항만법」 제2조제5호에 따른 항만시설에 관한 공사 ○ 「항만법」 제10조제1항에 따른 항만공사실시계획 수립 완료 전 다. 「신항만건설촉진법」 제2조제2호에 따른 신항만건설사업 ○ 「신항만건설촉진법」 제8조제1항에 따른 신항만건설사업실시계획 작성 완료 전 라. 「항만법」 제2조제8호에 따른 항만재개발사업 ○ 「항만법」 제60조제1항에 따른 항만재개발사업실시계획 작성 완료 전
5. 도로의 건설	「도로법」 제2조에 따른 도로의 건설사업 ○ 「국토의 계획 및 이용에 관한 법률」 제88조제1항에 따른 도시계획시설사업에 관한 실시계획 작성 완료 전
6. 수자원의 개발	가. 「댐건설 및 주변지역지원 등에 관한 법률」 제2조제1호에 따른 댐 건설사업 ○ 「댐건설 및 주변지역지원 등에 관한 법률」 제8조제1항에 따른 실시계획 수립 완료 전 나. 「하천법」 제2조제3호에 따른 하천시설 중 하구둑의 설치공사 ○ 하천관리청이 시행하는 경우 : 「하천법」 제27조제1항에 따른 하천공사시행계획 수립 완료 전 ○ 하천관리청이 아닌 자가 시행하는 경우 : 「하천법」 제30조제5항에 따른 하천공사실시계획 작성 완료 전
7. 철도(도시철도를 포함한다)의 건설	가. 「철도건설법」 제2조제7호에 따른 철도건설사업 ○ 「철도건설법」 제9조제1항에 따른 철도건설사업실시계획 작성 완료 전 나. 「도시철도법」 제3조제4호에 따른 도시철도사업 ○ 「도시철도법」 제4조의3에 따른 도시철도사업계획 수립 완료 전
8. 공항의 건설	「항공법」 제2조제10호에 따른 공항개발사업 ○ 「항공법」 제95조제1항에 따른 실시계획 수립 완료 전
9. 하천의 이용 및 개발	「하천법」 제2조제2호에 따른 하천구역에서의 하천공사 ○ 하천관리청이 시행하는 경우 : 「하천법」 제27조제1항에 따른 하천공사시행계획 수립 완료 전 ○ 하천관리청이 아닌 자가 시행하는 경우 : 「하천법」 제30조제5항에 따른 하천공사실시계획 작성 완료 전

10. 공유수면의 매립	「공유수면 관리 및 매립에 관한 법률」 제2조제4호에 따른 공유수면매립 ○ 「공유수면 관리 및 매립에 관한 법률」 제38조제1항에 따른 공유수면매립실시계획 수립 완료 전
11. 관광단지의개발	가. 「관광진흥법」 제2조제1호에 따른 관광사업 중 관광숙박업 ○ 「관광진흥법」 제15조제1항에 따른 사업계획 작성 완료 전 나. 「관광진흥법」 제2조제6호 및 제7호에 따른 관광지 및 관광단지의 조성 ○ 「관광진흥법」 제54조제1항에 따른 조성계획 작성 완료 전 다. 「온천법」 제5조제1항에 따른 온천공보호구역에서의 온천개발사업 ○ 「온천법」 제10조제1항에 따른 온천개발계획 수립 완료 전 라. 「자연공원법」 제2조제9호에 따른 공원사업 ○ 「자연공원법」 제19조제2항에 따른 공원사업 시행계획 수립 완료 전 마. 「도시공원 및 녹지 등에 관한 법률」 제2조제4호에 따른 공원시설의 설치 ○ 공원관리청이 시행하는 경우 : 「도시공원 및 녹지 등에 관한 법률」 제16조제1항에 따른 도시공원의 조성계획 수립 완료 전 ○ 민간공원추진자가 시행하는 경우 : 「국토의 계획 및 이용에 관한 법률」 제88조제1항에 따른 실시계획 작성 완료 전
12. 특정지역의 개발	가. 「지역균형개발 및 지방중소기업 육성에 관한 법률」 제38조의2제2항에 따른 지역종합개발사업 ○ 「지역균형개발 및 지방중소기업 육성에 관한 법률」 제38조의5제1항에 따른 실시계획 작성 완료 전 나. 「주한미군기지 이전에 따른 평택시 등의 지원 등에 관한 특별법」 제2조제4호에 따른 주한미군시설사업, 같은 법 제2조제9호에 따른 국제화계획지구의 개발사업 또는 같은 법 제16조에 따른 평택시개발사업 ○ 주한미군시설사업의 경우 : 「국방·군사시설 사업에 관한 법률」 제4조에 따른 실시계획 작성 완료 전 ○ 국제화계획지구의 개발사업의 경우 : 「주한미군기지 이전에 따른 평택시 등의 지원 등에 관한 특별법」 제23조에 따른 국제화계획지구 개발계획 수립 완료 전 ○ 평택시개발사업 중의 경우 - 「주한미군기지 이전에 따른 평택시 등의 지원 등에 관한 특별법」 제16조제1호부터 제3호까지의 규정에 해당되는 자가 시행자인 경우 : 같은 법 17조제7항에 따른 사업계획 작성 완료 전 - 「주한미군기지 이전에 따른 평택시 등의 지원 등에 관한 특별법」 제16조제4호에 규정된 자가 시행자인 경우 : 같은 법 제17조제3항에 따른 사업계획 및 투자계획 수립 완료 전

	다.「신행정수도 후속대책을 위한 연기·공주지역 행정중심복합도시 건설을 위한 특별법」제2조제1호에 따른 행정중심복합도시의 건설사업 　○「신행정수도 후속대책을 위한 연기·공주지역 행정중심복합도시 건설을 위한 특별법」제21조제1항에 따른 실시계획 수립 완료 전 　○「신행정수도 후속대책을 위한 연기·공주지역 행정중심복합도시 건설을 위한 특별법」제53조제1항에 따른 주변지역지원사업에 관한 계획 수립 완료 전 라.「경제자유구역의 지정 및 운영에 관한 특별법」제2조제1호에 따른 경제자유구역의 개발사업 　○「경제자유구역의 지정 및 운영에 관한 특별법」제9조에 따른 실시계획 작성 완료 전 마.「기업도시개발 특별법」제2조제3호에 따른 기업도시개발사업 　○「기업도시개발 특별법」제12조에 따른 실시계획 작성 완료 전 바.「수도권신공항건설 촉진법」제2조제2호에 따른 신공항건설사업 　○「수도권신공항건설 촉진법」제7조에 따른 실시계획 작성 완료 전
13. 체육시설의 설치	가.「체육시설의 설치·이용에 관한 법률」제2조제1호에 따른 체육시설의 설치 　○「체육시설의 설치·이용에 관한 법률」제12조에 따른 사업계획서 작성 완료 전 나.「청소년활동진흥법」제47조제1항에 따른 청소년수련지구의 조성 　○「청소년활동진흥법」제48조제1항 및 제2항에 따른 수련지구조성계획 수립 완료 전
14. 국방·군사시설의 설치	「국방·군사시설 사업에 관한 법률」제2조에 따른 국방·군사시설사업 　○「국방·군사시설 사업에 관한 법률」제4조제1항에 따른 실시계획 작성 완료 전
15. 임도 설치 및 임산물의 굴취	가.「산림자원의 조성 및 관리에 관한 법률」제9조제1항에 따른 산림관리기반시설의 설치 　○「산림자원의 조성 및 관리에 관한 법률」제9조제4항에 따른 산림관리기반시설 설계의 작성 완료 전 나.「산림자원의 조성 및 관리에 관한 법률」제36조제1항에 따른 임산물의 굴취 　○「산림자원의 조성 및 관리에 관한 법률」제36조제1항에 따른 임산물의 굴취 허가를 받기 전
16. 그 밖의 건설공사	위 각 호에 포함되지 않는 건설공사의 경우에는 해당 건설공사의 사업계획 수립 완료 전

[별표 2]

발굴조사 보고서에 포함되어야 할 사항(제9조 관련)

구분	주요 항목	세부 항목
목차	목차	목차(범례를 포함한다)
머리글	조사 경위와 목적	조사 경위와 목적
	조사단 구성	발굴 및 보고서 참여 인력
자연환경 및 고고환경	자연환경	유적의 입지와 환경
	고고환경	주변 유적과 역사적 배경
조사의 범위와 방법	조사 범위	조사의 범위와 대상
		유구(遺構)의 분포와 배치
	조사 방법	조사 방법
	유적의 층위	전체 층위
조사 내용	본문	유구 내용
		유물 내용
	도면	유구 및 유물의 실측
		유구 및 유물의 편집
		축소비율
	사진	유적 및 유구의 사진
		유물 사진
		사진의 편집
맺음말	결론 및 분석	종합적 분석
		편년(編年)
		요약
		초록

[별표 3]

조사 요원별 자격기준(제14조제2항 관련)

1. 육상발굴조사기관

구분	자격기준
조사단장	○ 해당 발굴조사기관의 장일 것 ○「고등교육법」제2조에 따른 학교 또는 제29조에 따른 대학원에서 문화재 관련학과의 부교수 이상인 사람일 것 ○ 국가 또는 지방자치단체의 기관의 경우에는 5년 이상의 매장문화재 관련 실무경력을 갖춘 학예연구관일 것 ○ 책임조사원으로서 5년 이상의 매장문화재 관련 실무경력을 갖춘 사람일 것
책임조사원	○ 국가 또는 지방자치단체의 기관의 경우에는 2년 이상의 발굴조사경력을 갖춘 사람으로서 매장문화재 전공 학예연구관일 것 ○ 국가 또는 지방자치단체의 기관의 경우에는 5년 이상의 발굴조사경력을 갖춘 사람으로서 매장문화재 전공 학예연구사일 것 ○ 매장문화재 전공 석사학위 이상 취득자이고 6년 이상의 발굴조사경력을 갖춘 사람일 것 ○ 문화재 관련학과의 학사학위 취득자이고 9년 이상의 발굴조사경력을 갖춘 사람일 것
조사원	○ 국가 또는 지방자치단체의 기관의 경우에는 2년 이상의 발굴조사경력을 갖춘 사람으로서 매장문화재 전공 학예연구사일 것 ○ 문화재 관련학과의 학사학위 이상 취득자이고 6년 이상의 발굴조사경력을 갖춘 사람일 것 ○ 준조사원 3년 이상의 발굴조사경력을 갖춘 사람일 것
준조사원	○ 국가 또는 지방자치단체의 기관의 경우에는 매장문화재 전공 학예연구사일 것 ○ 문화재 관련학과의 학사학위 이상 취득자이고 3년 이상의 매장문화재 관련 실무경력을 갖춘 사람일 것 ○ 보조원 3년 이상의 매장문화재 관련 실무경력을 갖춘 사람일 것
보조원	○ 문화재 관련학과의 학사, 석사 또는 박사학위를 취득한 사람일 것 ○ 전문학사 학위 이상 취득자이고 1년 이상의 매장문화재 관련 실무경력을 갖춘 사람일 것 ○ 고등학교 졸업 후 3년 이상의 매장문화재 관련 실무경력을 갖춘 사람일 것
보존과학 연구원	○ 보존 관련학과의 학사, 석사 또는 박사학위를 취득한 사람일 것 ○ 고등학교 졸업 후 3년 이상의 보존처리 실무경력을 갖춘 사람일 것 ○ 문화재수리기능자(보존처리공) 이상의 자격증을 소지한 사람일 것

2. 육상지표조사기관

등급	자격기준
조사단장	○ 해당 지표조사기관의 장일 것 ○「고등교육법」제2조에 따른 학교 또는 제29조에 따른 대학원에서 문화재 관련학과 조교수 이상인 사람일 것 ○ 국가 또는 지방자치단체의 기관의 경우에는 5년 이상의 매장문화재 관련 실무경력을 갖춘 사람으로서 학예연구관일 것 ○ 책임조사원으로서 5년 이상의 매장문화재 관련 실무경력을 갖춘 사람일 것
책임조사원	○ 국가 또는 지방자치단체의 기관의 경우에는 2년 이상의 매장문화재 관련 실무경력을 갖춘 사람으로서 매장문화재 전공 학예연구관일 것 ○ 국가 또는 지방자치단체의 기관의 경우에는 5년 이상의 매장문화재 관련 실무경력을 갖춘 사람으로서 매장문화재 전공 학예연구사일 것 ○ 매장문화재 전공 석사학위 이상 취득자이고 6년 이상의 매장문화재 관련 실무경력을 갖춘 사람일 것 ○ 문화재 관련학과 학사학위 취득자이고 9년 이상의 매장문화재 관련 실무경력을 갖춘 사람일 것
조사원	○ 국가 또는 지방자치단체의 기관의 경우에는 2년 이상의 매장문화재 관련 실무경력을 갖춘 사람으로서 매장문화재 전공 학예연구사일 것 ○ 문화재 관련학과의 학사학위 이상 취득자이고 6년 이상의 매장문화재 관련 실무경력을 갖춘 사람일 것 ○ 준조사원 3년 이상의 매장문화재 관련 실무경력을 갖춘 사람일 것
준조사원	○ 국가 또는 지방자치단체의 기관의 경우에는 매장문화재 전공 학예연구사일 것 ○ 문화재 관련학과의 학사학위 이상 취득자이고 3년 이상의 매장문화재 관련 실무경력을 갖춘 사람일 것 ○ 문화재 관련학과 외의 전문학사학위 이상 취득자이고 5년 이상의 매장문화재 관련 실무경력을 갖춘 사람일 것

3. 수중지표조사기관

등급	자격기준
조사단장	○ 해당 지표조사기관의 장일 것 ○「고등교육법」제2조에 따른 학교 또는 제29조에 따른 대학원에서 문화재 관련학과 또는 해양 관련학과의 조교수 이상인 사람일 것 ○ 국가 또는 지방자치단체의 기관의 경우에는 5년 이상의 매장문화재 관련 실무경력을 갖춘 사람으로서 학예연구관일 것 ○ 책임조사원 5년 이상의 매장문화재 관련 실무경력을 갖춘 사람일 것

책임조사원	ㅇ 국가 또는 지방자치단체의 기관의 경우에는 문화재 관련학과 또는 해양 관련학과 학사, 석사 또는 박사학위 취득자이고 2년 이상의 매장문화재 관련 실무경력을 갖춘 학예연구관일 것 ㅇ 국가 또는 지방자치단체의 기관의 경우에는 문화재 관련학과 또는 해양 관련학과 학사, 석사 또는 박사학위 취득자이고 5년 이상의 매장문화재 관련 실무경력을 갖춘 학예연구사일 것 ㅇ 문화재 관련학과 또는 해양 관련학과의 석사학위 이상 취득자이고 6년 이상의 매장문화재 관련 실무경력을 갖춘 사람일 것 ㅇ 문화재 관련학과 또는 해양 관련학과의 학사학위 취득자이고 9년 이상의 매장문화재 관련 실무경력을 갖춘 사람일 것
조사원	<문화재 분야> ㅇ 국가 또는 지방자치단체의 기관의 경우에는 2년 이상의 매장문화재 관련 실무경력을 갖춘 사람으로서 문화재 관련학과를 전공한 학예연구사일 것 ㅇ 문화재 관련학과의 학사학위 이상 취득자이고 6년 이상의 매장문화재 관련 실무경력을 갖춘 사람일 것 ㅇ 준조사원 3년 이상의 매장문화재 관련 실무경력을 갖춘 사람일 것 <수중 분야> ㅇ 국가 또는 지방자치단체의 기관의 경우에는 2년 이상의 매장문화재 관련 실무경력을 갖춘 사람으로서 해양 관련학과 전공 학예연구사일 것 ㅇ 해양 관련학과의 학사학위 이상 취득자이고 6년 이상의 매장문화재 관련 실무경력을 갖춘 사람일 것 ㅇ 해양조사 관련 자격증 소지자이고 3년 이상의 매장문화재 관련 실무경력을 갖춘 사람일 것 ㅇ 준조사원 3년 이상의 매장문화재 관련 실무경력을 갖춘 사람일 것
준조사원	ㅇ 국가 또는 지방자치단체의 기관의 경우에는 문화재 관련학과 또는 해양 관련학과 전공 학예연구사일 것 ㅇ 문화재 관련학과 또는 해양 관련학과의 학사학위 취득자이고 3년 이상의 매장문화재 관련 실무경력을 갖춘 사람일 것 ㅇ 해양조사관련 자격증을 소지한 사람일 것

4. 수중발굴조사기관

등급	자격기준
조사단장	ㅇ 해당 발굴조사기관의 장일 것 ㅇ 「고등교육법」 제2조에 따른 학교 또는 제29조에 따른 대학원에서 문화재 관련학과 또는 해양 관련학과의 부교수 이상인 사람일 것 ㅇ 국가 또는 지방자치단체의 기관의 경우에는 5년 이상의 매장문화재 관련 실무경력을 갖춘 사람으로서 학예연구관일 것

	○ 책임조사원 5년 이상의 매장문화재 관련 실무경력을 갖춘 사람일 것
책임조사원	○ 국가 또는 지방자치단체의 기관의 경우에는 문화재 관련학과 또는 해양 관련학과 학사, 석사 또는 박사학위 취득자이고 2년 이상의 매장문화재 관련 실무경력을 갖춘 학예연구관일 것 ○ 국가 또는 지방자치단체의 기관의 경우에는 문화재 관련학과 또는 해양 관련학과의 학사, 석사 또는 박사학위 취득자이고 5년 이상의 매장문화재 관련 실무경력을 갖춘 학예연구사일 것 ○ 문화재 관련학과 또는 해양 관련학과의 석사학위 이상 취득자이고 6년 이상의 매장문화재 관련 실무경력을 갖춘 사람일 것 ○ 문화재 관련학과 또는 해양 관련학과의 학사학위 취득자이고 9년 이상의 매장문화재 관련 실무경력을 갖춘 사람일 것
조사원	<문화재 분야> ○ 국가 또는 지방자치단체의 기관의 경우에는 2년 이상의 매장문화재 관련 실무경력을 갖춘 사람으로서 문화재 관련학과를 전공한 학예연구사일 것 ○ 문화재 관련학과의 학사학위 이상 취득자이고 6년 이상의 매장문화재 관련 실무경력을 갖춘 사람일 것 ○ 준조사원 3년 이상의 매장문화재 관련 실무경력을 갖춘 사람일 것 <수중 분야> ○ 국가 또는 지방자치단체의 기관의 경우에는 2년 이상의 매장문화재 관련 실무경력을 갖춘 사람으로서 해양 관련학과 전공 학예연구사일 것 ○ 해양 관련학과의 학사학위 이상 취득자이고 6년 이상의 매장문화재 관련 실무경력을 갖춘 사람일 것 ○ 해양조사 관련 자격증 소지자이고 3년 이상의 매장문화재 관련 실무경력을 갖춘 사람일 것 ○ 준조사원 3년 이상의 매장문화재 관련 실무경력을 갖춘 사람일 것
준조사원	○ 국가 또는 지방자치단체의 기관의 경우에는 문화재 관련학과 또는 해양 관련학과 전공 학예연구사일 것 ○ 문화재 관련학과 또는 해양 관련학과의 학사학위 취득자이고 3년 이상의 매장문화재 관련 실무경력을 갖춘 사람일 것 ○ 해양조사 관련 자격증을 소지한 사람일 것
보조원	○ 문화재 관련학과의 학사, 석사 또는 박사학위를 취득한 사람일 것 ○ 전문학사 학위 이상 취득자이고 1년 이상의 매장문화재 관련 실무경력을 갖춘 사람일 것 ○ 고등학교 졸업 후 3년 이상의 매장문화재 관련 실무경력을 갖춘 사람일 것
보존과학 연구원	○ 보존 관련학과의 학사, 석사 또는 박사학위를 취득한 사람일 것 ○ 고등학교 졸업 후 3년 이상의 보존처리 실무경력을 갖춘 사람일 것 ○ 문화재수리기능자(보존처리공) 이상의 자격증을 소지한 사람일 것

※ 비고

1. "문화재 관련학과"란「고등교육법」제2조에 따른 학교 또는 제29조에 따른 대학원에서 매장문화재 전공 학과, 사학과, 미술사학과, 문화재관리학과, 전통건축학과 및 문화재청장이 문화재와 관련이 있는 것으로 인정한 학과를 말한다.

2. "매장문화재 전공"이란「고등교육법」제2조에 따른 학교 또는 제29조에 따른 대학원에서 고고학과, 고고미술사학과, 고고인류학과, 문화재학과, 문화인류학과 및 문화재청장이 매장문화재의 조사 및 연구와 관련이 있는 것으로 인정한 학과를 말한다.

3. "해양 관련학과"란「고등교육법」제2조에 따른 학교 또는 제29조에 따른 대학원에서 지구물리학과, 해양학과, 지질학과 및 문화재청장이 해양문화재 조사·연구와 관련이 있는 것으로 인정한 학과를 말한다.

4. "보존 관련학과"란「고등교육법」제2조에 따른 학교 또는 제29조에 따른 대학원에서 문화재보존학과, 문화재과학과, 보존과학과, 예술관리학과 및 문화재청장이 문화재보존과 관련이 있는 것으로 인정한 학과를 말한다.

5. "발굴조사경력"이란 조사 요원으로 발굴조사에 직접 참여한 현장조사기간을 말한다.

6. "매장문화재 관련 실무경력"이란 지표조사, 입회조사 및 발굴조사에 직접 참여한 현장조사기간이나 매장문화재 정리작업 및 조사보고서 작성작업에 참여한 기간을 말한다.

[별표 4]

조사기관의 등록기준(제14조제3항 관련)

1. 법 제24조제1항제1호에 따른 법인

구분	인력 기준	시설 기준
육상발굴조사기관	○ 조사단장 1명 ○ 책임조사원 1명 ○ 조사원 2명 ○ 준조사원 2명 ○ 보조원 2명 ○ 보존과학연구원 1명	○ 항온·항습 수장시설 : 100제곱미터 이상 ○ 보존처리시설 : 33제곱미터 이상 ○ 연구시설 : 33제곱미터 이상 ○ 정리시설 : 33제곱미터 이상 ○ 기자재 - 실측·측량·촬영 기자재 - 발굴에 필요한 기자재 - 보존처리 기자재 ○ 도난 예방 및 방재에 필요한 시설
육상지표조사기관	○ 조사단장 1명 ○ 책임조사원 1명 ○ 조사원 1명 ○ 준조사원 1명	○ 항온·항습 수장시설 : 100제곱미터 이상 ○ 보존처리시설 : 33제곱미터 이상 ○ 연구시설 : 33제곱미터 이상 ○ 정리시설 : 33제곱미터 이상 ○ 기자재 - 실측·측량·촬영 기자재 - 보존처리 기자재 ○ 도난 예방 및 방재에 필요한 시설
수중지표조사기관	○ 조사단장 1명 ○ 책임조사원 1명 ○ 조사원 2명(문화재 분야 1명, 수중 분야 1명) ○ 준조사원 1명	○ 항온·항습 수장시설 : 100제곱미터 이상 ○ 보존처리시설 : 33제곱미터 이상 ○ 연구시설 : 33제곱미터 이상 ○ 정리시설 : 33제곱미터 이상 ○ 기자재 - 실측·측량·촬영 기자재 - 수중조사에 필요한 기자재 : 정밀해상위치 측정기, 음향측심기, 수중저지탐사기, 측면주사음향영상탐사기, 지자기탐사기, 스쿠버 장비(2조 이상) - 보존처리 기자재 ○ 도난 예방 및 방재에 필요한 시설
	○ 조사단장 1명 ○ 책임조사원 1명 ○ 조사원 3명(문화재 1명, 수중 분야 2명)	○ 항온·항습 수장시설 : 300제곱미터 이상 ○ 보존처리시설 : 100제곱미터 이상 ○ 연구시설 : 100제곱미터 이상 ○ 정리시설 : 100제곱미터 이상

| | ○ 준조사원 2명
○ 보조원 2명
○ 보존과학연구원 2명 | ○ 기자재
 - 실측·측량·촬영 기자재
 - 수중조사에 필요한 기자재 : 수중발굴 전용 인양선, 잠수사 감압챔버, 수중무인카메라(ROV), 수중비디오카메라(고탁도용), 위성위치측정기, 수중영상전송기, 음향측심기, 수중저지탐사기, 측면주사음향영상탐사기, 지자기탐사기, 스쿠버 장비(4조 이상)
 - 보존처리 기자재
○ 도난 예방 및 방재에 필요한 시설 |
| 수중발굴조사기관 | | |

※ 비고

가. 조사단장은 책임조사원 겸임이 가능하다.

나. 조사단장, 책임조사원 및 조사원은 조사기관의 상근직 조사 요원이어야 한다.

2. 법 제24조제1항제2호부터 제5호까지의 규정에 따른 기관 등

　다음 각 목의 사항을 제외하고는 제1호의 법 제24조제1항제1호에 따른 법인에 대한 등록기준에 따른다.

가. 육상발굴조사기관의 인력 기준 중 조사원, 준조사원, 보조원은 각 1명으로 한다.

나. 보존처리업무를 외부 전문기관에 위탁할 경우에는 보존과학연구원에 대한 인력 기준, 보존처리시설 및 보존처리 기자재에 대한 시설 기준은 충족하지 않아도 된다.

◉ 문화재청 고시 제2011-52호

「매장문화재 보호 및 조사에 관한 법률」제11조 제4항 따라 발굴조사의 방법 및 절차 등에 관한 규정을 다음과 같이 제정·고시합니다.

2011년 2월 16일

문화재청장

발굴조사의 방법 및 절차 등에 관한 규정

제1장 총칙

제1조(목적) 이 규정은 「매장문화재 보호 및 조사에 관한 법률」(이하 "법"이라 한다) 제11조제4항에 따라 발굴조사의 방법 및 절차 등에 관한 세부적인 사항을 규정함을 그 목적으로 한다.

제2조(정의) 이 규정에서 사용하는 용어의 정의는 다음 각 호와 같다.

1. "매장문화재 조사 용역 대가의 기준"(이하 "대가기준"이라 한다)이라 함은 「매장문화재 보호 및 조사에 관한 법률 시행령」(이하 "영"이라 한다) 제29조에 따라 지표조사나 발굴조사에 대한 용역 대가의 기준과 그 산정 방법 등을 정하여 고시한 것을 말한다.

2. "문화재 조사기관"(이하 "조사기관"이라 한다)이라 함은 법 제24조제1항 및 「매장문화재 보호 및 조사에 관한 법률 시행규칙」(이하 "규칙"이라

한다) 제14조에 따라 등록한 기관을 말한다.

제2장 발굴허가의 신청 및 발굴허가

제3조(발굴허가 신청시의 구비서류 등) ① 법 제12조제1항에 따라 발굴허가를
받으려는 자는 다음 각 호의 서류를 문화재청장 및 해당 사업지역을 관할하
는 지방자치단체의 장에게 제출하여야 한다.
1. 조사기관으로부터 제출받은 발굴조사 계획서
2. 규칙 제7호서식에 따른 발굴 예정지의 토지 또는 임야조서
3. 건설공사 계획서(건물배치도, 건축도면, 토목공사계획을 포함한 지하굴
   착계획, 수목식재계획을 포함한다)
② 발굴허가를 받으려는 자는 법 제25조에 따라 등록이 취소되거나 업무가
정지된 조사기관 및 이와 직접 관련된 대표자, 조사단장, 책임조사원이
발굴조사 계획서에 포함되지 않도록 영 제27조제3항에 따라 홈페이지
등에 공고한 조사기관 및 조사인력에 대한 처분사실을 사전에 확인하여야
한다.
제4조(발굴조사 실시기준) ① 문화재청장은 건설공사의 유형 및 유구·유물의
종류, 시기 등의 세부적 분류에 따라 매장문화재를 훼손할 우려가 커서
부득이 발굴이 필요한 경우에 한하여 그 발굴을 허가한다.
② 제1항에 따라 구체적으로 발굴이 필요한 경우는 별표 1과 같다.
③ 별표 1에도 불구하고 지역적 특성에 따라 발굴이 필요한 경우에 대한
별도의 판단이 필요한 경우에는 문화재위원회의 심의를 거쳐 이를 결정할
수 있다.
제5조(발굴조사 계획 변경승인) ① 발굴허가서 발급 후 제3조제1항제1호에
따라 제출된 발굴조사 계획서에 명기된 조사인력의 투입내역을 변경할

필요가 있는 경우 조사기관은 발굴조사를 의뢰한 자에게 그 사실을 알리고, 문화재청장에게 그 사유와 내역을 적시하여 변경승인을 요청하여야 한다.

② 문화재청장은 제1항에 따라 변경신청된 내역을 검토하여 합리성 및 타당성이 인정될 경우 변경승인을 할 수 있다.

제6조(발굴비용) ① 발굴에 소요되는 비용은 법 제11조제3항에 따라 발굴허가를 받은 자 또는 건설공사의 시행자가 부담한다.

② 제1항에 따른 발굴비용은 대가기준 중 표본조사, 시굴조사, 및 발굴조사 기준에 따를 수 있다.

제3장 발굴비용의 지원

제7조(국비지원 발굴의 절차) ① 법 제11조제3항 및 영 제10조에 따라 매장문화재 유존지역에서 국비를 지원받아 발굴하고자 하는 자는 해당 지역을 관할하는 지방자치단체의 장과 협의하여야 한다.

② 제1항에 따른 협의 결과 국비지원 대상이 되는 건설공사의 시행자는 문화재청장에게 법 제12조에 따른 발굴허가를 신청한다.

제8조(국비지원 발굴허가 신청서류) 건설공사의 시행자가 제7조제2항에 따라 발굴허가를 신청할 때에는 다음 각 호의 서류를 첨부하여야 한다.

1. 건설공사 계획서(건물배치도, 건축도면 및 지하굴착계획, 수목식재계획을 포함한다)

2. 제7조제1항에 따른 협의 서류(관련 공문 및 인·허가부서와의 협의내용 등)

3. 「농어업·농어촌 및 식품산업 기본법」 제3조제2항에 따른 농업인 또는 어업인임을 증명할 수 있는 서류(해당하는 경우에만 제출)

제9조(국비지원 발굴단) ① 문화재청장은 제8조에 따른 신청서류를 검토한

결과 국비를 지원하여 발굴하는 건설공사에 해당할 경우 제4조제2항의 발굴조사 실시기준을 적용하여 그 발굴을 허가한다.

② 문화재청장은 국비지원 발굴 업무의 효율성 제고를 위해 사단법인 한국문화재보호재단으로 하여금 국비지원 발굴단을 편성하게 하고, 그 발굴단에게 발굴업무를 위탁함으로써 그 발굴에 소요되는 경비를 지원할 수 있다.

③ 제1항에 따라 발굴허가를 받은 건설공사의 시행자는 제2항의 국비지원 발굴단과 발굴조사 계약을 체결하여 발굴을 실시한다.

제10조(지원된 국비의 회수) 국비를 지원받아 발굴을 실시한 건설공사의 시행자가 허위 자료의 제출로 국비를 지원받았거나, 국비지원 대상이 되는 건설공사의 범위를 벗어난 건축행위를 한 경우에는 그 발굴에 소요된 경비의 전부 또는 일부를 「보조금의 예산 및 관리에 관한 법률」에 따라 회수한다.

제11조(발굴조사 보고서의 발간) 국비지원 발굴조사의 보고서는 회계연도 개시 이전에 국비를 지원하여 발굴한 조사현장을 묶어서 년 1회 발간하는 것을 원칙으로 한다.

제12조(지방자치단체에 대한 조사비용의 지원) ① 영 제31조제1항에 따라 국가로부터 그 조사비용을 지원받고자 하는 지방자치단체의 장은 다음 각 호의 서류를 문화재청장에게 제출하여야 한다.

1. 발굴조사가 필요한 사유서

2. 발굴조사 계획서(사업일정을 포함한다) 및 조사비용 견적서

3. 매장문화재 및 주변경관 사진 자료

4. 매장문화재에 대한 지방자치단체의 관리계획

② 영 제31조제2항에 따라 국가로부터 매장문화재의 보호에 소요되는 비용을 지원받고자 하는 지방자치단체의 장은 예산지원 신청서 및 그

증빙서류를 문화재청장에게 제출하여야 한다.

제4장 발굴조사에 따른 행정처리

제13조(발굴조사 착수 신고) ① 조사기관은 발굴허가서를 건설공사 시행자로부터 통보받는 즉시 조사에 착수하고 그 발굴조사 착수신고서를 문화재청장 및 해당 지역을 관할하는 지방자치단체의 장에게 제출하여야 한다.
② 제1항에 따른 발굴조사 착수신고의 서식은 별지 제1호서식에 따른다.
제14조(전문가 검토회의) ① 문화재청장은 발굴조사의 원활한 수행, 향후 조사방향 검토 및 중요유적의 보호방안 마련을 위하여 관련 전문가와 함께 현장을 조사하는 전문가 검토회의를 개최한다.
② 전문가 검토회의의 개최시기는 다음 각 호와 같다.
1. 표본조사·시굴조사 완료 단계에서 정밀발굴조사의 필요성을 검토할 때
2. 발굴과정에서 중요유구 및 유물이 출토되어 향후 조사진행 방향 설정 및 보존방안 마련이 요구될 때
3. 발굴완료 단계에서 발굴결과에 대한 종합적인 검토가 필요할 때
4. 대규모 개발사업 부지 중 일부 조사완료 구역에 대한 사업시행 여부를 검토할 때
③ 조사기관은 제2항에 따른 사유가 발생한 때에는 문화재청장에게 다음 각 호의 자료를 제출하여 전문가 검토회의 개최를 요청하여야 한다.
1. 조사 도면(전체 현황도, 토층도, 트렌치별 유구·유물 도면)
2. 사진 자료(조사지역 원경·근경, 토층사진, 트렌치별 유구·유물 출토당시 사진)
④ 전문가 검토회의에 참여하는 전문가는 문화재청장이 위촉하며 그에

소요되는 비용은 문화재청장이 부담한다.

제15조(학술 자문회의) ① 조사기관은 발굴조사 과정에서 고고학적 판단이 필요하거나, 유적의 성격 등에 대한 학술적인 자문이 필요한 경우 관련 전문가를 초빙하여 학술 자문회의를 개최할 수 있다.

② 현장 자문회의에 참여하는 전문가는 조사기관이 위촉하며 그에 소요되는 비용은 대가기준 중 학술료에서 지급한다.

③ 학술 자문회의에서 도출된 의견은 발굴조사 보고서에 수록한다.

제16조(매장문화재 현상변경) ① 법 제11조에 따라 발굴허가를 받은 자가 제14조에 따른 전문가 검토회의의 결과 다음 각 호의 어느 하나에 해당하여 그 발굴된 문화재의 현상을 변경할 필요가 있는 것으로 문화재청장이 결정한 경우 기존의 발굴허가를 받은 자는 법 제12조 및 법 제16조에 따른 현상변경 허가를 신청할 수 있다.

1. 표본조사 또는 시굴조사를 실시한 결과 시굴조사 또는 정밀발굴조사가 필요한 경우

2. 정밀발굴조사를 실시한 결과 유구의 존재 가능성이 있어 조사면적을 확대하거나 조사기간을 연장하여 정밀발굴조사를 추가적으로 실시할 필요가 있는 경우

3. 발굴된 매장문화재의 가치가 커서 원형 보존 또는 이전 복원할 필요가 있는 경우

② 제1항제2호에도 불구하고 기존에 허가받은 정밀발굴조사의 위치 및 면적 범위 내에서 예측치 못한 유구 및 유물이 다량으로 출토되어 부득이하게 추가적인 조사가 필요한 경우 이에 따른 정밀발굴조사의 현장조사기간이 30일 이하인 경우에는 별지 제2호서식에 따라 발굴조사 기간연장 신청서를 문화재청장에게 제출함으로써 그 발굴을 계속하여 실시할 수 있다. 이 경우 신청서가 문화재청장에게 도달한 날부터 그 현상변경 허가를

받은 것으로 본다.

③ 문화재청장은 제1항에 따른 발굴된 문화재의 현상을 변경할 필요가 있는 것으로 결정할 경우에는 사전에 기존의 발굴허가를 받은 자와 협의하여야 한다. 이 경우 기존의 발굴허가를 받은 자가 사업계획 등을 변경하고자 하는 경우 그 발굴된 문화재에 대한 적절한 보존 조치를 명할 수 있다.

제17조(발굴조사 부분 완료 보고) 법 제11조에 따라 발굴허가를 받은 건설공사의 시행자는 총 2회 이내의 범위에서 발굴조사의 부분 완료 보고를 할 수 있으며, 이 경우 제14조제2항제4호에 따른 전문가 검토회의를 거쳐 문화재청장으로부터 공사시행 가능을 확인받은 때에는 별지 제3호서식에 따른 발굴조사 부분 완료 보고서 및 별지 제4호서식에 따른 사업시행 신청서를 제출한다.

제5장 발굴된 매장문화재 보존 조치

제18조(보존조치 필요성 판단) 문화재청장은 다음 각 호의 어느 하나에 해당하는 경우 규칙 제8조에 따라 그 발굴된 매장문화재에 대한 평가를 통하여 보존조치의 필요성을 판단한다.

1. 「문화재보호법」 제8조제1항에 따른 문화재위원회에서 발굴된 매장문화재에 대한 보존 의견을 제시하는 경우

2. 제14조에 따른 전문가 검토회의에서 보존 의견을 제시하는 경우

3. 건설공사의 시행자가 보존 의견을 제시하는 경우

제19조(보존조치 평가단) ① 문화재청장은 발굴된 매장문화재에 대한 평가를 위해 다음 각 호의 자격을 갖춘 사람으로 매장문화재 평가단을 구성한다. 이 경우 매장문화재 평가단은 3인 이상으로 한다.

1. 문화재위원 또는 문화재전문위원

2. 발굴된 매장문화재를 전공한 「고등교육법」 제14조제2항에 따른 교수, 부교수 또는 조교수

3. 매장문화재를 발굴한 조사기관의 조사단장 또는 책임조사원

4. 국·공립기관의 학예연구관

5. 건설공사의 시행자 또는 해당 지역을 관할하는 지방자치단체의 장이 추천하는 사람

② 제1항에 따른 보존조치 평가단의 운영에 소요되는 비용은 문화재청이 부담한다.

제20조(매장문화재의 평가) ① 제19조에 따른 매장문화재 평가단은 건설공사의 시행자 또는 매장문화재를 발굴한 조사기관에게 그 매장문화재의 평가에 필요한 자료를 요청할 수 있다.

② 규칙 제8조에 따른 평가항목의 구체적인 내용은 별표 2와 같다.

③ 매장문화재 평가단이 평가하는 매장문화재 평가표는 별지 제5호서식에 따른다.

제21조(보존조치의 결정 및 지시) ① 문화재청장은 제20조에 따라 평가한 결과물과 영 제14조제2항에 따라 건설공사 시행자 또는 해당 지역을 관할하는 지방자치단체의 장이 제출한 의견을 토대로 문화재위원회의 심의를 거쳐 그 보존조치를 결정한다.

② 문화재청장이 제1항에 따라 결정한 보존조치를 건설공사의 시행자에게 지시할 때에는 그 보존조치의 구체적인 내용과 조건을 명시하여야 한다.

제22조(보존조치 결과 통보) 건설공사의 시행자가 제21조제2항에 따른 보존조치를 이행 완료한 때에는 해당 지역을 관할하는 지방자치단체의 장 및 문화재청장에게 규칙 별지 제2호서식에 따라 그 결과를 통보하여야 한다.

제23조(보존조치된 매장문화재의 관리) ① 문화재청장은 보존조치를 이행한

건설공사의 시행자 또는 해당 지역을 관할하는 지방자치단체의 장으로 하여금 그 보존조치된 매장문화재를 관리하게 할 수 있다.

② 지방자치단체의 장은 관할 지역내에 보존조치된 매장문화재를 정기적으로 점검하고 그 결과를 별지 제6호서식에 따라 기록하여야 한다.

③ 문화재청장은 매년 보존조치된 매장문화재의 관리실태를 점검한다.

제24조(보존조치된 매장문화재의 재평가) ① 문화재청장은 영 제14조에 따라 보존조치된 매장문화재 중 다음 각 호의 어느 하나에 해당하는 경우 매장문화재의 재평가를 통해 그 보존조치의 해제 여부를 결정할 수 있다.

1. 자연적, 인위적 환경이 변화함에 따라 그 보존조치의 지속 여부를 재검토할 필요성이 있는 경우

2. 보존조치를 이행한 날부터 10년이 경과한 경우

② 제1항에 따른 매장문화재 재평가의 방법 및 절차는 제19조 및 제20조의 규정을 준용한다.

<h2 style="text-align:center">제6장 발굴조사 보고서</h2>

제25조(약식 보고서의 제출) 조사기관은 표본조사, 시굴조사 또는 발굴조사의 현장조사가 완료된 날부터 20일 이내에 출토유물현황 자료(목록 및 사진 자료를 포함한다)를 첨부한 약식 보고서(조사구역도, 트렌치별 유구 및 유물 출토현황 내용을 포함한다)를 조사를 의뢰한 건설공사의 시행자에게 제출하여야 한다.

제26조(위치 도면 작성방법) 조사기관이 발굴조사 보고서를 작성하는 경우 규칙 제9조에 따른 항목별로 작성하되, 발굴조사 보고서에 수록되는 발굴된 매장문화재의 위치 도면은 별표 제3호에 따른 유의사항을 준수하여 작성하여야 한다.

제27조(발굴조사 보고서의 제출) ① 조사기관은 다음 각 호의 어느 하나에 해당하는 경우 법 제15조에 따른 발굴조사 보고서를 제출하여야 한다.

1. 정밀발굴조사를 완료한 경우

2. 표본조사·시굴조사를 실시한 조사기관이 정밀발굴조사를 실시하지 아니하였을 경우(표본조사·시굴조사에 대한 보고서를 제출한다)

② 조사기관은 다음 각 호의 어느 하나에 해당하는 경우 발굴조사 보고서를 제출하지 아니할 수 있다.

1. 표본조사 또는 시굴조사를 실시한 결과 유구 및 유물이 출토되지 아니한 경우

2. 표본조사 또는 시굴조사를 실시한 결과 유구 및 유물이 출토되었으나 제4조에 따른 발굴 실시기준에 따라 문화재청장이 발굴이 필요하지 않다고 인정하는 경우

③ 발굴기간이 2년 이상 소요되어 연차적으로 발굴이 진행되는 경우 조사기관은 매 2년마다 그 중간 보고서를 제출하고 발굴이 종료된 후 이를 합본하여 종합 보고서를 제출한다.

제28조(발굴조사 보고서 제출기한 연장신청) 조사기관이 법 제15조제2항에 따른 발굴조사 보고서 제출기한을 연장하고자 할 경우에는 제출기한 완료일 30일 전까지 신청하여야 한다.

제29조(발굴조사 보고서의 발간) ① 조사기관이 영 제15조제1항에 따라 발굴조사 보고서를 제출할 때에는 인쇄본 10부와 전산파일(PDF)을 함께 제출하여야 한다.

② 발굴조사 보고서의 발간 부수는 500부로 하되, 조사기관은 그 보고서를 국·공립 도서관 및 대학 등에 배포하여 연구자료로 활용하게 할 수 있다.

제30조(발굴조사 보고서의 공개) ① 문화재청장은 발굴조사 보고서를 학술연구 또는 공공의 목적을 위하여 문화재지리정보시스템 등 인터넷을 통하여

그 내용을 일반에 공개할 수 있다.

② 조사기관은 발굴조사 보고서 표지에 "학술적 또는 공공의 목적을 위하여 지표조사 보고서를 공개하는 데에 동의함"이라고 표기함으로써 저작물의 공개에 필요한 의사를 표시할 수 있다.

제7장 조사기관

제31조(조사기관의 등록) 문화재청장은 규칙 제14조에 따른 육상발굴조사기관 또는 수중발굴조사기관 등록 신청서가 제출된 경우 그 등록기준의 충족여부를 확인하기 위하여 담당 공무원으로 하여금 현장조사를 실시하게 할 수 있으며, 신청인에게 조사기관에 관한 추가적인 자료 제출을 요청할 수 있다.

제32조(인력 또는 시설 변동 통지) 조사기관이 영 제14조제5항에 따라 등록기준에 관한 사항인 인력 또는 시설의 변동이 있는 경우 별지 제7호서식에 따라 즉시 문화재청장에게 알려야 한다.

제33조(조사기관에 대한 감독) 문화재청장은 법 제25조제1항 각 호에 따른 사유의 발생 여부를 확인·점검하기 위하여 조사기관에게 관련 자료의 제출을 명할 수 있으며, 소속 공무원 및 문화재청장이 위촉한 전문가로 하여금 현장조사를 실시하게 할 수 있다.

제8장 보칙

제34조(문화재가 아닌 매장물의 발굴) 매장문화재가 아닌 매장물이 국유의 토지나 바다(해저를 포함한다)에 매장되어 있는 경우 이에 대한 발굴은 「국유재산에 매장된 물건의 발굴에 관한 규정」을 적용한다.

제35조(전자적 업무처리) ① 이 규정에 따라 이루어지는 모든 업무는 문화재청에서 개발하여 보급하는 문화재 전자행정 시스템을 통하여 처리하는 것을 원칙으로 한다.

② 문화재 전자행정 시스템을 통하여 제출, 신청, 통보하는 서류 및 자료는 일반문서와 동등한 효력을 갖는 것으로 본다.

부칙

제1조(시행일) 이 규정은 고시한 날부터 시행한다.

제2조(경과조치) 이 고시 시행 이전에 보존조치된 매장문화재는 그 매장문화재의 재평가를 통해 기존의 보존조치가 타당한 것으로 판단되는 경우 이 고시에 따라 보존조치된 것으로 본다.

[별표 1]

발굴조사 실시기준(제4조 관련)

구분			공사유형									
			굴착절토	성토 2m 이상	성토 2m 이하	영구·준영구시설물	댐·제방·도로·철도	임시공작물설치	관로매설, 전주설치	농지개량(성토)	단기적치(성토)	성토후공원조성
시대 및 유적 종류	선사시대부터 고려시대까지		☆	☆	△	☆	☆	□	□	△	△	□
	조선시대	전기 경작유구(논,밭)	○	○	△	○	○	□	□	△	△	□
		전기 일반가옥(민가)	○	○	△	○	○	□	□	△	△	□
		전기 토광묘(민묘)	☆	☆	△	☆	☆	□	□	△	△	□
		전기 회곽묘	○	○	△	○	○	□	□	×	×	×
		전기 삼가마	○	○	△	○	○	□	□	△	△	□
		후기 경작유구(논,밭)	×	×	×	×	×	×	×	×	×	×
		후기 일반가옥(민가)	○	○	×	○	○	△	×	×	×	×
		후기 토광묘(민묘)	☆	☆	△	☆	☆	□	×	×	×	×
		후기 회곽묘	○	○	△	○	○	×	×	×	×	×
		후기 삼가마	×	×	×	×	×	×	×	×	×	×
	일제강점기 이후		×	×	×	×	×	×	×	×	×	×
유구 유형	자연 수혈(구멍 포함)		×	×	×	×	×	×	×	×	×	×
	자연 도랑		×	×	×	×	×	×	×	×	×	×
	단순 유물포함층(고토양층포함)		○	×	×	○	○	×	□	×	×	×

범례 : ☆ 발굴, ○ 선별발굴, △ 발굴 유예, □ 입회조사, × 발굴제외

※비고

1. '발굴'이란 표본조사 또는 시굴조사에서 확인된 유구에 대하여 정밀발굴하는 것을 말한다.
2. '선별발굴'이란 표본조사 또는 시굴조사에서 그 성격이 비슷한 다수의 유구가 확인된 경우 문화재청장이 선별적으로 선택하여 구조적·학술적으로 대표성을 띠는 것으로 인정한 유구를 정밀발굴하는 것을 말한다.
3. '발굴유예'란 당장에는 발굴조사를 실시할 필요가 없으나, 추후 형질변경 등 발굴 사유가 발생할 경우에 발굴하도록 유예하는 것을 말한다.

226

4. '입회조사'란 「매장문화재 보호 및 조사에 관한 법률」시행규칙 제5조제1항제3호에 따라 공사현장에 참관하여 매장문화재의 출토 여부를 육안으로 확인하는 것을 말한다.

5. '발굴제외'란 발굴조사를 실시하지 않는 것을 말한다.

6. '자연 수혈(구멍 포함)'이란 인공적으로 조성한 것이 아니라 자연 현상으로 인해 형성된 구덩이와 구멍 등을 말한다.

7. '자연 도랑'이란 인공적으로 조성한 것이 아니라 자연 현상으로 인해 형성된 도랑 등을 말한다.

8. '단순 유물포함층(고토양층 포함)'이란 지층에 유물이 포함되어 있기는 하나 관련 유구의 흔적이 확인되지 않는 지층을 말하며, 제4기 지질층에 속하는 고토양층을 포함한다.

[별표 2]

보존조치 평가항목의 구체적 내용(제20조제2항 관련)

1. 평가항목

평가항목	구체적 내용
가. 유적성격	(1) 역사성 : 매장문화재가 내포하고 있는 역사적인 특성을 뜻하며 이는 역사고증에 얼마나 중요한 자료로 활용할 수 있는가를 판단한다. (2) 시대성 : 어떤 시대의 사회가 나타내는 특유한 성격이나 성질을 매장문화재가 잘 표현되는 중요한 자료인가를 판단한다. (3) 희소성 : 물질적인 표현으로 볼 때 어느 특정시기(시대)의 매장문화재가 질적·양적으로 제한되어 있거나 부족한 상태로 보편적인 자료보다는 잔존수량이 적은 자료인가를 판단한다. (4) 지역성 : 매장문화재가 한 지역의 특별한 성격을 나타낼 수 있는 중요한 자료인가를 판단한다.
나. 유적상태	(1) 유적내부 : 매장문화재의 개체유적(유구)으로 그 내부를 말하며 기능 및 축조방법, 유물의 공반관계 등 문화상을 알 수 있는 중요한 자료인가를 판단한다. (2) 유적외부 : 매장문화재의 개체유적(유구) 내부를 감싸고 있는 부분으로 유적의 외관을 판단할 수 있는 자료인가를 판단한다. (3) 유적주변 : 발굴조사된 대상지역의 매장문화재(유구) 사이의 관계를 나타내며, 유구와 유구간의 상호관계, 입지 등 복합적인 상황을 보여줄 수 있는가를 판단한다.
다. 활용가치	(1) 접근성 : 매장문화재가 통행발생 지역으로 특정지역이나 시설로 접근할 수 있는 가능성을 말하며, 일반적으로 거리, 통행, 시간, 매력도 따위에 의하여 결정되며, 유적으로 접근할 수 있는 동선이 용이한가 판단한다. (2) 이용성 : 매장문화재를 역사교육 및 체험활동 등 문화정보교육의 공간으로 이용할 수 있는지를 판단한다. (3) 주변환경과의 조화 : 매장문화재의 위치가 주변지역의 자연적 환경과 인문사회자원 등의 문화관광자원과 상호 연계될 수 있는지를 판단한다. (4) 주변자원과의 연계성 : 매장문화재가 자연자원 및 인문사회자원 등의 문화관광자원고 상호 연계될 수 있는지를 판단한다.

2. 평가등급별 가중치 및 보존조치 판단 기준값

평가항목	세부항목	평가등급별 가중치			보존유적 평균값	
		양호	보통	불량	원형보존	이전복원
합 계		100.00	60.00	20.00	74.31	63.92
유적성격	소 계	(56.30)	(33.78)	(11.26)	43.09	37.60
	역사성	(22.10)	(13.26)	(4.42)	17.26	15.26
	시대성	(12.10)	(7.26)	(2.42)	9.47	8.31
	희소성	(15.20)	(9.12)	(3.04)	10.83	9.18
	지역성	(6.90)	(4.14)	(1.38)	5.53	4.85
유적상태	소 계	(20.80)	(12.48)	(4.16)	14.98	13.39
	유구내부	(12.50)	(7.50)	(2.50)	9.43	8.58
	유적외부	(4.80)	(2.88)	(0.96)	3.25	2.83
	주변경관	(3.50)	(2.10)	(0.70)	2.30	1.98
활용가치	소 계	(22.90)	(13.74)	(4.58)	16.24	12.93
	접근성	(5.80)	(3.48)	(1.16)	4.53	3.78
	이용성	(8.40)	(5.04)	(1.68)	5.90	4.71
	주변경관 조화성	(4.30)	(2.58)	(0.86)	2.90	2.20
	주변자원 연계성	(4.40)	(2.64)	(0.88)	2.91	2.24

[부록 3]

개악된 "매장문화재 보호 및 조사에 관한 법률"에 대한 성명서

매장문화재 조사와 관련하여 사회적 비용을 절감하는 동시에 공공성을 제고할 목적으로 문화재청이 주도한 "매장문화재 보호 및 조사에 관한 법률"(이하 매장문화재법령으로 약칭)이 금년 2월에 공개되었다. 그런데 이 법률 및 이에 의거하여 문화재청이 고시한 '발굴조사의 방법 및 절차 등에 관한 규정'(문화재청 고시 제2011-52호)의 내용에는 법령 개정의 원 취지와는 정반대의 결과를 낳을 수밖에 없는 매우 심각한 독소조항이 담겨져 있다. 특히 발굴조사 실시기준과 조사원자격기준은 고고학계, 그리고 관련 역사학계는 물론이고 사회통념상 도저히 용납할 수 없는 부분으로 점철되어 있다. 이에 대학에서 매장문화재 및 고고학 조사연구와 교육을 담당하고 있는 우리들은 귀중한 민족문화유산의 일부인 매장문화재를 소홀히 다루는 이번 법령과 그 제정을 주도한 문화재청에 통탄을 금할 수 없으며, 일단 두 가지 점을 지적하면서 문화재청에 엄중 항의하고자 한다.

1. 개악된 발굴조사 실시기준

개정된 매장문화재 법령의 발굴조사 실시기준에서는 조선시대 후기의 경작유구, 일반가옥, 회곽묘 및 삼가마, 자연도랑 및 고토양층은 발굴조사를 실시하지 않거나 선별적으로 발굴조사를 하도록 하였다. 심지어 일제강점기 이후의 모든 매장문화재는 발굴조사 대상에서 제외되었다. 과연 이들은 학술적 가치가 없어서 발굴조사가 필요 없는 성격의 유적들인가?

발굴조사 실시 여부는 현장실사를 거쳐 관련 전문가들의 심도있는 논의를 통해 결정되어야 할 문제이다. 유적이 지니고 있는 다양한 조건들을 검토하지 않은 채 탁상에서 유적 종류만을 근거로 간단한 도표로 처리할 문제가 아닌 것이다. 이러한 법령을 강제할 경우 전국적으로 발굴조사자와 개발주체 측의 분쟁, 조사 후의 법적 책임공방, 중요 매장문화재 인멸 등의 사태가 발생할 것이 분명하다.

문화재청은 과연 이러한 사태를 예상하고 있는가? 만약 그러하다면 문화재 청은 향후 발생할 귀중한 매장문화재 멸실은 물론 법적 분쟁의 단초를 제공한 것에 대한 무한 책임을 져야 할 것이다. 만약 예상하지 못하였다면 이는 스스로의 단견과 무능함을 고백한 셈이다.

2. 현실을 무시한 조사원 자격기준

우리 조상의 삶의 자취가 생생히 반영된 매장문화재는 어느 개인의 소유물 이 아니라 국민 모두의 공공재이다. 따라서 매장문화재의 발굴조사는 초기 단계부터 체계적으로 고고학 전문지식을 습득한 질 높은 전문인력이 담당하 여야 한다. 수준 높은 매장문화재 조사는 발굴조사와 관련된 실무적 기능의 단순 습득만으로는 불가능하고 학술적 전문지식을 충분히 갖춤으로써 가능 해진다. 학술적 전문지식의 습득은 단계적이고 체계적인 대학 교육을 통해 이루어짐에도 불구하고, 이번 법령에 포함된 조사원자격기준은 이러한 기본 원칙을 완전히 무시하고 있다. 이로 인해 대학교육의 붕괴가 예견됨은 물론 고등 청년실업을 양산할 가능성이 높아졌다.

　　많은 모순과 불합리로 점철된 이러한 자격기준이 나온 배경에는 매장문화재 발굴조사를 학문적 연구의 대상이 아닌 단순한 실무기능으로 취급하는 위험한 발상이 내재되어 있다. 이는 정부가 추진하고 있는 학력철폐 흐름과는 전혀 다르다. 매장문화재조사는 법률이나 의료행위 못지않게 고도의 전문성을 요구하기 때문이다. 현장에서의 발굴조사 기간만으로 조사원 자격을 규정하는 것은 발굴조사가 엄격한 학문의 일환으로 이루어진다는 사실을 망각한 무지한 처사이다. 발굴은 단순히 땅을 파내는 것이 목적이 아니라 고도의 학문적인 판단이 개입되는 학술적인 행위이다.

　　만약 이러한 조사원자격기준이 계속 적용된다면 대학원에 진학하여 학업과 연구를 진행하고자 하는 연구자의 급감, 조사원 자격을 충족시키기 위한 편법 자행, 대학 교육의 공동화, 매장문화재 조사원의 질적 수준 하락 등이 예상된다. 문화재청은 이러한 사태를 예상하고 있는가?

　　문화재청은 우리민족 공동의 재산인 매장문화재의 보존과 수준 높은 조사, 그리고 그 성과를 국민에게 되돌려주는 임무를 띤 기관이다. 따라서 개발을 목적으로 한 국토해양부와는 근본적으로 다른 입장, 다른 논리로 매장문화재 행정에 임해야 한다. 사회적 비용의 절감과 공공성의 증대라는 미명으로 이번에 개정된 매장문화재법과 시행령, 시행규칙은 공공성의 핵심인 매장문화재 조사의 질적 수준 제고와 이를 담당할 전문인력의 체계적 양성을 심하게 가로막고 있다.

　　발굴조사실시와 관련된 기준은 표면적으로는 사회적 비용을 절감하는 것처럼 보일 수 있지만 근본적으로는 우리 조상들의 숨결이 담겨있는 소중한 민족문화유산이 충분한 조사 없이 인멸될 위기를 초래한 악법이다. 현실성이 없으며 학문적, 국민적 공감대를 얻을 수 없는 그릇된 발굴조사 실시기준으로 말미암아 전국적으로 개발주체와 발굴조사자, 학계와 시민단체 간 분쟁이 발생할 위험성을 안고 있다.

도저히 이해할 수 없는 부분은 2010년도에 문화재청 스스로가 발주하여 한국고고학회가 실시한 "발굴조사 실시기준에 관한 용역", 한국고고학회에 검토를 요청하였던 "조사원자격기준 한국고고학회 의견수렴결과"마저도 완전히 무시한 채 이번 기준이 만들어졌다는 점이다. 일선 교육현장에서 매장문화재의 조사연구와 고고학 교육을 담당하고 있는 우리 교수들은 민족 문화유산의 보존과 창달이라는 국민적인 요구, 그리고 이를 뒷받침하기 위한 장치로서의 고고학의 미래를 생각하는 차원에서 이번 법령의 문제점이 속히 시정되기를 문화재청에 강력히 요구하는 바이며 이 잘못이 바로잡힐 때까지 우리들은 모두 하나가 되어 결연한 자세로 끝까지 임할 것이다.

2011년 3월 15일

개악된 매장문화재보호 법령의 전면수정을 요구하는 전국대학 고고학 교수모임

강봉원(경주대), 강인욱(부경대), 강현숙(동국대), 곽장근(군산대), 권오영(한신대), 김낙중(전북대), 김두철(부산대), 김민구(전남대), 김범철(충북대), 김승옥(전북대), 김장석(경희대), 김재현(동아대), 김종일(서울대), 문동석(서울여대), 박광춘(동아대), 박보현(대전보건대), 박양진(충남대), 박천수(경북대), 박희현(서울시립대), 배기동(한양대), 배진성(부산대), 백종오(충주대), 성정용(충북대), 성춘택(경희대), 성형미(동양대), 송호정(교원대), 신경철(부산대), 심정보(한밭대), 안덕임(한서대), 안승모(원광대), 안신원(한양대), 안재호(동국대), 양은경(부산대), 우재병(충남대), 유용욱(충남대), 이강승(충남대), 이기길(조선대), 이남규(한신대), 이남석(공주대), 이동주(동아대), 이상길(경남대), 이선복(서울대), 이성주(강릉원주대), 이종민(충북대),

이준정(서울대), 이청규(영남대), 이한상(대전대), 이홍종(고려대),
이희준(경북대), 임상택(부산대), 임세권(안동대), 장준식(충청대),
정인성(영남대), 조대연(전북대), 조윤재(인제대), 조진선(전남대),
차용걸(충북대), 최병현(숭실대), 최인선(순천대), 최종택(고려대),
하문식(세종대)   이상 가나다순(총 61명)

[부록 4]

현실과 동떨어진 법령 제정,
한국 고고학의 미래는 누가 책임질 것인가?

지난 2월 문화재청은 '매장문화재 보호 및 조사에 관한 법률'과 '발굴조사의 방법 및 절차 등에 관한 규정'(문화재청 고시 제2011-52호)을 고시하였다. 이번 법령은 발굴조사실시기준과 조사원자격기준이 상당 부분 수정된 것으로서 표면적으로는 '改正'된 것으로 보이지만 실상은 '改惡'이라는 단어가 더 잘 어울리는 '법령 개악'이라고 할 수 있다.

수정된 법령이 한국 고고학계 전반에 큰 파장을 몰고 왔음은 이미 일부 언론매체를 통하여 알려진 바 있다. 이번 법령에 대하여 대학교수를 비롯한 고고학 연구자와 고고학 관련 학회 및 발굴조사기관 등 각계각층에서 다양한 비판이 있을 것으로 예상된다. 이미 한국고고학회에서는 학회 홈페이지에 법령 수정에 대한 긴급공지문을 게시하며 문제의 심각성을 경고하였고, 이러한 학계의 분위기는 전국 각지에서 연구에 열중하고 있는 우리 대학원생들에게도 신속하게 전달되었다.

여러 가지 개정된 규정 가운데 우리 대학원생들에게 가장 큰 충격을 준 조항은 실무 능력만을 중시하는 조사원자격기준이다. 대학을 졸업한 후 대학원에 진학하여 매장문화재 및 고고학과 관련된 연구를 진행하고 있던 우리 대학원생은 지금 이 시점에서 크나큰 분노와 더불어 일종의 자괴감마저 느끼고 있다. 새로 개정된 조사원 자격기준은 전업 대학원생의 연구 의욕 및 사기 저하를 불러일으킬 것이 명백하며, 종국적으로는 대학교육의 붕괴,

고고학 연구의 질적 저하 등 한국 고고학의 발전을 저해하는 결과를 가져올 것이 분명하기 때문이다. 향후 이와 같은 결과가 분명히 예견됨에도 불구하고 법령 입안자들이 이런 개악을 자행한 데에 대하여 우리 대학원생 일동은 조사원자격기준의 치명적인 문제점을 몇 가지 언급하고자 하며, 이번 법령 고시의 철회를 강력히 촉구하는 바이다.

1. 개정 법령 이전의 시행규칙에 의하면 매장문화재 조사 현장에서의 실무경력 못지않게 대학에서의 연구과정에서 축적된 학문적 경력도 인정받을 수 있었다. 이러한 이유로 인해 우리 새내기 연구자들은 상대적으로 훨씬 좋은 근무여건과 급여를 받을 수 있는 기회를 멀리하고 대학원에 진학하여 연구에 몰두하였던 것이다. 우리는 대학원 과정에서 지속적으로 매장문화재와 관련된 연구와 조사를 진행하였음에도 불구하고 현재 개정된 법령에 의하면 우리는 커다란 불이익을 당하게 되었다. 개정 이전의 법령과 이후의 법령의 괴리로 인하여 우리는 장래 진로에 대하여 선택의 혼란을 겪고 있을 뿐만 아니라, 생존권 문제에 대면하게 되었다.

2. 매장문화재 조사원의 자격기준을 학력보다 실무경력 위주로 인정함으로써 발생하는 역차별 문제가 심각하다. 현재 개정된 법령에 의하면 고등학교 졸업자가 실무경력을 9년 이상 쌓으면 조사원의 직급까지 이를 수 있다. 반면 대학에서 전공분야를 이수하고 학위를 취득한 자가 조사원의 직급에 달하기 위해서는 학위취득 후 6년의 실무경력을 쌓아야 한다. 학위를 취득하는 데에는 최소한 4년의 시간이 소요되므로 결과적으로 대학에서 전공분야를 이수한 자들은 고등학교 졸업자보다 조사원에 이르는데 더 많은 시간이 소요된다. 전공 관련학과 학위 취득자의 4년은 전문교육을 받은 시간이므로 경력의 질적인 문제를 고려할 때 문제는 더욱 심각해진다. 결국 학사학위

이상의 전문교육을 받은 자가 역차별 당하는 이번 법령은 불공평하다.

3. 매장문화재의 발굴조사는 단순히 땅을 파고 유물을 수습하는 행위에 그치는 것이 아니라 조사에서 유물분류, 정리, 보고서 작성에 이르기까지 전문적인 지식이 총동원되어야 한다. 이를 위하여 고고학의 연구가 필요한 것이며 이러한 연구자를 양성하기 위하여 대학에서는 학사, 석사, 박사과정을 둔 것이다. 개정된 악법처럼 단순히 현장에서의 실무경력만을 우대할 경우 전문 연구자의 양성은 불가능해질 것이며, 이는 한국 고고학의 미래를 어둡게 만들 것이다.

4. 현재 국가에서 시행하는 사업 중에 한국장학재단 주관의 인문사회계 국가연구 장학생 사업이 있다. 이 사업은 인문사회분야 우수한 석·박사 과정생의 개인연구를 지원하여 해당 분야의 연구 인력 양성 및 기초 연구력 증진을 도모하기 위하여 추진되고 있다. 이는 곧 질 높은 인재 양성을 목표로 하고 있다고 이해할 수 있다. 하지만 이 장학금 제도는 이번에 개정된 법과 상충된다. 단적으로 대학원생을 지원해주는 장학금은 여러 서류심사를 통하게 되어 있는데 그 중 하나가 4대 보험 가입여부를 증명해주는 서류이다. 4대 보험에 가입되어 있거나, 가입되어 있더라도 포기하지 않을 시 장학금 수혜자 후보에서 탈락하게 된다. 이는 국가가 실무가 아닌 연구에 매진하는 인재를 위해 장학금을 지급하고 있음을 잘 보여주는 대목이다. 하지만 이번 개정 법령은 우리 대학원생들로 하여금 대학에서의 연구를 포기하고 실무경력을 쌓을 수 있는 발굴조사기관으로 전직할 것을 강요하고 있다. 우리 보고 어떻게 하란 말인가? 하나의 정부에서 서로 대립하는 정책을 내놓는 행정의 난맥상을 이해할 수 없다.

전국의 대학에서 매장문화재 조사와 고고학 연구에 매진하고 있는 우리

대학원생들은 이번 문화재청의 잘못된 법령이 속히 개정되기를 강력히 요구하며 우리의 의사가 관철되지 않을 경우에는 보다 강도 높은 투쟁에 돌입할 것을 밝히는 바이다.

2011년 전국 고고학 대학원생 일동

나혜림 심환석 박신명 김현경 방은미 권준현 김도영 윤성록 조충완
남익희 양아림 김성실 이송희 김진영 김다래 박영성 이수정 박지영
문영준 박지혜 김은선 류진아 강진아 이하나 신미자 선은희 최견미
박민형 박단아 김도영 이현주 임동미 최국진 이자연 윤경진 주자린
전혁기 이창훈 김다윤 박응민 허수정 이단비 강영주 이동규 김종영
이혁희 이준영 이은정 박병득 정근택 신하철 박병욱 이선미 최우림
구본태 조은하 박주영 정한나 최범식 명승렬 이동휘 이선옥 조연지
손태수 김진태 손호성 최봉인 심종민 이주연 설준원 예지은 백진선
이인정 박재은 심수연 정지연 정성아 박원지 남상원 임상아 김정진
김경애 이민영 김미진 김선옥 이호준 김동국 구혜영 김용갑 허진아
박지웅 최문종 민경인 이홍주 황재훈 홍은경 장승률 홍용기 송현경
정은지 주혜미 박서현 전수지 이동희 김준식 우혜정 장대진 김동일
김지혜 서민혜 이재철 박지영 조혜윤 서나영 조재윤 사공정길 김보람
김지한 차민호 배현준 박수미 이연미 이순근 이민이 류동현 선경화
김기룡 이철민 윤희진 김 헌(이상 130명)

책임편집 : 이인재(연세대 원주캠퍼스 역사문화학과)
필 자 : 신희권(문화재청)
        염정섭(한림대 사학과)
        윤선자(전남대 사학과)
        안신원(한양대 문화인류학과)
토 론 : 노중국(종합토론 사회, 계명대 사학과)
        이종민(충북대 고고미술사학과)
        김범철(충북대 고고미술사학과)

2011 매장문화재법의 두 가지 현안과 대안
이 인 재 편

2011년 9월 10일 초판 1쇄 발행

펴낸이·오일주
펴낸곳·도서출판 혜안

등록번호·제22-471호
등록일자·1993년 7월 30일

⊕ 121-836 서울시 마포구 서교동 326-26번지 102호
전화·3141-3711~2 / 팩시밀리·3141-3710
E-Mail hyeanpub@hanmail.net

ISBN 978-89-8494-429-9 93900

값 12,000 원